"寻找中国制造隐形冠军丛书"编委会

主　任

　　陆燕荪　国家制造强国建设战略咨询委员会委员

副主任

　　屈贤明　国家制造强国建设战略咨询委员会委员

　　　　　高端装备制造业协会合作联盟专家指导委员会主任

委　员（按姓氏笔画排序）

王玲玲	王荣明	史文军	戎之勤	吕亚臣	杨松岩
杨晓迎	邱明杰	张　英	张彦敏	陆大明	陈　曦
陈文斌	陈良财	陈鸣波	武　鹏	苗怀忠	卓卫明
周　波	郑锦荣	侯宝森	秦　伟	顾志刚	徐　静
唐　波	黄　鹂	崔人元	谢東华	薛　林	魏志强

XUNZHAO
ZHONGGUO ZHIZAO
YINXING
GUANJUN

无 锡 卷

国家制造强国建设战略咨询委员会 指导

寻找中国制造隐形冠军丛书编委会 编

魏志强 杨晓迎 主编

寻找
中国制造
Hidden Champion
隐形冠军

人民出版社

总序一

党的十九大报告指出:"建设现代化经济体系,必须把发展经济的着力点放在实体经济上,把提高供给体系质量作为主攻方向,显著增强我国经济质量优势。"制造业是实体经济的主体,也是提高供给体系质量和效率的主战场。为此,党中央、国务院强调,加快建设制造强国,促进我国制造业迈向全球价值链中高端。

经过新中国成立 60 多年特别是改革开放 40 年的发展,我国制造业总体实力迈上了新台阶。2010 年以来,我国制造业增加值连续 7 年超过美国,稳居全球制造业第一大国的地位。在世界 500 种主要工业品中,我国有 220 多种产品的产量居世界第一。载人航天、大型飞机、北斗卫星导航、超级计算机、高铁装备、百万千瓦级发电设备等一批重大技术装备取得突破,形成了若干具有国际竞争力的优势产业和一批国际知名企业。毫无疑问,我国已经成为具有重要影响力的制造业大国。

然而，在看到成绩的同时，我们还要清醒地认识到，我国制造业与国际先进水平相比还有差距，这些差距表现出来的是整机或最终产品的差距，但其背后反映出来的却是基础和关键零部件（元器件）、材料、工艺等整个制造业基础薄弱的问题。因此，加快建设制造强国，首先要充分认识到加强制造业基础建设和关键核心技术创新能力的重要性和紧迫性。

解决制造业基础薄弱的问题要以企业为主体，要特别注重发挥民营企业的作用。2018年11月1日，习近平总书记在民营企业座谈会上指出："长期以来，广大民营企业家以敢为人先的创新意识、锲而不舍的奋斗精神，组织带领千百万劳动者奋发努力、艰苦创业、不断创新。我国经济发展能够创造中国奇迹，民营经济功不可没！"在我国制造业比较发达地区，我们发现了一大批企业家，特别是民营企业家，敏锐地认识到发展基础工业的重要性及市场之所急，投入大量资金，长期专注于一个细分领域，取得了令人振奋的成绩。这些企业生产的产品不是整机，也不是终端消费品，而是对整机、终端产品的质量和竞争力有重要影响的核心零部件（元器件）、新材料、软件等。这些产品都是为整机、主机配套的中间产品，所以，生产这些产品的企业虽然在产业链中居于关键环节，甚至核心地位，但却不为大众所周知，可谓"隐形冠军"。在我国的长三角、珠三角等沿海发达地区，不少国内的隐形冠军企业已经发展成为市场的领导者，目前正在积极地"走出去"，努力向全球隐形冠军迈进。这些隐形冠军企业的奋斗历程和成功经验对于我国建设制造强国有重要的参考价值。

　　我们编辑出版"寻找中国制造隐形冠军丛书"，就是要通过对制造业隐形冠军典型案例的深入调研，梳理和总结隐形冠军企业的奋斗历程、成功经验和发展模式，为解决我国制造业基础薄弱问题提供可供参考的路径和方法，从而进一步完善我国制造业产业链，促进我国制造业高质量发展。

　　中国要迈向制造强国，需要充分发挥市场和政府的作用，统筹利用好各方面优良资源，坚定发展制造业的信心毫不动摇，从而形成全国关注制造业、重视制造业、发展制造业的良好氛围。希望社会各界关注和支持"寻找中国制造隐形冠军丛书"的出版，支持我国制造业隐形冠军的发展。让我们携手共同努力，为加快建设制造强国而努力奋斗！

徐勇祥

2018 年 11 月 1 日

总序二

　　隐形冠军这个概念源自德国赫尔曼·西蒙（Hermann Simon）教授写的一本书，就是《隐形冠军：未来全球化的先锋》。这本书的中文版出版发行后，隐形冠军这个词很快就在中国流行开来。但很多人并不明白隐形冠军是什么意思，也不清楚隐形冠军在制造业中的地位和作用，所以，我们有必要首先搞清楚它的含义。

　　西蒙教授这本书的书名很耐人寻味，他把隐形冠军称作"未来全球化的先锋"。西蒙教授认为，经济全球化是人类社会发展的大趋势。他说："世界经济共同体是我对未来的称呼。"与大企业相比较，隐形冠军虽然企业规模不是那么大，但在西蒙教授的眼中，隐形冠军却是人类走向世界经济共同体的先锋。从西蒙教授的书中我们能够看到，德国这个世界制造强国，就是由隐形冠军企业铸就的。

　　为了准确地理解隐形冠军这个概念，我们用一个实际例子来说明其内涵。以菲尼克斯公司为例，这个公司生产的产品主要是配电柜里的接线端子，它生产的接线端子技术领先，质量可靠。一般人都知道西门子、ABB、施耐德这些世界著名的品牌，但并不知道它们所用的配电柜里的接线端子全部由菲尼克斯提供，像菲尼克斯这样的企业就是隐形冠军。为什么说它是"隐形"？因为它生产的产品不是整机，也就是说，不是一个独立的终端产品，只是产业链上某一个关键环节，从这个意义上来说，我们称其为"隐形"。隐形冠军在全球制造业现代化的进程中，即我们现在讲的数字化、网络化、智能化的进程中，在每条产业链里，它的地位绝对不可忽视。因为一个企业不可能什么都做，最终产品实际上都是组装起来的。关于这个问题，在"纪念沈鸿同志诞辰 110 周年"时，我写了《沈鸿质量思想对新时期机械工业质量工作的指导意义》一文，其中介绍了我国著名机械工程专家、原机械工业部副部长沈鸿同志在 1979 年 2 月 23 日写的文章《关于什么是先进机械产品的探讨》。沈老部长在他的文章中画了一张圆圈图，从品种、质量、成套、服务四个方面对"先进的机械产品"进行了界定和形象的描述。"先进的机械产品"就是从这个圈里出来的，最后形成的成套设备才是生产力。人们通常都知道市场上成套设备的品牌，但在成套设备整个产业链的一些重要环节所用的关键零部件却不为人知，它们隐形于整机之中，生产这些产品的企业我们称之为隐形冠军。

在中国，我们一定要注重制造业的全产业链发展，不能有薄弱环节，产业链中的领头企业和配套企业之间的关系不是单纯的买卖关系，而是一种协同创新的伙伴关系。如山东临工，它把专供其零配件的供应商叫作黄金供应商，山东临工帮助这些企业研发产品，而这些企业也就不再为其他厂家供货，成了山东临工的专门供应商。

从一条产业链来看，配套厂产品质量的可靠性必须达到主机厂信任的程度才可以。那么，配套厂怎样才能向主机厂证明其产品的可靠性呢？那就是配套厂的质量保证体系健全，产品一定要经过试验、认证，才能出厂。在这方面，沈老部长的思想非常重要，他认为，"可靠性是机械产品最主要的质量特征之一，一切产品都要通过试验方可出厂。"中国制造强国战略强调了产业质量技术基础的战略作用，而标准、计量、检测、试验、认证等是其主要技术支撑体系。

人们买东西通常是倾向于购买品牌产品，这是品牌效应的结果，但是如果真正追究其背后的原因，一个品牌还是要包括许多质量指标的。这些指标的建立，就是建立标准，而标准是要统一的。我们现在有很多国家标准、行业标准，但事实上这些标准只是低水平的准入门槛。作为行业领袖的隐形冠军，一般都有远高于国标和行标的自己企业的标准。

比如，有一次我到北京 ABB 公司调研，在现场我询问陪同人员，质量指标究竟到了什么样的标准。这位陪同人员说，他们的标准完全符合中国国家标准和行业标准。我说我不是这意思，我是要问企业的标准。他就生产线上开关的例子回答了我的问题。他说，这个产品的指标，国标要求保证开断 1 万次无故障，但他们公司的控制指标是 3 万次，因此零部件的标准也都大大提高。我们现在要求产品符合国家标准，其实这是低标准，缺乏竞争力。我参加过很多国家标准、行业标准的制定，大家都讨价还价，最后标准的水平只能符合大多数的意见。所以，现在标准改革提倡企业标准，以树立企业品牌。

再如，在三峡工程中，我负责三峡工程机电设备的质量，三峡公司的制造质量标准，包括铸锻件质量标准，都远远高于同类国际标准，形成了我们自己的一套标准，现在外国公司给三峡公司提供产品都要遵从这套标准，三峡公司后来把它列为采购标准，现在又上升为电器行业协会的协会标准。这一系列的指标或标准，作为隐形冠军企业都应该具备。现在，中国制造强国战略的实施战略之一——强基工程就是要解决这个问题。

菲尼克斯是个典型隐形冠军企业，他们写了一部书，名字叫《面向中国制造 2025 的智造观》。他们把"制造"改为"智造"，其中包括数字化、网络化，特别强调精益生产。把精益生产纳入智能制造环节很重要，很多企业忽略了这一点，只强调信息化是不够的。现在也有人提出精益化思维，我觉得生产和思维是不同的。精益生产是"Lean Production"的翻译词，我们要理解原词的含义。麻省理工学院教授写的《改造世界的机器》一书，对精益生产作了详细的阐述。它是从汽车行业推行的"准时化生产（JIS）"发展而形成的生产运行模式。汽车是大批量、流水线生产，在生产环节上不允许有多余的零件存放，它的目标是零库存，当然实际上很难做到，但是要尽量减少库存量，加快资金周转，以提高经济效益。菲尼克斯把精益生产纳入智能制造的内容，很值得研究、推广。

在制造业发达国家都有一个产业转移的现象，但我们看到，发达国家的产业转移是对产业链都做了详细规划的，他们转移的是中低端企业，而产业的整体链条还是在发达国家手中掌握。在这种情况下，中国企业可以收购外国企业，但是它的核心技术并未转移出本国。这也迫使中国企业要想高质量发展就必须要靠自己，必须要加强自主创新。现在，我们国家也正在经历产业转移这个过程，所以，我们也要有一个像发达国家那样的规划，这个规划的关键包括了如何支持隐形冠军企业真正实现国产化的目标。做这样的规划要以企业为主体，但也要发挥政府的作用。

我们现在对大企业了解得多一些，对于隐形冠军，尤其是各地区的隐形冠军了解得还不是那么清楚。不清楚隐形冠军，实际上就是不清楚我们的产业链和世界制造强国比还有什么样的差距，也说不清楚我们的产业在世界上究竟处于什么样的水平。孙子兵法说"知己知彼，百战不殆"。我们编辑出版这套丛书，就是要搞清楚我国隐形冠军的状况，从而使我们能够制定出一套有效的产业政策，以促进隐形冠军的发展，加速"强基工程"的实施，实现中国制造由大变强。

从我们的现实情况来看，一个地区隐形冠军的培育和发展，离不开地方政府的支持。比如，在产业政策、经济金融等方面都需要地方政府制定出有利于隐形冠军企业发展的长效机制。再如，有些研发项目需要持续5年、8年，甚至10年，民营企业很难承受这种投资大、周期长、利润低的项目，这就需要政府的支持。中国最近提出要建立国家实验室，这对于建立长效创新机制有重大作用。

习近平总书记指出："制造业特别是装备制造业高质量发展是我国经济高质量发展的重中之重，是一个现代化大国必不可少的。"打造具有国际竞争力的制造业，是我国建设现代化强国的必由之路。今天，制造业的全球激烈竞争已不单是一个个企业的单打独斗，而是产业链的竞争，一个行业领军企业只是"冰山一角"，需要无数的供应商或协作方（包括服务类组织）等"隐形冠军"来支持和保障。中国制造要走出去，走全球化之路，必须打造我们完整的供应链和创新共同体，形成整体竞争优势。拥有这一整体竞争优势的前提，就是看我们能否培育和发展出一批隐形冠军企业。

因此，在这里我们呼吁社会各界支持中国隐形冠军的发展，支持"寻找中国制造隐形冠军丛书"的出版工作。"寻找中国制造隐形冠军丛书"将分行业卷和区域卷出版。希望各行业协会、地方政府能够对隐形冠军企业和这套丛书的编辑工作给予大力支持！

陆燕荪

2018 年 10 月

目 录

序　言

隐形冠军的缘起

隐形冠军是一个定义企业的流行词，源于德国赫尔曼·西蒙（Hermann Simon）教授所著的《隐形冠军：未来全球化的先锋》一书。在这本书中，西蒙提出了隐形冠军企业的三个标准：

1. 世界前三强的公司；

2. 营业额低于 50 亿欧元；

3. 不是众所周知。

满足这三个标准的企业，西蒙称之为隐形冠军。第一个标准标志着隐形冠军的市场地位，是指在一个细分市场中隐形冠军所占的市场份额。第二个标准是一个动态标准，2005 年时，西蒙曾把它确定为 30 亿欧元。第三个标准是指不为大众即消费者所周知。隐形冠军虽然在某个细分市场中为客户所熟知，但因它生产的是工业品、原材料等，不是终端消费品，所以，一般不为大众即消费者所周知。

西蒙认为，隐形冠军战略有两大支柱：第一个支柱是集中和深度。隐形冠军一般都在一个细分市场里长期精耕细作，并强调服务的深度。由于隐形冠军的业务都是集中在某个领域，所以，国内市场有限，这就产生了隐形冠军战略的另一个支柱，就是市场营销的全球化。因此，隐形冠军是"未来全球化的先锋"。

西蒙关于隐形冠军的思想对中国有比较大的影响，例如，2016年我国发布的《制造业单项冠军企业培育提升专项行动实施方案》（以下简称《方案》），这里所说的单项冠军实际上就类似于西蒙定义的隐形冠军。

《方案》提出，制造业单项冠军企业是指长期专注于制造业某些特定细分产品市场，生产技术或工艺国际领先，单项产品市场占有率位居全球前列的企业。有专家指出："制造业单项冠军企业包含两方面内涵：一是单项，企业必须专注于目标市场，长期在相关领域精耕细作；二是冠军，要求企业应在相关细分领域中拥有冠军级的市场地位和技术实力。从这个意义上讲，单项冠军与德国赫尔曼·西蒙教授提出的'隐形冠军'概念是十分类似的。"

《方案》强调，制造业单项冠军企业是制造业创新发展的基石，实施制造业单项冠军企业培育提升专项行动，有利于贯彻落实国家制造强国战略，突破制造业关键重点领域，促进制造业迈向中高端，为实现制造强国战略目标提供有力支撑；有利于在全球范围内整合资源，占据全球产业链主导地位，提升制造业国际竞争力。

寻找中国制造的隐形冠军

我们在策划这套丛书时，首先碰到的问题就是如何界定和选择中国制造的隐形冠军。何谓"隐形"，隐在何处？何谓"冠军"，冠在哪里？在这些方面，我们吸收了《方案》和西蒙教授的思想，但也有不同。

一提起隐形冠军，很多人常常把它归结到单纯的制造领域，实则不然。"那种认为德语区的企业只是在机器制造领域保持技术领先的观点是错误的。我们在消费品和服务领域里，同样可以找到相当数量的说德语的世界市场的领导者。"西蒙说，"有超过2/3的隐形冠军（确切地说是69%）活跃在工业领域。1/5的隐形冠军涉及消费类产品，另有1/9属于服务业。"显然，西蒙认为，隐形冠军在机器制造、消费品和服务业三大领域。

隐形冠军不单单在机器制造领域，但西蒙说的三大领域也还有待细化和拓展。例如，服务业应主要指生产性服务业，消费品领域应指那些为终端产品提供配料、配件、原材料等的企业。因此，隐形冠军应主要在工业品、消费品、生产性服务业、原材料四个领域。隐形冠军生产的产品通常是"隐形"于终端产品或消费品之中的中间品，或生产工具（装备）、原材料，它是成就终端产品和消费品品牌不可或缺的关键因素。

在"冠军"的甄选方面，考虑到我们寻找的是中国制造隐形冠军，所以，除了排名世界前三的隐形冠军，本丛书还选入了一些在某一个细分市场居于中国前三的企业，或者有可能培育成为隐形冠军的企业。在市场地位方面，本丛书更强调隐形冠军对市场的引领和带动作用。

隐形冠军企业的成功模式和发展战略

我们在隐形冠军的调研中，发现中国的隐形冠军与德国的隐形冠军有诸多不同，它们有自己独特的成功模式和发展战略。

首先，中国的隐形冠军都在探索适合自己发展的企业组织形式。德国隐形冠军主要是家族企业，很多有百年以上的历史。中国的隐形冠军绝大多数产生在改革开放之后，没有德国隐形冠军的悠久历史，要想追赶上制造强国的隐形冠军，在企业组织形式上就不能拘泥于家族企业，而是要选择更适合自己发展的企业组织形式。例如，在嘉兴调研时，我们发现，很多隐形冠军就是从家族企业转变成为上市公司的，一些没上市的隐形冠军也在筹划上市；在通用机械行业调研时，我们发现，很多隐形冠军是国有企业；在厦门调研时，我们发现，由于受惠于经济特区的特殊政策，厦门的隐形冠军不少是与台湾企业合资的企业。而在上海调研时，我们又发现，上海的隐形冠军除了有民营企业、国有企业，还有很大一部分是"海归"创建的企业。这些实际情况说明，家族企业并不是隐形冠军可选择的唯一组织形式，中国隐形冠军根据实际情况确定适合自己的企业组织形式，这是正确的选择。

其次，中国的隐形冠军有自己对创新的理解。创新是从国外引进的概念，在英语世界里，科学成果叫发现，技术进步叫发明，企业研发、生产、经营管理的成果才叫创新。创新是一种企业满足市场需求的商业行为。我们调研的隐形冠军说明，企业的创新确实都是有商业价值的创新，都是为了更好地满足客户需求的创新。例如，本丛书嘉兴卷中的京马电机，它的创新是集中在产品性能的提高上，强调产品效率、温升、噪声、振动、功率等指标的不断改进。这里面的每一项创新都和产品有关，都和市场需求有关，都和企业的盈亏有关，这一点不同于科学发现和技术发明。又如，本丛书通用机械卷中沈鼓集团生产的往复式压缩机和中核科技生产的主蒸汽隔离阀，前者是引进消化吸收再创新的经典之作，后者是突破国外技术封锁实现自主设计和制造的标志性产品，两者都打破了国外对中国市场的垄断。还有本丛书厦门卷宏发生产的继电器、创业人的品牌创新，以及上海卷的联影科技生产的高端医疗设备、中微生产的刻蚀机等，都是在深入了解市场需求的基础上不断创新并实现商业价值的结果。这些案例说明，企业创新不同于科学发现，也不同于非商业组织没有商业目的的技术发明。因此，准确地把握发现、发明、创新这些基本概念，科学家才能专注于发现，技术专家才能专注于发明，企业家才能专注于创新，隐形冠军才能做好自己的产品和企业。

再次，中国的隐形冠军在全球化中平衡自己的发展战略。在全球化过程中很多人看到的是"世界是平的"，例如，托马斯·弗里德曼出版的专著《世界是平的》。他看到的是遍布世界的麦当劳、星巴克、好莱坞电影以及在谷歌上网等。但也有与他不同的观点认为，世界不完全是平的，它有国界、文化差异、价值观冲突等。这说明世界还没有那么平。隐形冠军应在这样一个全球化过程中找到标准化和差异化的平衡。本丛书嘉兴卷的闻泰科技是一家全球最大的手机原始设计制造商（ODM），它有自己出方案的业务，也有代工业务，前者需要差异化，后者需要标准化。闻泰科技对差异化和标准化业务发展有比较好的平衡。由此引申出另外一个问题，就是市场地位如何体现？是按标准化去做量（规模），还是按差异化去满足个性化需求？这也是对隐形冠军的挑战。关于这一点，我们赞同西蒙的观点，即隐形冠军的市场地位更应从引领市场理解，不能仅仅从企业规模来认定。引领市场的维度包括确定方向、制定标准、超越客户等。例如本丛书上海卷的中微，该公司是半导体和芯片装备国产化的先锋，它在行业发展、自主创新、制定标准等方面对市场都有引领作用。

还有，我们发现中国制造隐形冠军有明显的区域集群发展的特征。例如，在长三角、珠三角的一些城市就有集中产生隐形冠军的现象，形成了一个个隐形冠军区域集群。这不同于产业集群，它的产业关联性并不像产业集群那样大，有的甚至没什么关联性。他们除了在某个细分市场有举足轻重的地位之外，对地方经济发展也有引领和带动作用。为什么这些区域能产生隐形冠军企业集群？我们发现，主要是企业家精神和工匠精神使然。这种现象给我们留下了一个需要继续探究的问题，那就是他们的企业家精神和工匠精神是怎么培育出来的？

随着本丛书工作在更多城市和行业的展开，我们将进一步丰富有关中国制造隐形冠军成功模式和发展战略的研究成果。

中国制造需要更多的隐形冠军

根据西蒙的统计，全球隐形冠军企业共 2734 个，其中德国有 1307 个，几乎占了一半，中国只有 68 家，远低于德国。从每百万居民的隐形冠军数量看，德国为 16，中国仅为 0.1，与德国的差距更大。

隐形冠军是决定一国制造业是否强大的基石。从拥有隐形冠军企业的数量上来看，中国要实现制造强国战略还任重道远。不过由于中国正处于隐形冠军发展的初期阶段，西蒙预测，"可以想象，中国的隐形冠军数量将在未来 10—20 年里大幅增加。"

国家制造强国战略提出，到 2025 年中国要进入世界制造强国方阵，制造业达到德国和日本的水平。但从隐形冠军这项关键指标来看，中国制造整体赶超德国和日本制造的任务还是非常之重。

不过，如果我们把隐形冠军所在领域像西蒙那样从机器制造领域拓展开来，把它确定在工业品、消费品、原材料、服务业四大领域，到了 2025 年，或许我们就会有理由更加乐观一些。本丛书嘉兴卷选入 26 个隐形冠军、厦门卷选入 26 个隐形冠军、通用机械卷选入 24 个隐形冠军，上海卷选入 60 个隐形冠军（其中上海卷Ⅰ在电子信息行业选入 24 个隐形冠军，上海卷Ⅱ在机械行业选入 18 个隐形冠军，上海卷Ⅲ在新材料、节能环保、医疗设备等行业选入 18 个隐形冠军），无锡卷选入 23 个隐形冠军。在中国，制造业比较发达的城市还有很多，这些城市同样会孕育出很多隐形冠军。从行业的角度来看，隐形冠军遍布各行各业，仅就装备制造业而言，其产品就分为 7 个大类，185 个小类，这里面的隐形冠军还有待于深入挖掘。

党的十九大报告指出："中国特色社会主义进入新时代，我国社会主要矛盾已经转化为人民日益增长的美好生活需要和不平衡不充分的发展之间的矛盾。"毫无疑问，隐形冠军是解决中国经济发展"不平衡不充分"问题的主要力量，我们需要更多地培育隐形冠军。

本丛书的编写和出版

"寻找中国制造隐形冠军丛书"的编写工作始于 2017 年的春季，我们计划用四至五年的时间完成 30 卷的编写工作。本丛书按区域和行业寻找中国制造隐形冠军，每一卷选入 25 家左右隐形冠军企业。

到目前为止，这套丛书除了无锡卷，上海卷、嘉兴卷、厦门卷、通用机械卷也已经面世。

作者在《寻找中国制造隐形冠军》（无锡卷）的调研和写作中，得到了无锡市工业和信息化局的大力支持，在此我们对无锡市工业和信息化局深表谢意！

我们还要感谢人民出版社通识分社对"寻找中国制造隐形冠军丛书"出版工作的支持，同时向付出辛勤劳动的编辑和其他工作人员致以深深的谢意！

这套丛书每一卷都是由工业专家和记者在对企业进行深入调研和采访的基础上，由记者执笔而完成的。我们想要做到既有新闻写作的通俗易懂，又有专业写作的深度。但因时间仓促、水平有限，难免有不足之处，敬乞读者不吝指教。

"寻找中国制造隐形冠军丛书"写作组

2019 年 10 月

前　言

　　无锡，江苏省地级市，简称"锡"，古称新吴、梁溪、金匮，被誉为"太湖明珠"。无锡位于江苏省南部，地处长江三角洲平原，南濒太湖，北倚长江，京杭大运河穿城而过，东距上海128公里，西距南京183公里。

　　无锡市总面积4627.46平方公里，下辖2市（江阴、宜兴）、5区（锡山区、惠山区、滨湖区、梁溪区、新吴区），截至2018年底常住人口657.45万人。

　　无锡是一座历史文化名城，有文字记载的历史可追溯到商朝末年。无锡自古就是鱼米之乡，素有布码头、钱码头、窑码头、丝都、米市之称。

　　无锡是一座具有浓厚工业基因的百年工商名城，是中国民族工商业和乡镇企业的摇篮，是苏南模式的发祥地。

　　18世纪70年代工业革命以来，工业化一直是世界经济发展的主题。新中国成立之后，无锡积极响应国家的号召，走了一条以工业为主导的经济发展道路。70年来，无锡经济不断发展壮大，在全市经济中工业居于主体地位并发挥着主导作用，在全国大中型城市中无锡工业处在领先地位。无锡隐形冠军企业在工业化的进程中也不断发展壮大起来。

工业化道路的历史进程

工业化，是指由农业社会向工业社会转变以及工业为主导的发展过程，是现代化进程中的一个重要阶段。

无锡早期的工业化思想可追溯到甲午战争后，许多有识之士看到国家积贫积弱等落后现状，主张"实业救国"，探寻救亡图存、富民强国之路。无锡的民族工业正是在这样的背景下发展起来的。1937年《中国工业调查报告》显示，全国6个主要工业城市（上海、天津、武汉、广州、青岛和无锡）中，无锡的工厂数、资本总额居第五位，总产值居第三位，工人数居第二位，因此，当时无锡被誉为"小上海"。

无锡真正意义上的工业化，开启于新中国成立之后。按照工业化理论的相关指标划分，1952年以前无锡为农业经济时代，之后进入工业经济时代。其中1952—1978年的26年为工业化初期；1978年到20世纪末的20多年为工业化中期；21世纪初期至今为工业化后期，进入后工业化过渡期。

工业化初期，1949年，在国内生产总值中无锡三次产业分别占比为40.7%、28.1%和31.2%。从1952年起，无锡第二产业超第三产业和第一产业，成为最大产业。人均GDP1949年为113元，1952年为175元，1978年达到687元。

工业化中期，在国内生产总值中无锡第二产业占比达到60%—

70%。在全部就业人员中，第二产业就业人员占比由 1978 年的 33.1% 上升到 1983 年的 45.9%，之后长期保持在 50%—60% 的水平，工业成为从业人员最多的产业。工业化中期，人均 GDP 稳步提升，2000 年为 27653 元，城市化率为 42% 左右。

工业化后期，第二产业占比从高位调整下降，第三产业占比从低位逐年攀升。城市化水平在 2003 年达到 64.9%，2008 年上升为 67.51%。人均 GDP 快速提升，2005 年为 51592 元，2015 年为 133515 元，2018 年高达 174270 元。

自 2015 年起，无锡第三产业规模超第二产业后，进入工业与服务业两大产业高层次互动发展的新阶段。2018 年，第二产业从业人员占比 55%；工业税收收入 884.3 亿元，占全市税收收入的 53.8%。工业在创造物质财富、提供就业岗位和财政税收、增强经济实力等方面发挥着主导作用，在全市发展中起着基石和带动作用。

工业化道路的艰辛探索

新中国成立以来，无锡在实现社会主义工业化目标的指引下，经历艰辛探索，走出了一条具有特色的工业化道路。

1949 年至 1978 年为工业化发展的探索期。在此期间，无锡经历了国民经济恢复期、社会主义改造期、"大跃进"及调整发展期，以及"文化大革命"发展停滞及恢复整顿期的艰辛探索与奋斗，逐步走上工业化发展道路，工业成为无锡经济发展的主导力量，初步建立较为完善的城市工业体系。

1978 年，无锡形成了纺织、轻工、机械、冶金、电子化工、医药、建材、电力供应等 33 个行业及 160 多个小类行业；企业从生产纺织、机械制造、粮食加工为主，发展到生产自行车、缝纫机、钟表、照相机、电扇、药品等人们生活所需的产品和钢铁、水泥、油泵、电气机械、通用设备、磨床、锅炉、广电器材、通讯设备、计算机、合成树脂、橡胶制品、农药化肥等生产资料类产品。无锡用近 30 年时间，基本建立起门类较为齐全的城市工业体系。

工业在城市经济发展中日益担当主体和主导作用。1949 年，无锡 GDP 为 2.74 亿元、人均 GDP 为 113 元；1978 年，无锡 GDP 为 249 亿元、人均 GDP 为 687 元，分别是 1949 年的约 91 倍和 6 倍多。工业规模由小变大，1978 年规模工业总产值为 60.2 亿元，约是 1949 年 2.48 亿元的 24 倍。产业结构大调整，三次产业结构由 1949 年的 40.7∶28.1∶31.2，调整为 1978 年的 14.3∶68.3∶17.4，由农业为主调整为工业为主。工业结构由轻工业为主调整为轻重工业并举格局。

1949 年至 1978 年间，历经艰辛探索，无锡工业经济、技术水平显著提高，取得了巨大成就。然而，工业生产技术和劳动生产力还是在低水平基础上的提升，产品为初级工业品，资源和市场以国内为主，这些问题反映了工业化初期生产力水平低下和经济粗放式发展的特征。

隐形冠军在工业化道路的全面转轨中发展起来

1978 年至 20 世纪末，无锡工业化进入转轨发展期。在此期间，无锡出台各项相关政策，推进从农村到城市、从企业到经济体制的改革开放，工业界担当先锋队和主力军，勇于改革、大胆开放，在改革开放中转轨发展。

城乡工业化的转轨。农村经济改革先行，放手发展乡镇企业，乡镇企业"异军突起"，这其中隐形冠军企业也孕育而生，逐步成为无锡工业主力军。城市工业改革，从放权让利、扩大自主权切入。1987 年，无锡被列为全国企业经营责任制试点城市，企业由以产定销向按需生产转变，企业领导亲自抓市场营销，抢占市场竞争主动权。政府部门组织开展无锡工业产品供货会，在北京等大中型城市开展产品展销会等营销活动，企业市场竞争能力显著提升。

工业国际化的转轨。无锡市政府相关部门率先行动，引导企业开发生产出口产品，扩大外贸出口；鼓励企业利用外资，引进装备、实施技术改造，一批骨干企业率先投身对外开放潮流。1978 年无锡无线电五厂首创利用外资引进国外生产线，1981 年创办江苏省首家中外合资江海木业公司，1987 年无锡无线电厂获得自营进出口经营权，无锡一棉、无锡钢绳集团、小天鹅公司等大批企业成为外贸出口的主力军，形成外贸先行、外资跟进、外经跟上的开放型经济格局。

国企战略性改组转轨。当时，无锡市经委牵头相关部门，组织实施"四化"企业集团工程、市场化运行工程、名牌产品工程、企业一把手工程；以"抓大"培育航空母舰型企业，以母子公司等多种模式带动中小企业协同发展；引导企业建立"营销特区"和"技术特区"，提升市场营销和产品开发能力。1997 年至 2003 年间，参与国家优化资本结构试点，小天鹅、威孚等 19 家优势企业兼并菊花电器、液压件等 26 家劣势企业，自行车厂、虹美电器等 30 家企业实施计划内破产。从 1997 年开始，无锡大力推进现代企业制度建设，推进国有企业三年改革与脱困，工业企业在改革、改造、改组和加强管理中发展壮大。

工业技术进步的转轨。无锡市政府为推进企业技术进步组织了一系列活动：一是组织企业引进消化吸收新技术，开发应用新产品。"七五"期间，完成新产品3121项，其中省级1658项、国家级52项。"八五"期间，组织企业承担国家科技攻关、工业性试验、技术开发、消化吸收等项目共72项，国家级新产品265项。"九五"期间，实施国家"技术创新工程"，至2000年底大中型企业建成技术机构122个，其中国家级6个、省级13个。二是推进全面质量管理、产品创优、培育名牌。"七五"期间，组织企业全面质量管理和实施ISO9000标准，1979年至1991年间，组织企业产品创优，无锡共获评国家金质奖产品26个、国家银质奖产品101个、部优质奖产品835个。1995年起，组织实施创名牌工程，评出93个无锡名牌产品，形成一批拳头产品。三是组织企业实施技术改造，提升工业技术进步水平。工业投资从"七五"时期总额58.5亿元提升到"九五"时期的6954亿元，增长110余倍。"七五"期间，围绕"加强基础工业、发展主导工业、改造传统工业、培育高新工业"方针政策，组织实施40个重点技改项目。"八五"期间，组织实施上规模、上水平、上效益、创后劲工程，1994年起，组织实施国家"双加"项目。"九五"期间，围绕"质量、品种、效益和替代进口"，组织实施五大支柱产业和成长型企业集团技术改造项目，实施了国债技改项目和"双高一优""双加工程"技术改造项目，企业发展后劲增强。

1979年至20世纪末，工业化促进了农村与城市经济互动发展，促进了多元经济主体竞相发展。工业总产值在全市占比由

1979 年的 19.2%，提升到 2000 年的 73.7%。工业经济结构 1983年国有占 55.8%、集体占 41.6%，到 2000 年调整为国有占 13%、集体占 30.4%、三资占 2.3%、私营占 7.2%、股份制占 26.3%，多数企业完成公司制改制，无锡工业获得快速发展。1985 年，无锡工业总产值位居全国大中型城市第七位，历经近 50 年无锡工业再次跻身全国大中型城市前列。2000 年，全市工业增加值为629.4 亿元，是 1978 年的 40 倍。1981 年、1993 年、1998 年，全市工业总产值分阶段突破百亿元、千亿元、双千亿元大关，2000年达到 2593 亿元。

工业化道路的全面转轨，使无锡工业又上了一个新台阶。同时，工业化道路的全面转轨也孕育出一大批隐形冠军企业。这些隐形冠军企业为后来的无锡工业和全国工业发展都作出重要贡献。

隐形冠军在新型工业化道路的全新探索中发展壮大

新世纪以来，特别是党的十八大以来，无锡坚持以习近平新时代中国特色社会主义思想为指导，注重发挥规划导向和政策调控作用，提供法规政策、公共平台和行政服务，从加大科技投入、优化资源配置、淘汰落后产能入手，推进工业经济转型发展，工业呈现出智能化、绿色化、服务化、高端化等经济现代化的新特征。

加强规划导向，强化政策效应。进入新世纪以来，无锡注重发挥政策优势，采用制定五年规划等方式提出阶段性发展目标和任务，引领、推进和服务经济发展。新世纪初，江苏省率先开启新型工业化道路，"十二五"时期，无锡提出要基本建成国家创新型城市，努力形成以新兴产业为先导、先进制造业为主体、现代服务业为支撑的现代产业体系。2015 年 8 月，无锡提出坚定不移地走"产业强市"发展道路，着力推进"无锡制造"向"无锡创造"升级，在新的起点上重振无锡产业雄风。

推进技术进步，提升创新能力。无锡积极践行走科技含量高、人力资源充分发挥作用的新型工业化道路。"十五"期间，无锡建成企业"一站两中心"65 家，工业投入 2458 亿元，高新技术产业占比 33.4%。"十一五"期间，启动创新型城市建设，2010 年底，建成"三站两中心"600 家，启动"530"计划，搭建"7+1"政产学研联盟。"十二五"期间，启动苏南国家自主创新示范区建设，后被列为国家制造强国建设苏南城市群试点示范城市、国家传感网创新示范区、跻身国家创新型城市。工业企业技术创新能力不断增强，中船 702 所牵头研制的"蛟龙号"完成 7000 米级载人作业潜水器研制及海试任务，荣获"国家科学技术进步奖"等奖项。

优化资源配置、推进集群集约化发展。无锡还践行走资源消耗少、环境污染少的新型工业化道路。从 2003 年开始，启动无锡市区工业布局调整，推动城乡企业"退城入园"。无锡一棉、无锡机床等 116 家市区企业"退城进园"，其中锡钢、焦化、化工集团、石化总厂等 12 家企业"退城出市"异地发展，3245 家分散在乡镇的企业搬迁入园发展。2007 年，实施"6699"铁腕治污行动，"十一五"期间关停"五小"企业 1996 家，推动 778 家"三高两低"企业整改。推进工业园区整合，形成了以国家、省、市三级产业园区为载体，江阴、宜兴、新吴、惠山、锡山、滨湖各有特色的产业集群。

新型工业化促进产业优化升级。"十五"期间，无锡以体制和技术创新为动力，以结构调整为主线，促进传统产业转型发展，推动机械装备、电子信息等优势产业快速发展。"十一五"期间，无锡积极应对国际金融危机冲击，大力培育发展战略性新兴产业。"十二五"期间，无锡物联网、新能源、微电子等新兴产业成为先进制造业发展的重要力量。"十三五"期起，无锡实施"产业强市"主导战略，以创新驱动为主引擎，大力发展新一代信息技术、高端装备制造等先进制造业，大力发展物联网等战略性新兴产业。

近年，无锡紧紧围绕"当好江苏省高质量发展的标杆、示范、领跑者"的定位和要求，坚定不移地实施"创新驱动"核心战略和"产业强市"主导战略，奋力担当、埋头实干，工业经济持续向好，步入高质量发展轨道。

2017 年，无锡跻身万亿元 GDP 城市，实现历史性的跨越。2018 年，无锡实现地区生产总值 11438.62 亿元，同比增长 7.4%，人均达到 17.43 万元。在万亿元 GDP 的新起点上，无锡牢牢把握高质量发展的大方向，推动"产业强市"迈上新台阶。

2018 年，无锡完成工业增加值 3618.7 亿元，同比增长 9%。工业对全市 GDP 增长贡献率提升到 50.3%。规模以上工业企业实现利润 1204.9 亿元，同比增长 18.6%；工业税收占全市税收比重达 53.2%。工业投资同比增长 10.5%，位列苏南地区第一，其中技改投入同比增长 15.1%，13 个项目列入国家强基工程。

无锡在实施"产业强市"的战略中，积极推动中小企业做精做专，推动隐形冠军企业的进一步发展。2018 年，无锡新增江苏省科技小巨人企业 10 家、"专精特新"产品企业 10 家，分列全省第一和第二；2 家企业入选中国大数据企业 50 强，3 家企业入选中国互联网企业 100 强，入围数均居全省第一。

在隐形冠军蓬勃发展的基础上，无锡的大企业也在不断发展。例如，在 2019 中国企业 500 强榜单中，无锡有 14 家企业入围；在中国制造业企业 500 强中，无锡有 30 家企业入围。其中入围中国制造业 500 强的企业数，占江苏省入围数（56 家）的 53.6%，连续 13 年居全省首位。优势企业的发展壮大，为高质量发展提供了重要支撑，为无锡制造业在全国保持领先地位发挥着重要作用。

鉴于无锡在工业增长和转型升级方面所取得的成绩，工信部将其评为全国工业稳增长和转型升级成效明显市（州）。此项评选由工信部负责，每次在全国遴选 10—15 个市（州）予以表彰、激励。

总之，新中国成立 70 年来，无锡坚定不移地走工业为主导的发展道路，推动农耕文明转向工业文明，推动农业社会向工业社会的历史跨越。工业经济总量从小变大，技术质量和企业竞争力不断提升，呈现高质量、高端化增长和智能化、绿色化、服务化、高端化等现代化新特性。工业在全市经济社会发展中担当主体和主导作用，并带动和促进社会就业、服务业、城市化水平、科技进步等经济社会活动优化发展，支撑和推动无锡经济和社会的大发展。

这次撰写《寻找中国制造隐形冠军》（无锡卷），由于篇幅有限，我们只能遴选 23 家企业入编本书，还有一大批隐形冠军企业未能选入。我们希望，通过对这些企业的集中宣传，使更多的企业能够坚持"十年磨一剑"的奋斗精神，引导更多的企业走"专精特新"的发展道路，勇于突破产业链中的关键核心技术，打好无锡产业基础高级化、产业链现代化的攻坚战，加快无锡制造向无锡创造转变、制造大市向智造强市转变。

　　当前，无锡经济正呈现动力变革、效率提升、质量升级，呈现高端制造业与现代服务业的互动、新型工业化与新型城市化的互动、高智慧人才与高新技术的互动和高层次、高质量发展的新态势，面对建设工业强国的新任务，无锡将锲而不舍地高质量发展先进制造业，传承工商基因，打造产业强市，不断把产业强市向前推进，演绎好新常态下产业强市的"无锡故事"，奋力谱写"中国梦"的无锡篇章，为实现中华民族伟大复兴作出新贡献！

　　　　　　　　　　　　　　　　　无锡市工业和信息化局

　　　　　　　　　　　　　　　　　2019 年 10 月

HYATECH

第一篇

航亚科技：守望初心　砥砺奋进

杨晓迎

　　航空发动机，从工业美学看，可谓"工业之花"；从制造难度看，堪称"工业皇冠上的明珠"。

　　航空发动机作为飞机的心脏，直接影响飞机性能、可靠性和经济性，是一个国家科技、工业和国防实力的重要体现。目前，世界上能够独立研制高端航空发动机的国家只有美国、英国、法国和俄罗斯等少数几个国家。

　　在航空发动机的零部件中，叶片是"第一关键件"，发动机的效能与寿命主要受叶片的影响。因此，从某种意义上说，叶片的制造水平代表着一个国家航空工业的水平，它展现了"小身材大力量"的魅力。

　　与世界航空工业强国相比，叶片一直是我国高端航空发动机制造行业的"短板"，然而，2013 年无锡航亚科技股份有限公司（以下简称"航亚科技"）的问世改变了这一切，补上了这个"短板"。作为一家制造航空发动机压气机叶片、转动件及结构件等关键零部件的企业，航亚科技现已发展成为法国赛峰（Safran）、英国罗罗（RR）、美国通用动力（GD）、中国航发商发（ACAE）等国内外主流发动机公司的重要供应商。央视纪录片《大国重器》第二季把航亚科技成功研制高端航空发动机叶片的过程展现给了观众，这也使航亚科技走进了大众视野。

"一段时间以来，不少人说我的一些过于理想化的目标都成功实现了。其实这并非是我个人的成功，而是时代发展推动的结果！中国是世界制造业第一大国，全球航空发动机产业未来不能没有中国企业的参与！就是凭着这样简单的逻辑，我毫不犹豫地从体制内走出来，自己投资创办航空发动机零部件企业。"航亚科技董事长严奇如是说。

筑梦航空产业：从职业经理人到创业者

"做国企一把手十几年，即使退休也会很安逸，为什么选择自己创业？"面对笔者的提问，严奇沉吟良久："创立航亚科技时我48岁，临近知天命的年龄下海创业，其中甘苦，冷暖自知。"

1988年，严奇作为一名风华正茂的大学毕业生来到无锡透平叶片有限公司（以下简称"无锡叶片"）工作。无锡叶片的前身是无锡叶片厂，主要生产发电设备的零部件——叶片。进了工厂后，严奇从技术员做起，后来升职为中层干部，一直都是无锡叶片的骨干。

2001年，严奇出任无锡叶片总经理。严奇上任仅一年时间，无锡叶片即实现扭亏为盈。此后，无锡叶片没有停下发展的脚步，5年间累计投入3.4亿元，建成了世界先进的生产线，保证了无锡

航亚科技

叶片持续稳健发展。

此时，严奇发现，他虽然把无锡叶片做到了全国甚至全球领先，但是其产品还是以小批量生产为主。因此，他想带着这个企业再次转型升级。

这次严奇盯上的是高端航空发动机的叶片。在一个航空发动机上，平均要装精锻叶片1000—2000件左右。世界上自第三代发动机开始，已经全部使用精锻叶片。当时，中国精锻叶片制造刚刚起步，市场机遇无限，严奇深谙其中的道理。

进入航空叶片领域，投资大、周期长、见效慢，但这些难题并没有动摇严奇上马航空发动机叶片项目的决心。

经过一段时间的认真思考，2013年春节，严奇提出辞职，离开了为之坚守 20 多年的无锡叶片。"如果只想赚钱，我根本不会再进入投资大、见效慢的制造业。我的想法很简单，就是想做一个能够自己掌控发展速度，具有高度专业化水准的企业。"严奇说。

严奇辞职不久，2013 年 11 月 9 日至 12 日，中共十八届三中全会在北京召开，会议通过了《中共中央关于全面深化改革若干重大问题的决定》。《决定》提出全面深化改革，鼓励发展混合所有制经济，强调市场在资源配置中的决定性作用。中共十八届三中全会释放出的全面深化改革的信号使严奇坚信，在新一轮转型升级中，机制灵活的民营企业将更加如鱼得水。

2014 年 3 月，航亚科技问世，严奇任董事长，由 8 位高管和56 名员工组成新的团队，总投资逾 1.5 亿元。就这样，全国第一家从事航空发动机压气机精锻叶片制造的民营企业——航亚科技诞生。一时间，惋惜、质疑、赞叹各种声音随之而来，人们都在等着看这位昔日的国企少帅如何"华丽转身"。

严奇并不避讳创业的艰难："我一直以为卸去了国企 CEO 担子会轻松一点，想不到随即就被焦灼和忐忑包围。严格意义上说我不是私人老板，航亚属于整个团队。所以，我想得更多的是航亚科技，是这个团队。"

"航亚科技是一支由 60 后率领 80 后组成的新老结合的创业团队，同时也是一支由来自国企和上市公司高管、技术专家、职业经理人组成的创业团队。这个团队具有良好的企业文化基础。"严奇说，"这个团队理解并信奉精益思想和专业化发展的理念，拥有丰富的航空发动机行业经验。他们从全国各地聚合在一起，共同完成由职业经理人、业务骨干到创业者的转变。"

航亚科技董事会办公室主任张赛男告诉笔者，自己曾在国企和外企都工作过，但自从来到航亚，就被这个公司，尤其是董事长严奇传递出的企业文化深深吸引，"也许和他是管理学博士、国企 CEO 出身有关，我很少见到一个民营老板具有如此强烈的责任感"。航亚科技分管市场业务的副总经理李洁表示："我当初来到无锡，也是冲着严总，我们就是想为中国的航空事业做点事。"

"航亚科技的团队，从我到总经理，再到整个经理层，都是 60 后带 80 后，我们特别强调组织构架完整合理、文化趋同。创业者没有好的文化是非常危险的。如果没有好的文化，不仅遇到困难容易散掉，即使成功也很可能散掉。"严奇对团队建设有独特的理解。

2016 年 12 月，经过两年多的努力，航亚科技成功登陆资本市场，在新三板挂牌。"没有资本市场，就没有航亚科技。"严奇认为，"在新三板挂牌对航亚科技的发展有重大意义。"

相比传统的债务融资，航亚科技选择了股权融资。2015 年股改前，航亚科技募集了 1 亿元。当时，航亚科技的销售收入虽然只有三四百万元，但投资者仍然看好这个团队和公司未来的发展。2017 年下半年，中国航发资产管理有限公司新晋为航亚科技的第三大股东。

伴随着公司发展，未来航亚科技还要在资本市场融资，严奇期望，航亚科技的投资人都能与航亚科技荣辱与共、长期合作，在产业合作、产融结合方面能为航亚科技赋能，一起将航空发动机零部件产业做强做大。

面对今天的成功，有人说，以严奇和其团队的资历、背景、人脉、能力，航亚科技的成功并不意外。然而，在这些"理所当然"的背后，其实他们走的是一条鲜为人知的崎岖之路。

先国际后国内：践行独特的市场战略

"航亚科技选择的是整个航空工业体系中最富有挑战、难度最高的领域之一——发动机压气机叶片制造，转动件及结构件等专业加工技术。"严奇说，"国际上自第三代发动机始，压气机叶片已经全部使用精锻技术生产，但在国内，叶片精锻制造技术尚处在起步阶段。而航亚科技从创业第一天开始，目光就瞄准了精锻叶片。"

原机械工业部一位老领导，在得知严奇创办航亚科技后，曾半夜给严奇打电话说："小严，这是你干的吗？这是国家干的！你能有多少钱干航空发动机的事业？"严奇理解老领导的善意提醒，但他认为，叶片这种零部件，国外基本是民营企业在做，我们本身就在业内深耕多年，知道该怎么做好产品，做好专业化企业。

"当前国内的航空发动机产业链与国外相比还存在一定差距，如果有在国际市场上经过'摔打'、有成熟经验的民营企业参与其中，能更好地强化产业链的薄弱环节。"严奇对航空报国、产业升级抱有赤子之心，"我不认为航亚科技是一家简单的民营企业，它是一个上了市的公众公司，它属于我，更属于社会。"

航空产业是个门槛极高的高端产业，进入这个领域，严奇面临的不仅是一个新领域的拓荒，还要突破发展理念的桎梏。为此，在公司起步的一段时间，严奇每天晚上都睡不着觉，苦苦地思索：如何进入航空发动机叶片这个细分市场？

叶片精锻制造技术现已非常成熟，航亚科技以什么样的方式和渠道进入这个领域？经过深思熟虑，严奇认为："我们应先从国际市场做起，以此证明我们的能力可以更好地服务于国内市场。"这

是一个非常独特的市场战略。"但现实远比理想严苛，实现这个战略，需要付出艰巨的努力。"严奇对航亚科技进入航空制造业，时刻保持认真和谨慎态度。

"航空发动机及关键零部件制造是一个高起点、高投入、高风险的领域，光有事业情怀和热情是远远不够的，我们更需要准确的市场定位、较强的战略规划能力和建立优良的技术、质量管理体系。"严奇说，"关于国际市场新一代 LEAP-X 发动机带来的机遇以及国内航空发动机发展的短板，我们做了充分的调研。航亚科技以精锻制造技术体系和整体叶盘科研资源优势切入发动机压气机部件，定能形成国际、国内市场同步走，相互借鉴、相互推进发展的格局：一方面通过引进国内外优秀人才，形成技术人才优势，另一方面通过高投入打造航空业务研发体系、流程管控体系。同时，公司业务发展规划始终与资本市场紧密对接，确保了公司制定的'以人为本、体系为先、厚积薄发'战略的有效实施。"

说到精锻叶片对于航空发动机有多重要，航亚科技生产管理部经理做了个生动的比喻："发动机就是装了一肚子的叶片，其中一个叶片发生故障，就可能造成机毁人亡。"目前世界上自第三代发动机开始，已经全部使用精锻叶片，所以，航亚科技目前的市场在国外，但未来的市场一定是在中国。

据专家预测，未来中国将占据全球飞机及其发动机的年需求量的1/4，而亚太地区正以蓬勃发展的需求市场、充裕的资本资源、密集的技术管理人才，吸引着全球航空制造业在此集聚。"这正是航亚科技的机会所在。中国大飞机项目的启动，也是我们进入航空领域的最佳契机。"严奇说。

市场机遇虽然很好，但对于一家"10后"的航空企业来说，航亚科技首先要做好的还是拿到订单和完成订单的基础工作，比如，要通过一系列国际认证，要建立和完善管理体系等。因此，航亚科技一经成立，就把大量时间和资源放在工艺试验、产品特性验证、特种工艺审批、供应商资质认证以及员工培训上。"那时天天烧钱，看着真让人着急。"但严奇知道，唯有专业深耕才能厚积薄发。

航亚科技取得资质认证的速度非常快。一年半内，公司获得了大部分行业准入资格、客户资质要求、质量体系认证。严奇认为，这是专业化的结果。他说他们懂得核心在哪里，懂得需要做什么以及怎么做。

取得准入证，等于跨进了航空工业的门槛。

2015年4月，美国通用动力找到航亚科技，需要生产某型号共计13级高压压气机转子叶片。这个项目究竟有多难？项目经理丁立拿出了一沓文件，上面列了 563 项技术规范，比如说，材料在炉内最长加热时间不能超过多少、叶片从出炉到锻造必须控制在 7 秒内完成……合同规定日期到了，丁立交不出货。他说："这个项目已经做了 20 多批次的试验，每批试验都要投入大量的人力物力，有些灰心，甚至不敢继续往下做，但是对航亚科技高度认可的通用动力高层人士却说，相信我们能成功。"

2016 年 1 月，成立仅仅 2 年的航亚科技参与了国际新一代 LEAP 发动机低压压气机叶片的研制生产，这是由美国通用动力和法国赛峰两家公司联合研发的新一代产品。当年 8 月，航亚科技便完成了 5 级叶片研制并迅速进入批产。

据介绍，LEAP 是人类历史上发展最快的一款商用发动机，也是目前单通道飞机搭载的一款最先进的发动机。LEAP 发动机是在世界最畅销发动机 CFM56 系列发动机的基础上，植入最先进的技术研制成型，以更低燃油消耗率、更低碳氮排放量、低噪声、高可靠性等突出优点冲进航空发动机的主流大军中，配装空客 A320neo、波音 737MAX、C919 等飞机。

2016 年 12 月 1 日，航亚科技 LEAP 发动机首批 5 个型号的精密锻造叶片（成品）成功交付，这标志着航亚科技在 LEAP 项目上取得了阶段性的成功，开启了批量生产之门。随后顺利进入批产，航亚科技 2017 年生产了 14 万片 LEAP 发动机叶片。

截至 2018 年 12 月 31 日，航亚科技成功产出 42 万余件航空发动机压气机叶片，交付量相比 2017 年增长近 3 倍，经受住了 LEAP 发动机在 2018 年销售量翻番至 1400 余台的交付压力。

这些叶片在不同时间段分批从上海浦东机场启程，发往比利时、墨西哥、法国、中国台湾等世界各地。叶片分为低压动叶

（BLADE）、静叶（VANE）、带螺纹导叶（VANE ASSY STATOR）三种类型，涉及的机型有 LEAP-1A/1B/1C、CFM56-7B/5B、CF34、PASSPORT20 等，其中 LEAP 发动机机型叶片航亚科技历年已累计交付 42 万件。

凭借掌握精锻技术，产出优秀质量的航空发动机叶片，准时交付等良好信誉，在 2018 年 9 月法国赛峰和美国通用动力联合供应商大会上，航亚科技荣获赛峰颁发的"最佳交付奖"，一举成为亚太地区 5 家最好的供应商之一，同时也给予航亚科技更多愿景。"2018 年公司的杰出表现，使我们日后与赛峰集团有更深入、多元素的合作，获得更多订单。"严奇信心满满地表示，"2020 年以后，LEAP 发动机每年的产量将达到 2400 个，而这里面的低压压气机叶片，航亚科技的产品将占 30% 左右。"

创业 6 年，如今的严奇在观念上也开始发生变化。当初他只是想在一两个自己熟悉且有把握的产品领域拔得头筹，但随着航亚科技的不断发展，实际已经开始涉足航空发动机领域 4 个关键件的研发和生产：除了压气机叶片外，还有整体叶盘、盘件加工以及机匣加工。"坦白地说，这 4 个关键件，一般的企业根本不敢涉足。我们依赖国家'两机专项'战略的推动，还有全社会包括国企改革、航空零部件产业链的培育建设，才使得航亚科技有机会、有信心、也有能力做到更好。"严奇说。

质量制胜之道：源于客户需求的流程管控

对于航空发动机来说，一个核心零部件的失效，付出的代价往往是整个发动机乃至整架飞机！因此，做航空产品来不得半点马虎。

谈及产品质量，严奇提到在美国参观一家著名医疗器械公司的感受。"他们的产品、技术并非难以企及，但是管控流程我们完全不懂，不明白为什么要这么做。"这件事情给了他很大的冲击。

"生产一件产品我们都会，但是生产大批量的精密零部件，靠的不光是技术、设备，更重要的是人！目前，国内工程师、设计师设计的成果，往往不考虑工艺如何实现，也不考虑如何稳定地批产，更不考虑产品在各种极端使用条件下的稳定性和使用寿命。这种研发与制造的脱节势必会造成后端批产的错误百出。"严奇对制造业当前存在的问题看得很清楚，对行业的认识也非常清醒！

严奇回忆说，4 年前，航亚科技有一批叶片订单因为一个管控流程出现差错，在发给客户前被发现并截了下来。尽管不影响产品实物质量，但他依然决定，全部报废处理。这样一来，这批订单延误一个月，公司要付出 500 万元的运营成本的代价。更让他痛心的并不是这些钱，而是他精心布局的管控模式的实效——为什么这个系统里这么多人，技术部门、制造部门、质量部门竟然没有一个人提前发现这个问题？

"究其原因还是理念的问题。想改造人真是太难了！"严奇沉重地说，"航亚科技要走的是一条高端制造之路，唯有注重状态管理、过程控制，才能有合格的产品，企业才能健康成长。"

对于飞机发动机来说，一个核心零部件的沉没，付出的成本不仅仅是这个零部件本身，而是飞机整体甚至是更沉重的代价！对于这个企业也一样，少部分核心人员的疏漏，影响的将是整个系统、整个企业。严奇由此想到中国制造业的转型发展："高端制造业不是技术的高端，可能拆分下来商业模式、研发、制造等每一个部分都是基础的、可实现的，但是当每个部分结合起来，必须达到协同前进，是整个系统的高端。中国的高端制造业总是强调技术不能落后于人，但实际上理念和管控的落后更可怕。"

而严奇想做的，就是打造一个高素质、高水平的装备制造业的标杆企业。他希望每一个航亚科技人都能铭记这一点，做到深刻理解客户的需求，将这种理解提升到理念，将理念转化为流程，并最终顺利进入产业化。

这个设想其实正是目前中国制造业向高端转型的关键所在。转型发展是当前最热的口号，可是如何把这个口号转化成实践，转化为实实在在的路径，前方并无路可循，严奇是自己在拓荒。他说："理念不落地，航亚科技根本没法活下去。"

学习吸收国内外制造经验不仅提升了航亚科技的技术水平，更重要的，是把追求效率和责任以及规章制度相对灵活的新颖管理理念带到了航亚科技。航亚科技副总经理井鸿翔对此深有体会：比如，航亚科技要求每个工人都要对自己的产品负责，因此不会像其他企业一样，设一道道的检验机构，"产品一旦出现问题，你就下岗回家"。这就使得每个工人都像带自己孩子一样精心对待产品。航亚科技的组织架构管理也别具匠心，"企业的每个部门经理，都有权自己组阁招人"，用其所长，避其所短，以此调动每个人的能动性。当然，若有问题，部门经理首先领责。

"习近平总书记在党的十九大报告中指出，建设现代化经济体系，必须把发展经济的着力点放在实体经济上。要加快建设制造强国，加快发展先进制造业。"严奇说，"对于我们航亚科技人来讲，就是要全员形成质量文化共识，实施'质量制胜'的发展战略，践行'保质量、保生存、保发展'的质量价值观，用 10 年时间构建深厚的质量文化基础和先进可靠的质量保证体系，打造航亚科技的质量品牌，建设价值型先进制造企业。"

严奇说："公司不仅靠科技创新能力，更要靠笃实的质量战略和质量文化，才能成为航空工业的标杆企业，才能成为航空发动机零部件的优秀供应商。"

在对质量的严格要求下，通过引进科学的管控流程，航亚科技的叶片合格率也逐步攀升，从开始的 30%、50%，一步步达到 80%、90%，直至目前的 99%，"高品质产品是我们对客户选择和信任的回报。"严奇自豪地说。

目前，航亚科技已成为中国航发商发、美国 GE 航空、英国罗尔斯 - 罗伊斯等国内外主流航空发动机公司的零部件供应商。2018 年，与法国赛峰集团的战略合作协议实现升级，航亚科技成为赛峰在亚太地区重要的压气机叶片战略供应商。

专业为王：做航空发动机叶片的全球一流供应商

鲜亮的明黄色地面，白墙白窗，深色机器。走进航亚科技的厂房，笔者恍惚以为来到了一座科技博物馆。同行的一位专家调侃道："这么优雅的车间设计，我在欧洲也难见到。"严奇点头："我很向往欧洲企业的那种从容淡定，专心致志地把一个产品做到极致。现在很多企业追求大而全，而我要做的是一个专而美的'小'企业。"

在自己的专业领域，严奇有很强的自信，始终秉持专业为王的理念。他说："过去在无锡透平叶片，把能源领域的汽轮机叶片做到了全球规模最大，如果能把航空发动机压气机叶片规模做到全球最大，是不是体现了专业为王的理念？"严奇追求的"小"，并不是常人概念中的小企业，如果从一个细分领域来论大小，其实他做的是一个细分领域的最大。

与一般企业只做 3 年、5 年规划不同，严奇制定的 2035 年发展目标，是以航亚科技创建 20 年为标志的，也是自己 70 岁退休时要达到的目标。对比众多打过交道的日本企业，日立、东芝、三菱、三井等，严奇发现日本企业的规划，少则三五十年，多则百年。"航亚科技只做 5 年发展规划肯定不行，至少要做 20 年的规划。"他表示。

"航亚科技计划用 20 年左右时间，努力发展成为航空发动机零部件科研及生产的冠军企业。"严奇认为，只要是航亚科技进入的领域，就一定要做到前两名，因为是专业的就要做到最好的。航亚科技定位于采用精锻技术开发发动机压气机叶片，所以，公司在发展初期就十分注重构建航亚科技的专业化团队。

3年前，当航亚科技决定做发动机盘件加工，这个航空发动机中可靠性要求最高、最重要的关键零部件时，一些人惊讶地问道：民企靠谱吗？"其实我是做了认真调研的！"严奇解释说，作为转动件的涡轮盘，压气机盘件的产品质量要求确实很高，产品风险也确实很大，但盘件的加工技术并不比叶片、整体叶盘更复杂，只是盘件加工的过程管控更加严苛。

笔者跟随严奇来到航亚科技新建的精密加工制造车间，一个刚刚加工完的涡轮盘件正放置在物流周转台上，散发着夺目的金属光泽。严奇告诉记者："涡轮盘件不仅尺寸精度要求高，整个加工过程控制要求也很高，只要有轻微的表面缺陷存在，产品也就宣告报废了。"

只怕没想到，不怕做不到。为了决策盘件项目，严奇飞行了十几万公里，寻访国际、国内知名企业，专程跑了多家客户，了解市场需求和产品质量技术要求；购买先进设备，聘请专业技术人才，筹划盘件加工的集成创新。

严奇认为，创新至关重要，为成为具有全球竞争力的高端制造企业，航亚科技一直着力打造先进的创新研发体系和流程管控体系。

"航亚科技强调要在体制机制上创新。创新主题是企业和人。创新一定首先是在企业家层面。我们称之为集成创新，以人为本构建创业平台，整合各类资源，集成创新。"严奇特别强调。

严奇表示，当前民营企业的创新氛围和自主性令人振奋，尤其是很多企业形成了自己的创新体系。严奇向笔者这样描述：比如航亚科技在做航空发动机整体叶盘时，在表面处理的喷丸技术的工艺上，一度遇到了难题。航亚的年轻技术团队初生牛犊，决定尝试突破，与第三方技术团队联手攻关，仅用了不到一个月，就打破技术瓶颈，达到国际先进的工艺水平。"这个创新的成功，也给了我很多启示。"严奇说，"过去总想着'拿来主义'，向国外要技术、学技术，人家怎么会轻易就把核心技术交给你呢？因此中国企业还是要有信心，只要敢于尝试、敢于投入、不怕失败，就一定会有收获。科技创新就是在技艺的厚积中实现薄发。"

严奇表示，企业的创新活动必须要遵循"有需求的创新"这一原则，在市场需求的牵引下去强化内部的创新结构，在组织架构、创新团队、研发机制、资金投入等方面系统地保障企业的研发，确保研发结果能够迅速转化为产业化成果。

把创新主动权牢牢掌握在自己手中，这是成功的王道。"航亚科技年纪虽小，但干劲实足。"严奇认为，对航亚科技来说，最重要的核心驱动还是创新，企业的创新活力一旦点燃，会形成让人耳目一新的"智创"经验。

"技术创新很多企业都能做到，但要生产出大批量安全稳定性高、寿命长的精密部件，仅靠技术还不够。"与制造强国相比，国内高端制造业并不全都是技术落后，更重要的是理念和管控体系的落后，"没有体系的创新能力，想赶上发达国家是很难的"。

"工程化、产业化，航亚科技的能力都很强，这是我们的核心优势。"严奇特别强调工程化能力和产业化规模建设，重视管理和技术的融合。他表示制造技术不只是单纯的技术，研发制造与运营管理是一体的，研发阶段、"爬坡"阶段、批产阶段的管控都十分重要，高效率和低成本都离不开管理水平的快速提升。

"无知者才无畏，作为航空发动机领域的专业化企业，必须花大力气抓好质量文化和管理文化，强化工程化和产业化能力，抓好体系和流程管控，我们唯恐一着不慎让企业陷入危机。公司的战略目前主要是我在领军制定，采取大胆构想、小心求证策略。航亚科技面向 2035 年的中长期战略目标不会变，但会随着内外形势变化，作出局部调整。"

作为企业家，严奇曾以国企老总的身份上过央视纪录片《大国重器》第一季，而在《大国重器》第二季里，他又以民企董事长身份再次进入央视视野。坐在笔者面前的严奇，与 6 年前那个初创业者相比，更加沉稳、自信。"中国的民营经济活力之强，我如今深有体会，虽然压力巨大，甚至有时疲惫不堪，但心灵自由，精神饱满，感觉未来的路越走越宽。"他颇有感慨。

"创业就必然会有苦辣辛酸，时至今日，我依然如履薄冰。"严奇说。航亚科技凭借市场经济的活水，通过股改和融资使得生存暂时无虞。接下来，需要一步步走得更踏实，行稳方能致远。"企业只是个平台，它不是我一个人的，我的航空梦想也正在变成员工们共同的梦想。"严奇说，"中国的航空产业需要两三代人踏踏实实去干，才有可能赶超国外。而我们都是时代的承担者和创造者，都在说永葆初心，我做企业这么多年，其实一直都抱着一个工程师的心态，做好自己的产品，比什么都重要！"

"直到今天，我依然觉得航亚科技距离成功还有很远的路要走。"严奇说。关于一个企业成功的标准和使命，航亚科技所背负的远比我们想象得要多。就像严奇在航亚科技初创时所言，希望航亚科技是一个"以专业推动进步的现代化企业，努力成为航空发动机叶片的全球一流供应商，而不是一个纯粹只为赚钱而活的民营企业"。

一个国家和民族如果没有仰望星空的人，都去追逐眼前的利益，那还有什么希望！航亚科技就是由一群"仰望星空"的人创建的现代化企业，他们始终守望"航空梦"的初心，不畏艰难，砥砺前行，他们为人类生产了航空发动机叶片等高端产品，同时走出了一条需求导向、流程管控、创新驱动、专业化发展的成功之路。

第二篇

吉鑫科技：风机铸件行业的领军者

骆　丹

　　我国是世界上最早使用风能的国家之一，在数千年前已经出现了利用风能进行远洋航行的帆船，明朝时期的"郑和下西洋"就是在此方面的一次巨大成功实践。但对风能发电的运用，则是由美国在 19 世纪 80 年代末最先试验成功，随后在欧洲丹麦、德国等国得到大力发展。尽管从 20 世纪末到现在，我国风力发电有了长足发展，甚至累计装机容量位列世界首位，但风电领域的国际市场一直被美国、德国等国家占据，截止到 2016 年年底，我国风电机组累计出口容量仅为 2.5GW，国外市场占有率不足 1%，尽管近两年市场份额有所增加，但国际市场占有率仍然非常有限。

　　如果不考虑中国市场，全球前五家风电设备制造企业占据全球市场份额高达 76%：国际风电设备制造商领头羊丹麦的 Vestas，百年大企业美国的 GE，西班牙风电巨头 Gamesa，德国的 Enercon、Nordex 等，在全球风电市场上享有盛誉。不过，值得注意的是，在它们荣耀的背后都有一个来自江苏省江阴市的风机铸件供应商——江苏吉鑫风能科技股份有限公司（以下简称"吉鑫科技"）。

在未知领域的巨大成功

　　吉鑫科技的创立是一个偶然。1959 年 12 月吉鑫科技的创始人兼董事长包士金在江苏省江阴市出生，1984 年，25 岁的包士金进入江阴市云亭钢窗厂工作。1993 年，包士金跨行进入江阴市民用建筑安装工程有限公司担任项目经理，四处奔波为人们修建房屋，在 2003 年之前，包士金仍然对风机铸件行业一无所知。当他为无锡一家从事风机铸件研制的企业——无锡一汽铸造有限公司修建厂房时，包士金隐隐约约地感觉到风电行业的巨大风口，于是，他迅速决定放弃在建筑行业的十年积累，再次跨行进入一个完全陌生的领域——在 2003 年年底，包士金以最大股东身份和朋友创立江阴市吉鑫机械有限公司（以下简称"吉鑫机械"），从事风机铸件生产制造。

　　事实证明，包士金的预判非常准确。我国的风电发展可以追溯到 20 世纪 70 年代中后期，在当时，为了解决内蒙古牧区农牧民的生活用电问题，多种百瓦级和千瓦级小型直驱永磁式风电组在内蒙古偏远地区推广运用，而在"九五"和"十五"期间，国家组织实施"乘风计划"，支持建立风电整机制造企业，进行风电技术的引进、消化和吸收，实现规模化生产，迈出了产业化发展的第一步。经过 20 多年的发展，我国的风电产业已经有了较大的发展，在 2004 年年底，风电场达 44 个，总装机容量达 76.4 万千瓦，全球排名第十。但是，在当时我国风电机组被进口机组占据，拥有自主知识产权的机组很少，且风电行业技术和人才资源缺乏、融资困难，

虽然国家鼓励发展风电，但在税收等方面没有明显优惠，这样的行业环境并不能算得上极佳的发展环境，但包士金却对未来风电的发展坚信不疑，2003年，他创立吉鑫机械，在经过一年多的厂房建造后，2005年1月铸造一期工程终于正式竣工投产。就在吉鑫机械一切准备就绪的时候，风电行业跨越式发展的东风来了。

2005年2月28日，在第十届全国人民代表大会常务委员会第十四次会议上，《中华人民共和国可再生能源法》获高票通过，同一天，时任国家主席胡锦涛签署第33号主席令，公布该部法律，并在2006年1月1日正式施行。《可再生能源法》的颁布与实施，为中国的风电行业发展奠定了法律基础，对包括风电在内的可再生能源的总量目标、技术支持、专项资金、税收、信贷均予以鼓励和支持，中国风电进入发展快车道。到2009年年底，我国风电总装机容量达2601万千瓦，位居世界第二，2010年，我国累计风电装

机容量达 44733 万千瓦，成功占据世界榜首。而吉鑫机械也正是乘着这股"东风"，一路蓬勃发展，每年业绩均以翻番的速度增长，2008 年，吉鑫机械更名为江苏吉鑫风能科技股份有限公司，2010年，产品销量到达 16 万吨，营业收入达约 20 亿元，成为中国风机铸件行业的龙头企业。2011 年，上市的钟声在黄浦江畔敲响，包士金带领着吉鑫科技进入二级市场，成功上市。

截至目前，吉鑫科技产品包括 750 千瓦—1 万千瓦风力发电机组用轮毂、底座、轴、轴承座等系列产品，客户包括金风、远景、运达、国电等国内风电整机龙头企业，而在国际上，吉鑫科技也成为美国的 GE、德国的 Nordex、西班牙的 Gamesa、丹麦的 Vestas、韩国的 Samsung、日本的 Mitsubishi 等知名企业的长期供应商。

"法家式"变革

跟随行业利好大环境发展起来的企业，必然也会受到行业波动的影响。2010 年，在经过近 5 年的爆发式"野蛮生长"后，我国开始出现明显的弃风限电现象，2011 年至 2012 年，中国风电新增装机数量连续两年下滑，风电整机及相应的零部件配套企业受到巨大冲击。在吉鑫科技上市的当年，公司业绩出现大幅度下滑，公司净利润下滑约 47%，主营利润下滑约 49%，接近二级市场监管层的处罚红线。就在这样的情况下，2012 年 3 月，包士金的儿子——27 岁的包振华上任吉鑫科技总裁，从父亲手中接过了吉鑫科技的重担。

包振华认为，尽管吉鑫科技上市只是公司发展到一定程度的必然结果，但这次上市募集到的约 11 亿元，对吉鑫科技能够迅速走出这次行业低潮期起到了非常重要的作用。而同时，包振华在上任之后，对吉鑫科技进行了一系列的变革，包振华将此称为"法家式"变革，"我必须要破除一切压力，将公司完全制度化、标准化。"包振华说。

包振华的压力首先来自父亲曾经带领过的"初创团队"，在当时，吉鑫科技在管理架构上已经形成不少利益小团体，而许多管理者的理念也出现僵化和扭曲的现象——不求有功，只求流程不出错。在市场不景气的情况下，这样的思想直接制约了公司业绩的发展。包振华在感召管理层自发变革无望的情况下，决定壮士断腕，冲击利益小团体，引进新鲜血液，实现了公司管理层的一次大规模换血。

与此同时，包振华引进外部咨询机构，对公司制度进行了一次全面的革新，其首先针对的是薪酬分配机制。在此之前，公司的薪酬、晋升通道单一，以技术部门为例，技术人员想实现薪酬的增加，只能通过逐步晋升到部门部长，而一个部门的部长职位有限，以至于众多技术骨干在晋升无望之后，选择离开吉鑫科技，对吉鑫科技的技术研发造成不可估量的损失。对此，包振华引进国内知名咨询公司，重新设计了完善合理的薪酬分配机制，设立了管理、技术等多个晋升通道，让所有人员可根据自身优势发展，从而为公司储备和留住了一大批人才。而在成本控制上，包振华则引进日本咨询公司，将公司所有产品进行"成本可视化"改革，结束了吉鑫科技一直以来的粗放式成本核算方式。包振华说："中国整个铸件行业都有一个误区——产品按吨算，但是我不是卖吨的，我是卖产品的。"通过这次变革，吉鑫科技势必将公司所有产品的成本都实现有数据可依——不同类别、不同型号等的产品都有一个对应的成本剖析，从而往上可影响生产，实现成本、废品率等的优化，往下可直接影响销售端，以财务数据为指标，更加明确销售端的目标性，增加销售的积极性。对此带来的积极影响，包振华举了一个极端的例子，他说："如果卖了一万吨，跟卖十万吨赚一样多的钱，那为什么我不让员工们轻松一点呢？"

从2013年开始，中国风电行业逐渐复苏，尽管近几年来略有波动，但行业基本趋向于稳定。包振华说："像最开始那样的周期基本上不会再有了，而现在是拼管理、拼研发实力的时候了。"

技术永无止境

包振华认为，吉鑫科技与国内其他风机铸件企业的最大优势，在于良好的质量控制体系，而这种控制体系最初的建立得益于国外整机客户对供应商的培育。在2016年，吉鑫科技与美国GE的合作迎来十周年庆典，而吉鑫科技拥有的包括GE、丹麦Vestas等在内的一批国际高质量的客户，对其的严苛要求给吉鑫科技的发展带来了"管理红利"：这些国际客户对于铸件的每一个过程都会进行远程监控，从铸件的原材料生铁，到加工工序的机床、刀片等，都必须符合需求，不能随意更换。而在当时，由于风电的利好，使得国内铸件企业不断涌现，众多风机铸件生产厂家选择以低质量的原材料和工艺获得低成本，从而以低价竞争的方式获取客户。但其铸件技术含量低，废品率高，在国际化市场作用下，铸件厂商的生存空间受到严重挤压。国际企业的高要求使得吉鑫科技建立了良好质量体系，截至目前，其废品率为3%，远低于行业平均水平，这也使得吉鑫成为国内外知名风电整机企业的稳定供货商，其国内市场占有率达40%，国际市场占有率接近30%。

包振华将其在风机铸件的领先优势归功于"硬件"和"软件"两个部分的持续提升。"工欲善其事，必先利其器"，所有的技术创新都无法离开高精尖设备的辅助。吉鑫科技在仪器、设备上不遗余力的投入，从包士金创立公司开始一直延续至今。包振华说："站在风口上赚到钱之后，父亲一直不停购买最先进的设备，保障了研发、生产的可持续进行。"在目前，吉鑫科技拥有国内领先的熔炼炉、保温炉、行吊等铸造设备，以及国际顶级的检测、实验设备。

有了硬件的基础支持后，软件——人才的吸引和培养则显得更加重要。作为一个建筑商人，包士金对风机铸件所知甚少，但是他却一手打造了一个国内一流的专业软件团队——公司岗位中的核心专业人才都是包士金一个一个"请"来的。吉鑫科技总经理包振华对父亲当时虔心邀请人才的事情仍然记忆犹新，他说："旧有刘备三顾茅庐，而我的父亲一次次拜访专业人才，有的人我父亲甚至拜访了 20 次，才终于感动他，将他请到公司来。"也正是由于这一批专业技术人才的带领，在风电行业东风吹起的时候，吉鑫科技能够迅速在行业内站稳脚跟，并一路拼进了二级市场。包振华笑称："我的父亲就是一个外行带领着一群内行在打仗，但打得很成功。"

这些专业人才的到来为吉鑫科技形成了良好的人才循环体系，不断吸引着新鲜血液的加入，从而也为整个风电行业培养了众多人才。包振华说："如今只要跟中国风电有关的企业，无论是竞争对手还是整机厂商，大多都有曾经在吉鑫科技工作过的人。"因此，吉鑫科技也被业界称为风机铸件行业的"黄埔军校"。

"凡是跟技术有关的，只有更好没有最好，永远没有止境。"包振华认为。因此，每年，包振华都会带领着吉鑫科技的核心团队到世界各地的博览会、展览会、优秀企业进行参观学习，以保证团队成员能接触世界上最前沿的科技信息。此外，吉鑫科技每年投入科

技研发的费用超过 5000 万元，并且与国内高等院校合作，创立博士后创新实践基地，建立了雄厚的人才储备。

得益于"硬件"和"软件"上的双重保证，吉鑫科技已获得 8 项发明专利、10 项实用型专利、1 项美国发明专利。由于风电单机容量越大，其技术难度越大，技术门槛也就越高，吉鑫科技逐年向 2.5MW 以上的特大型产品上转型，在目前，吉鑫科技已经成功研发兆瓦级系列风电轮毂等大型件的规模化生产技术，开发出兆瓦级轮毂等大型件的样机，其行业竞争优势明显，而鉴于吉鑫科技在风电铸造技术上的突出表现，吉鑫科技参与起草了《风力发电机组球墨铸铁件》国家标准和《铸造用高纯生铁》行业标准。

长虑后顾

经过 10 多年的时间，吉鑫科技已经从一个风电铸造行业的外行成为风机铸件的领军企业，而吉鑫科技的历史经验都在说明"深谋远虑"的重要性。

对于吉鑫科技的未来，包振华的战略非常明确：首先要在风机铸件行业稳扎稳打，守住上一辈的基业。为此，吉鑫科技一方面在技术上前伸，从销售端上了解客户的需求，参与整机的研发设计，通过三维模型，在设计上为客户提出铸件优化建议，为客户减少铸件成本，从而赢得了稳定的客源。而另一方面，由于陆地风电的不断建设，市场逐渐趋于饱和，海上风电将成为风电产业未来发展的重点，但是海上风力发电存在强风、海水腐蚀等复杂恶劣环境，海上风电机组大型化趋势明显，吉鑫科技早已开始在此布局，其 7MW 海上风电特大型低温球铁关键零部件项目，已获得国家火炬计划立项。

其次，吉鑫科技的战略布局还分为纵向与横向两个维度。所谓"纵向"，即延长产业链，往下游延伸直接进入风电厂。2016年，吉鑫科技全资子公司江苏鑫创风力发电有限公司出资设立控股子公司沧州宏润新能源有限公司，在河北省沧州市盐山县宣惠河区域正式开始建设风力发电厂，2019年5月8日，该发电厂正式收到国家能源局华北监管局发放的关于40兆瓦风电场项目的《中华人民共和国电力业务许可证》——风电厂正式入网运营，执行电价0.6元/千瓦时。包振华预计，该电厂2019年净利润可达到5000万元左右，并且收益率将逐年提升。

尽管吉鑫科技为中国风机铸件行业的龙头企业，但包振华更愿意把吉鑫科技看作是一个"铸造专家"，他说："我们并没有把吉鑫科技单纯地定义为一个风电零部件的供应商，我们只是凑巧做了风机铸件而发家，我们的强项是'铸造'。"因此，吉鑫科技将利用其在铸造领域的强劲优势，"横向"发展，进军军工、核电等重大装备制造领域。包振华说："我们有很强的铸造实力，风机铸件只是铸件的一个细分领域，我们会有选择性地进入一些蓝海领域，以技术为核心辐射其他市场。"

尽管吉鑫科技目前发展势头良好，但包振华却未雨绸缪，一刻都不敢松懈，随时都在为中国制造业可能出现的寒冬做着准备，他说："吉鑫科技现在的抗压力很好，寒冬如果来了，谁能熬过去了，后面就是一片阳光明媚。"

WTB

第三篇

无锡叶片：做"两机"核心零部件的专业供应商

杨晓迎

　　走进无锡透平叶片有限公司（以下简称"无锡叶片"）的展品展厅，各种不同时期的叶片和结构件产品分布于能源电站和航空两大区域。

　　作为全球最大的电站汽轮机大叶片制造商，无锡叶片具备百万等级超超临界机组和百万核电机组汽轮机大叶片工艺研发及制造能力，电站汽轮机大叶片国内市场综合占有率达70%，产品品种覆盖率达95%，全球电站大叶片市场综合占有率达60%。

　　作为从"电站之芯"到"航空之翼"的二次创业转型企业，无锡叶片于2016年和2017年分别获得美国GE航空的年度"卓越质量奖"奖项和英国罗尔斯·罗伊斯公司的年度最佳新供应商奖。

　　"经过40年产业实践和国内外市场竞争的洗礼，无锡叶片从零部件配套厂发展为服务全行业的专业供应商，从生产叶片的产品制造型企业升级为能源和航空高端装备核心部件的工艺制造型企业，我们始终初心不改。"无锡叶片副总经理曹军如此概括企业的历程。

电站之芯——艰苦的创业之路

无锡叶片作为企业创建于 1979 年 1 月 1 日，此前为无锡动力机厂第一、第二、第三车间，再前为无锡柴油机厂增压器分厂，1953 年就开始生产增压器涡轮叶片。

1975 年，原国家计委和原国家建委批准无锡动力机厂制造燃气轮机叶片项目。1976 年，川—沪天然气工程全面启动，无锡动力机厂以第一、第二、第三车间为主体承担了用于输气管道增压用燃气轮机叶片制造任务，生产两万三千瓦燃气轮机全部叶片。项目期间，先后建成了锻压车间、精密铸造车间、热处理车间、理化室，引进 4000 吨液压螺旋压力机等设备，经过三年的努力，共试制生产了两台（套）二万三千瓦燃气轮机叶片。但由于对四川天然气储量勘探不确定，气源不足，1978 年该项目下马，未形成批量生产能力。

1979 年 1 月 1 日，在当时第一机械工业部的统一安排下，无锡叶片作为全国唯一的汽轮机叶片专业生产厂家正式挂牌成立，目标是建设成为中国电站汽轮机大叶片的制造中心。

最早酝酿建立叶片厂时，是按照苏联列宁格勒叶片厂的建厂模式：叶片产品设计在主机厂，由专业化工厂负责叶片工艺设计并制造，产品验收合格后交付主机厂，这种模式是在国家计划经济体制下进行的配套企业与电站汽轮机一体化的社会分工协作关系。但无锡叶片诞生之时，适逢党的十一届三中全会后拉开中国改革开放的序幕，开始推动经济体制由计划经济向市场经济转变。因此对于无锡叶片，有专家形象地称之为计划经济下最后的"遗腹子"。

产品图

从计划经济的最后"遗腹子"到奠定在全国电站汽轮机大叶片制造领域的龙头地位，无锡叶片奋斗了 10 多年。

建厂之初的几年间，无锡叶片依靠"以副养主"，即以有一定实力的柴油发电机组、涡轮增压器、潜油泵、振动光饰机、磁钢等副业来维持培育"电站叶片"这个主业，以至于在建厂后的近十年里，电站叶片业务的比重始终低于工厂全部销售业务的 30%。

"六五"开始，原第一机械工业部统一规划电站行业引进美国西屋电气公司 30 万千瓦电站机组制造技术，并于 1981 年批准无锡叶片生产引进型 30 万 /60 万千瓦汽轮机低压缸后三级扭曲动叶片，以及直叶根磨削工序协作任务。从 1982 年开始，无锡叶片先后引进圆弧强力磨、宽视野显微镜、大型 PW 仿形铣、制氮机、三坐标测量仪、X 荧光检查机、模具光学投影仪、自动界面绘图仪，以及一批国产数控机床和自制的喷丸强化机等设备。

"七五"期间，原机械工业部批准无锡叶片的生产纲领按年产860万千瓦电站汽轮机配套需要，年生产叶片8万片，其中大型扭曲动叶片2.5万片。1988年，无锡叶片的30万/60万千瓦汽轮机末级869毫米大叶片成功试制，30万千瓦常规火力发电机组大叶片国产化全面实现，获得国务院重大装备办技术攻关一等奖，工厂叶片产值也首次超过50%，成为真正意义上的叶片厂，并以此为标志初步建成国内大叶片制造中心。1990年，又以较短周期完成了900mm、905mm自主改进优化型30万千瓦末级大叶片攻关。至此，无锡叶片方才初步建立起了叶片专业化的制造工艺装备和管理体系。

1989年，原机械工业部召开"八五"计划限上项目安排会，确定无锡叶片厂按高——引进一台万吨级螺旋压力机、中——国产或合作生产万吨螺旋压力机、低——不购买压力机三个方案规划。在以后的几年里，无锡叶片先后解决了大叶片主锻设备是螺旋压力机或是高速锤，是引进还是国产化问题，以及民用工厂和军工企业在大叶片生产中的相互关系上的协调。

1992年，原国家计委批准无锡叶片"八五"基本建设项目的生产纲领为年产汽轮机叶片8.2万片，其中大于500mm大叶片2.5万片，可加工最大叶片1000mm。按照国家要求，无锡叶片1995年9月完成引进一台万吨压力的安装、调试、验收的任务并交付使用。随着"八五"建设的完成，无锡叶片基本上奠定作为汽轮机大叶片专业化工厂在全国的地位。1994年，主营叶片业务首次超过70%。

不过，此时的无锡叶片在工艺上基本集中在锻造领域，连机加工能力都还不具备，更是遭遇了"九五"时期的市场严寒。从20

世纪 90 年代中期开始，随着中国经济进入一轮下行周期，国家在电力建设方面大幅压缩，影响传递到产业链上游环节的电站叶片。

到了 2001 年，无锡叶片已经是岌岌可危，连员工工资都发不出，被银行逼着破产或者重组。已经由无锡市机械工业局划归上海电气集团的无锡叶片适时启动国债项目资金进行技术改造，引进国外先进的设备，并开始了在数控加工等方面的持续技术改造。仅仅一年之后，无锡叶片就一举从濒临破产的绝境中走出，扭亏为盈。此后，无锡叶片持续坚持设备与技术、人才升级，五年间累计投入超过 3 亿元，最终建成世界一流的生产线。

以外贸业务全面提升企业综合素质——品质追求极限的选择

加入 WTO 后的中国经济迅速进入新一轮经济增长周期，随着煤电油运的全面紧张，国内发电设备行业也进入井喷期，叶片产品更是供不应求。在追求生产效率，品质过得去就行，还是严把质量关、品质追求极限的两条道路上，无锡叶片面临着新的选择。

2003 年开始，无锡叶片在坚守主业、夯实国内市场的同时，开始从战略上重视外贸业务，提出了"以外贸业务全面提升企业综合素质"的战略。无锡叶片的动机是利用每一次外贸合作机会，不断提升产品品质，在扩展海外业务的同时反哺国内市场，更好地支持国内主机厂的发展。

"外贸客户可以说是我们最好的老师。"无锡叶片副总经理曹军如此总结道。在发展外贸业务的过程中，无锡叶片及时对一些付出学费的产品、案例进行总结和分析，清醒地认识到业务流程管理的

重要性，与国际标杆相比，无锡叶片硬件的差距已不明显，关键在于管理的"软件"短板。

在无锡叶片首次出现问题的外贸订单中，无锡叶片花费大量精力进行技术攻关后做出了合格产品，但在最终检验时，客户却对制造过程的工艺质量控制和过程记录提出了质疑，并拒绝接受这批产品。在此之后，无锡叶片展开了系统的质量改进，确立了"重过程、重可靠性制造"的导目标。

为了保证产品质量的稳定性，无锡叶片在管理"软件"方面引入更加严格的质量管理体系，在业务流程和制造计划中建立与之紧密融合的质量过程控制体系，不断完善产品工艺、优化业务流程。可以说，正是对产品质量的严苛把控、对技术和质量精益求精的工匠精神铸就了如今无锡叶片在业内的标杆地位。

"当一批产品交货时，我们需要让客户明白的是产品的每一道工序是怎样完成的，告诉客户我们有能力保证产品质量具有稳定性，而不是告诉客户这是检测完毕后挑出的合格产品。"在曹军看来，无锡叶片引领、带动了国内整个叶片行业对质量的把控，对品质的追求。

2017年9月，无锡叶片承制的世界最长级别74英寸（1880mm）核电汽轮机末级动叶在日本动调频试验成功。该试验是在世界最大级别的高速动平衡试验设备内，将74英寸动叶片装配在与实物同比例大小的转子上，按照每分钟1500转速来测试叶片的振动特性。检测结果是"尺寸全部符合公差要求，且一致性优良"。

通过与国内外两个市场的众多客户的合作，吃"百家饭"的无锡叶片形成了以工艺能力为主的核心竞争力。

按照曹军的说法，"无论是对制造的理解、还是叶片的生产，都是集众家所长。第一是锻造和机加工环节都有，客户不需要分布式采购。第二是对各种标准和各种材料都掌握，见多识广。第三是工艺比较齐全，包括一些需要使用专用设备的特种工序"。

现在，无锡叶片已经可以做到向产业链的前端延伸，通过项目合作，将最先进的叶片设计技术与工艺制造技术相结合，由此验证并改进设计，促使效率提升、成本降低、质量改进。

航空之翼——叩开世界航空发动机巨头之门

2008年起，无锡叶片意识到传统能源电站业务已不足以支撑公司的战略发展，开始"二次创业"，向潜力更大的航空领域转型。短短十年时间，无锡叶片航空业务占营业收入比重接近40%，成为美国GE、英国罗尔斯·罗伊斯亚太地区的锻件战略供应商，产品实现了静止件到旋转件的跨越，材料完成了从铝合金到钛合金与高温合金的升级，用实力叩开了世界航空巨头的合作之门。

航空发动机是飞机的"心脏"，以高温、高压、高转速、高负荷为技术难点，被誉为现代工业"皇冠上的明珠"和"工业之花"。长期以来，全球民用航空发动机市场被美国 GE、英国罗尔斯·罗伊斯和美国普惠三家公司垄断。市场对民用航空飞机发动机的要求，除了可靠性、安全性、经济性等基本指标，还需要重量轻、推重比高。同样，发动机叶片等关键部件也需承受极其苛刻的品质要求。作为典型技术密集型产品，航空发动机叶片需要在高温、高压、高转速和高负载的特殊环境中长期反复工作，功率贡献和安全比重都在航空发动机中占有举足轻重的地位。

由于航空工业涉及军事的战略性，国外公司明确禁止向中国转让航空发动机部件、燃气轮机涡轮叶片高端制造技术，不同于当年电站叶片的引进消化吸收，无锡叶片只得立足自主研发。

2008 年以来，无锡叶片先后搭建了江苏省企业院士工作站、博士后科研工作站、无锡高端动力部件制造技术研究院等重大研发平台，结合多年的叶片制造经验，在没有订单没有合同没有项目的情况下，持续投入资金、人力和资源，历经多年摸索，才逐步在航空发动机部件制造关键技术上实现了"从 0 到 1"的突破。

航空发动机的叶片分布在燃烧室前后，燃烧室前面是锻件，燃烧室后面是铸件。无锡叶片主要供应的是燃烧室前面的锻件叶片。锻件是对金属坯料进行锻造变形而得到的，锻造的过程也是对叶片成型改性的过程。

无锡叶片和 GE 航空、英国罗尔斯·罗伊斯的合作都是从最简

世界领先的高能螺旋压力机

单的零件起步的，比如和 GE 航空最初合作的产品是铝合金 OGV 导叶，和英国罗尔斯·罗伊斯最初合作的产品是 ESS 叶片，都属于一般静止件，相对简单。即使如此，合作初期无锡叶片也经受了不少捶打与锤炼。

航空发动机单支叶片有上千个检测点，加工误差需控制在（μ 级）千分之一毫米，上千个点都必须合格，必须是零缺陷，才是合格产品。为了得到客户的认可，无锡叶片购置了 50 到 200 倍各类放大镜设备，技术人员白天试验，晚上倒时差和英国罗尔斯·罗伊斯人员开电话会议交流解决，一直报废了 300 多只叶片才制造出符合交付标准的合格品。2015 年，公司的成品一次合格率只有 30%，而现在的成品一次合格率达到 95% 以上。现在，GE

航空、英国罗尔斯·罗伊斯进行全球采购战略调整，致力于在新兴市场培育新的供应商，更多的机会将会给到亚太区特别是中国区的企业。

对于 GE 航空、英国罗尔斯·罗伊斯而言，质量不仅是产品实物的质量，更为重要的是制造过程的质量。对于供应商，除了要求要通过 ISO9100（AS9100C）体系认证，还得通过一系列关键和特殊工序的 NADCAP 认证。正是以海外航空发动机业务发展为契机，无锡叶片才有机会接触到世界上航空发动机部件制造的先进技术和质量管控要求，对全面质量管理也有了全新的认识。

和 GE 航空、英国罗尔斯·罗伊斯的合作，无锡叶片也受益于自身开发的生产管控系统。通过该系统，在生产的同时，一旦产品检验出现不合格信号，系统便会立即执行一个不合格的流程，这个不合格品的信息就会经过生产部门、销售部门、技术部门，最终会反馈到用户方。通过这样一套系统就可以客观、准确地判定生产能不能执行下一步流程，实现高效生产。

近年来，伴随着航空业务的拓展，无锡叶片开始在全公司范围内推进"零缺陷"活动，核心理念包括两个方面，一是"一次性把正确的事情做正确"，即活动目标是一次合格；二是"质量重在预防"，即活动抓手是预防措施。

国际客户对流程、标准、质量的严苛要求，包括先进管理理念，都成为无锡叶片成长的财富。在多年的产业实践中，无锡叶片形成了以"严谨、精益、高效、创新"为核心的品牌文化，不断契合、满足客户需求，夯实质量管理，谋求品牌知名度和美誉度的提升，形成了质量与品牌相互促进、共同提升的良性循环。

两机专项——聚焦国家战略的国际先进高端动力部件供应商

目前，无锡叶片提出的企业战略目标是成为国际先进高端动力部件供应商。所谓高端动力部件是专指航空发动机和重型燃气轮机的关键零部件。航空发动机和重型燃气轮机的工作原理相同，都是燃料在燃烧室中产生高温高压气体，气体膨胀后推动活塞，同时吹动叶片，产生动能。

航空发动机与重型燃气轮机制造能力和水平体现了一个国家制造业的核心竞争力，是国际竞争的战略制高点。与全球民用航空发动机市场的 GE 航空、英国罗尔斯·罗伊斯和普惠"三足鼎立"局面类似，全球重型燃气轮机市场也是"三足鼎立"：GE、西门子和三菱重工。

2013 年，继 2006 年通过的《国家中长期科学和技术发展规划纲要（2006—2020 年）》提出设立 16 个国家科技重大专项之后，航空发动机与燃气轮机国家科技重大专项启动（简称"两机"专项）。为实施"两机"专项，在国家层面：2014 年，由国家电力投资集团公司牵头联合哈电、东方电气和上海电气共同成立中国联合重型燃气轮机技术有限公司；2016 年，原隶属于中国航空工业集团的发动机研究所和制造企业划出重组成立中国航空发动机集团公司。2016 年，"两机"专项被列为国家"十三五"规划百项重点工程之首。

无锡叶片在国家"两机"专项战略的引导下，瞄准重型燃气轮机和航空发动机燃烧室后端铸造涡轮叶片的成品加工，把制造难度更大、工艺更为复杂、品质要求更高的叶片部件产品作为发展方向；在"两机"盘轴件和结构件领域，由锻件交付向机加工交付方向延伸。

目前，历经多年，无锡叶片的燃气轮机产品覆盖全套压气机叶片、压气机盘、涡轮机以及涡轮（透平）叶片，材料涉及高温合金、钛合金和特种钢，具备压气机叶片、压气机盘机涡轮盘"一站式"成品交付能力；具备涡轮叶片总承/铸造后全工序制造能力（缓进磨削—打孔—组件成型和焊接—真空钎焊—涂层—气膜孔流量检测）。

目前，无锡叶片已经成为满足 GE、西门子、阿尔斯通、安萨尔多燃机技术体系要求的压气机成品叶片供应商，长期为国际燃机巨头提供全套的当代 F 级（E/F）以及先进级（G/H）燃机压气机成品叶片。

目前，无锡叶片初步建成了"两机"热部件车间，逐步健全涡轮叶片成品加工完整生产线，导入多个客户完成多个型号约 20 级涡轮叶片工艺研究、试制、评审鉴定和批量生产。通过参与国家"两机"专项联合重燃 300MW 级 F 级项目，逐步具备重型燃气轮机铸造透平叶片第 1 级导叶和第 1 级动叶加工能力。其核心技术突破代表着国内重燃自主化向前迈出坚实一步，具有重要的战略意义。

目前，无锡叶片在航空发动机领域的产品覆盖了航空发动机各类叶片（导向叶片、风扇叶片、压气机叶片、涡轮叶片）、盘轴件（鼓筒、整体叶盘、涡轮盘、轴颈类盘件、风扇盘）、结构件（整流罩、吊挂、机匣）及飞机结构件（连接件、框/梁、起落架）等关键部件。产品材料涉及钛合金、高温合金、铝合金和特种钢，生产了多项具有国际同等水平的标志性产品。在国内，产品覆盖某型号发动机全部大型锻件及风扇叶片，在海外成为 GE 航空和英国罗尔斯·罗伊斯亚太地区锻件战略供应商。

WXLH
蠡湖股份

第四篇

蠡湖股份：历经风雨 终见彩虹

黎光寿

　　在燃油车时代，节约燃油一直是一个重大而持久的课题，涡轮增压器作为汽车等领域内燃机的重要配件，可提高汽油发动机近20%、柴油发动机近40%的燃油效率，从而有效实现"节能减排"的目的。

　　我们今天要说的蠡湖增压技术股份有限公司（以下简称"蠡湖股份"），长期以来专注于涡轮增压器关键零部件领域，该公司还是霍尼韦尔（盖瑞特）、三菱重工、石川岛播磨重工、博格华纳、博世马勒（博马科技）等著名跨国涡轮增压器制造商的重要供应商。

　　蠡湖股份成立于1994年，最初是一家村办企业，经过20多年的发展，2018年实现销售额11亿元，全球每5辆装配了涡轮增压发动机的汽车里，就有1辆装配的是该公司生产的涡轮压气机壳产品，该公司目前已经是涡轮增压器领域里的隐形冠军。

　　蠡湖股份是如何从一家村办企业发展成为隐形冠军的？在发展过程中都经历了哪些故事？都有哪些成功的经验和需要吸取的教训？下面一一述来。

夹缝中死里逃生

蠡湖股份成立于 1994 年，总投资 1600 余万元。董事长王洪其告诉记者，他当时担任蠡湖村党支部书记，1998 年时该公司年销售额不足 200 万元，年亏损近 300 万元，累计亏损超过 1000 万元，村里转让蠡湖公司的前提是要买家承担公司的亏损成本，结果无人接手，王洪其只得接手了这家公司。当时初中毕业、从没真正做过企业的王洪其，出任董事长兼总经理后，面对的是这样一个局面：由于连年的产品质量问题，客户基本跑光；由于连年亏损，外来技术人员全部走光。

上任之初，公司连最简单的水、电费都付不出。最紧张的一次是，IC 卡表上电费只够用 1 个小时，不充值跳闸后就会停止送电，但钢水还在炉子里沸腾，如果突然停电导致钢水冷结，就会面临炼钢炉彻底报废的风险。情急之下，他临时找几个人凑了 2000 元钱去供电局维持用电，同时又找朋友借了 5 万元去充电费。再后来，他采用私房抵押贷款、找朋友借钱等办法，才勉强渡过难关。

公司最辉煌的时期曾经有 20 多名技术员，但王洪其接手之后仅有两名刚进公司的大学生，其他几十名员工都是农民。而王洪其只接受过初中教育，没有做过企业，蠡湖股份相当于"一个农民带着一群农民"的公司，公司成品率从未达到过 50%，人心涣散，管理混乱，没有人相信蠡湖股份还能活下来。

想要蠡湖股份活下来，首先需要解决的问题是产品的成品率问题。实在没有好办法，王洪其给每个员工发了一支笔和一本小学生算术作业本，生产中做一个记一个，将对应的产品打钢印、分好

蠡湖股份外景

坏、记工况。这种严格流程之举，让员工一下子提振了责任感，无论是对自己所经手的流程，还是上下游流程都更加严格把控，产品成品率直线上升。

功夫不负苦心人，半年多后，蠡湖股份的产品成品率就由35%左右提高到85%以上。产品质量有了好转后，蠡湖股份主动把客户请过来，坦诚地反思过去的问题，展现转制后的初步成果与进步，并虚心听取客户意见。

客户被感动了，订单又回来了。2000年，蠡湖股份实现了8年历史上的首次盈利。年底发奖金时，王洪其对员工说："这钱是大家挣的。"在员工的热泪盈眶中，蠡湖股份终于走向了正常。

从1999年到2006年，蠡湖股份平均以每年80%的速度发展，其中外销比重越来越大。尤其是2004年11月开始搬迁到华庄工业园，蠡湖股份有了自己的土地和 2 万多平方米的厂房，从这里开始真正走向世界。

公开资料显示，蠡湖股份目前是江苏省科技型中小企业；公司设立的工程技术中心被江苏省科学技术厅认定为"江苏省涡轮增压器壳体工程技术中心"和"江苏省企业技术中心"；公司开发的转盘式重力浇注汽车涡轮增压器压气机壳项目，获"国家火炬计划产业化示范项目"证书。

年报显示，2018 年，蠡湖股份实现营业收入 111994.78 万元，同比上升 23.95%；归属于上市公司股东的净利润 8007.59 万元，同比下降 18.29%。截止到 2018 年 12 月 31 日公司总资产为 200037.56 万元，同比上升 51.50%；归属于上市公司股东的净资产为 112672.61 万元，同比上升 86.72%。

值得注意的是，蠡湖股份的产品主要是汽车涡轮增压器的压气机壳，在其收入来源中，绝大部分来源于国外，或者国外公司在华的子公司、分公司，这就意味着，这家企业的背后，隐藏了许多不为人知的故事。

走向专业化和国际化

蠡湖股份最初有 5 个产品，其中涡轮、叶轮一直是蠡湖股份的主打产品，可无论是管理、资金、人才、技术还是土地、厂房，无一能满足 5 个产品同时发展。王洪其敏锐地意识到必须取舍，在 3 年多的时间里先后淘汰了 4 个产品，最后只留下压气机壳。

其实如果今天很多人来选择，也许就会直接选择涡轮、叶轮或者压气机叶轮这些产品，因为不管从知名度与公司未来形象上看，或者从未来技术延展性上看，这三种产品都有无尽的魅力。从王洪其的角度看，涡轮和叶轮当时一年给企业带来 300 多万元利润，也是企业起家产品，但王洪其跟英国的一家公司谈判引进涡轮生产线久谈无结果，果断放弃了这两项产品，转而选择了极其不显眼的涡轮压气机壳。

"当时我们无论是资金、技术、管理都无法支撑涡轮、叶轮这些核心产品的生产，并且在世界范围内生产这些部件的企业都很有实力，国内也有大型企业随时可以做，只有压气机壳没人做，人家也不想做。"王洪其表示，跟英国公司谈判结束后，他就选择了只做涡轮增压器压气机壳这么一个产品，"这是我人生中选择最正确的一件事情"。随后公司裁掉市场部，成立了技术中心；成立海外事业部，并率先开发日本市场。

王洪其在确定产品后，直接对公司内部组织架构进行了彻底重组，从一开始就奠定了一家全球化公司的架构——专业化和国际化。转型后的蠡湖股份，从技术的角度深度切入客户的核心技术部门，与客户一同分享前沿市场趋势，帮助客户修改和调整产品设计，一同研发新产品。"全球范围内，不少客户把他们的二维图和三维图给我们研究，我们根据当时的技术水平和自己的能力，给客户提供修改意见，很快就推出了新产品。"

公司的专业化和产品的聚焦，尤其是能够进入客户的前期研发设计环节，让蠡湖股份的产品开发速度大为加快，一个新产品从客户给出意见到制成样品，最快只需要 25 天就可以完成。这种研发速度，足以让一些竞争对手望尘莫及、望而生畏，从而保护了蠡湖股份的安全。

公开资料显示，依赖多年积累的技术优势、管理优势和客户优势，蠡湖股份建立了稳定的采购、生产及销售模式，掌握了模具设计开发、产品铸造、机加工、检测等各个生产环节的核心技术，已成为一家具备较强产品开发和制造能力的专业涡轮增压器零部件供应商。

通过年报可以看到，蠡湖股份曾经获得霍尼韦尔授予的"全球供应商大会准时交付金奖"、三菱重工授予的"优秀供应商"、博格华纳授予的"最佳质量奖"等荣誉证书，公司研发能力、生产管理、质量控制、及时交付能力等得到客户的广泛认可，并与霍尼韦尔（盖瑞特）、三菱重工、石川岛播磨重工、博格华纳、博世马勒（博马科技）等著名跨国涡轮增压器制造商建立了长期稳定的合作关系。

近年来，公司适应新能源汽车的发展，向新能源汽车零部件领域延伸，报告期内成功交付客户霍尼韦尔（盖瑞特）氢燃料电池核心配套组件，应用于 HONDA 的 CLARITY 新能源汽车制造项目；同时，公司还与国内氢燃料电池生产商共同合作开发氢燃料电池关键零部件项目，为后续进入新能源汽车产业链储备相关的专业技术与制造经验。

蠡湖股份的成长实践

从 1994 年成立，到 2018 年登陆资本市场，蠡湖股份已经从一个 50 多人的村办小厂发展到已有近 2000 名员工、10 万多平方米厂房、11 亿多元总资产的大公司，并成为涡轮增压器领域里的隐形冠军。公司在规模变大的同时，内部组织结构和文化都在不断地发生变化。

　　从内部管理来说，蠡湖股份也经历着许多公司从小到大所经历的部门增加、沟通效率低下、官僚主义滋生、人浮于事、推诿扯皮增多等问题，公司内部金字塔式的组织结构越垒越高，管理幅度越来越大，管理边界越来越模糊。对于企业的管理者来说，企业的成长路就是一把又一把的辛酸泪。

　　王洪其告诉记者，在历经数不清的坎坷后，蠡湖股份领悟到了机制的重要性，根本的问题在于创业时人管人的方法已不适合大企业管理。为了厘清公司的管理架构，探索一套对公司的有效管理模式，王洪其一直在疯狂地学习，读书保持三天一本速度，一年读书100本，他还外出报班学习，从特劳特的定位系统，到华与华的顶层设计，他都积极参加过。

　　26年中，蠡湖股份在上课方面的钱没少花，事没少做，基本上事倍功半；尤其企业管理切忌搞运动式，这样往往是三分钟热度，热情退去一切照旧。现代企业面临的压力都不小，隔行如隔山，但隔行不隔理，面临的许多问题是有共性的，比如：社会成本、综合成本上升，汇率波动，客户年降，原辅材料上涨，等等，还包括同行的竞争。

　　因为蠡湖股份50%左右的销售在海外，所以不仅面临国内同行，还有发达国家和低成本国家的竞争。企业最难的是消化它，所以蠡湖股份在经营管理机制的创新上没有花哨的东西，主要坚持两条，一是管理直指人性，有问题别怪下属、员工，从规则上找原因，一般来讲90%是规则有问题；二是坚信薪酬永远是第一驱动力。

　　王洪其早年的村支书经历，加之后来读书和四处求学，总结出了一个非常简单粗暴的"包产到户"管理模式，这套模式被称为蠡湖股份"分之合经营管理"模式，其基本思路是大蠡湖、小实体，把大公司做小，分成一个一个相对独立核算的作业组，既保持了经营上的灵活，也保持了大公司管理上的优势。

蠡湖股份2009年开始实施这套"分之合经营管理"模式，全公司2000多名员工，按照业务和融洽度分属不同的项目组，公司500多个项目分属不同的项目组，从谈判到生产出产品，都由项目组负责，公司只负责大的经营管理和生产支持。

"这套经营管理制度的核心，在于'包产到户'，以产量计工分。"王洪其告诉记者，全公司200多个项目组，小组长被称为包工头，一个小组大的不超过30人，最小的小组只有1人，组员以委派为主。研发人员则分项目管理，由项目组的人员去维护。如果遇到原材料涨价和汇率变化等，则采取同口径计算，不由员工承担风险。

王洪其表示，对客户来说，企业管理体制变革之后，也不会影响企业的服务。原因是每个产品都有自己专属的二维码，只要在5年之内扫码，都可以查出是谁做的，发出去1万个产品中如果有10个有问题，也完全可以查到批次和原因。

王洪其表示，"分之合经营管理"模式不同于任正非的"铁三角"管理模式，也不同于张瑞敏的"人单合一"模式。采取了"分之合经营管理"机制之后，蠡湖股份内部实现了两个转变：一是由绩效考核变成目标导向；二是员工由外驱动变成自驱动。这两个转变的结果，就是使管理从大企业又回到了小企业，管理难度也简单多了。

"传统企业不能再用传统的方式去管理"。这是王洪其经常讲的一句话，尤其是处在互联网时代，去中心、网络化、平台化、零距离是互联网特点，而传统管理恰恰全都相反，不可能让互联网来适

蠡湖股份生产车间

应传统企业，唯有改，彻底改，才是传统企业的出路。

王洪其认为，机制是道，是纲，是原理，是方向，是解决明天问题的；而制度都是事后纠错的，是解决昨天问题的，一般来讲是微观层面的，用制度去管理，会越管越细，造成成本大大增加。在有效的机制条件下，完全可以实现目标导向下的宽松管理。

持续改进永不停步

2019 年 7 月 1 日，北京、上海、天津、河北、广东等地提前实施《轻型汽车污染物排放限值及测量方法（中国第六阶段）》（国六排放标准），按照此标准，轻型汽车一氧化碳、氮氧化物、细颗粒物等排放物的排放限值相比于《轻型汽车污染物排放限值及测量方法（中国第五阶段）》（国五排放标准）将降低 30% 至 50%。

在政策影响和其他因素共同作用下，中国汽车销售出现了下降，中国汽车工业协会数据显示，受政策因素和宏观经济的影响，2019 年 1—6 月，国内汽车产销量分别为 1213.2 万辆和 1232.3 万辆，产销量比上年同期分别下降 13.7% 和 12.4%。

蠡湖股份 2019 年半年报显示，2019 年上半年，压气机壳销售规模略有下滑，毛利率仍保持较高水平，保证了公司报告期内盈利能力的稳定；涡轮壳业务 2019 年上半年销售收入同比增长达 71.2%。

对涡轮增压市场保持乐观的，不仅仅只有蠡湖股份。霍尼韦尔的报告更显示，随着中国、北美、日本等主要汽车市场涡轮增压器配置率的进一步提高，预计全球车用涡轮增压器销量将从 2016 年的 3800 万台增长至 2021 年的 5200 万台，5 年累计销量 2.32 亿台，年均复合增长率 6.47%，是同期全球汽车产量增速的 3 倍。

根据霍尼韦尔更早期发布的报告，2009 至 2016 年，全球车用涡轮增压器销量从 1700 万台增长至 3800 万台，年均复合增长率 12.18%；根据同花顺 IFinD 统计，同期全球汽车产量从 6179.19 万辆增长至 9497.66 万辆，年均复合增长率 6.33%。该数据说明，搭载涡轮增压发动机的汽车产销量远高于传统汽车。

随着越来越多的城市、地区实施国六标准，汽车行业的废气处理能力将面临更为严格的要求，这将倒逼汽车节能减排产业的发展。而安装了涡轮增压发动机的汽车，汽油车燃油效率能提升近 20%、柴油车燃油效率能提升近 40%，生产涡轮增压发动机及其配件的企业，获得了一个巨大的市场发展机会。

为了持续保持在行业的领先地位，蠡湖股份现在又在干两件事：一是自动化改造，二是信息化改造。

自动化改造的主要内容是改造制芯、浇注、清理等的自动化生产线，有柔性自动化线，有细胞式专线自动化线，还有装配自动化线，等等。这样，在生产线不变的情况下，能够最大限度地节约人手；在员工数量不变的情况下，可以大幅度增加产能，同样获得快速发展。

王洪其介绍，之所以一定要做自动化改造，也是基于对未来生产的理解，制造行业本身是一个资本、劳动和技术密集型的行业，提高生产的自动化程度，实际上就是提高了生产效率，节约了资金和资源，让企业获得更大的发展。

信息化改造的目的是保持企业核心竞争力，具体做法就是如何计算员工的工作量。蠡湖股份通盘考虑了总公司和子公司，建立了一个信息中心，对每个分之合的工作每天做到日清，对做什么产品型号、数量、质量、所有成本，根据薪酬规则可以精准计算到每个分之合，每天的总收入和平均收入，不需要统计员，员工都可一目了然。

尽管现在许多人不太热衷制造业，但蠡湖股份正在以一种全新的姿态，义无反顾地投身于制造业。王洪其也以其独有的魄力和眼光，推动制造业的转型升级。

第五篇

上机数控：卓越的光伏加工装备制造商

佟文立

  2018年12月28日，无锡上机数控股份有限公司（以下简称"上机数控"）在上海证券交易所主板上市（股票代码：603185）。

  在中国装备工业界，企业名称中带有"数控"的不在少数，比如华中数控、华东数控、广州数控、航天数控等。与这些源于研发制造为机床整机配套的数控系统企业相比，上机数控则显得有些另类。

  2002年，之前一直从事汽车配件制造的杨建良第二次创业，在无锡开办了上机数控，从通用磨床起家，再到外部磨床和轧辊磨床。

  2004年，由于当时光伏产业的先行者无锡尚德在全国范围内找设备供应商，上机数控开始进入光伏产业，以平面磨床开始，并逐步把磨床光伏市场占有率扩大到80%—90%。

  2008年，上机数控进入线切割机领域，从研发砂浆线切割机开始，逐步提升工艺转成金刚线切割机，并实现了在光伏行业超过

50%的市场占有率；这不仅在国内第一，也是世界第一。

严格地说，此时的上机数控已经不是传统意义上的机床企业，而是成为一家半导体加工设备供应商。不过与近年来频繁刷屏的中微半导体等相比，至今还没有进入国家重大科技项目体系的上机数控更像是一个半导体设备行业的潜伏者。

经营战略目标——半导体加工设备

上机数控成立于2002年9月，以先进机械制造技术、超/硬材料高效精密线切割加工技术及其装备信息化技术为依托，已经形成了拥有轧辊磨床、曲轴磨床、数控万能外圆磨床、太阳能、蓝宝石和半导体配套专用磨床等系列核心自主品牌产品，成为一家具备产品研发、集成设计、高效生产、销售、安装及售后服务一体的综合性高新技术企业；并通过与德国西门子的长期合作，成功打开了国外市场，产品销售到美国、瑞典、德国、俄罗斯、东南亚等国家和地区。

立足于高端精密机床制造，上机数控目前着力于高硬脆材料专用加工设备的研发。高硬脆材料泛指蓝宝石、光学玻璃、晶体硅、硬质合金、陶瓷、磁性材料、石材等，具有抗腐蚀、耐高温、抗磨损、硬度高、脆性大等特点，广泛应用于包括光伏发电、半导体、消费电子等在内的诸多领域。

在现有的高端设备研发生产的基础上，上机数控进一步朝智能化、大型化、复合化、节能化方向迈进，重点发展新型的高硬脆材料磨削和切削设备，包括各种规格、型号的数控金刚线切片机，全自动磨面倒角（磨圆弧）抛光一体机，数控多晶硅金刚线截断机等。

在把握现有的光伏和蓝宝石加工装备行业应用需求的同时，上机数控积极向半导体晶圆、碳化硅、陶瓷、磁性材料等其他高硬脆材料应用领域拓展。

上机数控的经营战略目标是以高硬脆材料专用加工装备为核心，着力做精、做强、做大，并不断加大新技术和新产品的投入，适时推出契合市场需求的高端加工中心、8—12 英寸半导体晶圆、第三代半导体 SIC 等加工设备产品等。

光伏产业链的核心环节——晶体硅加工

或许是产品在硅基集成电路制造产业客户的应用还在认证期，上机数控迄今对外更多时候自称是一家光伏加工装备制造商。

晶体硅加工处于光伏产业链的上游，是整个产业链中的核心环节。上机数控于 2004 年进入太阳能光伏加工装备行业，目前已成为集光伏加工装备（包括配套产品）研发、设计、生产、销售、安装及售后服务为一体的供应商。

上机数控产品主要用于单 / 多晶硅片的高效切片加工。上机数控所研发生产的产品突破了原有硅片制备过程中各道工序（截断→开方→磨面→倒角→抛光→切片）分散、耗能高和效率低等问题，将金刚线截断机、金刚线开方机、磨面倒角抛光一体机和金刚线切片机进行柔性组合，实现晶体硅锭的磨面、倒角、抛光和高效高精切片加工。

作为定位于实现专用加工设备的"进口替代"者，上机数控所研发的数控金刚线切片机床产品有效解决了光伏行业晶体硅片加工精度、效率和损耗等难题，打破了国外硅片加工设备在国内市场的

垄断局面，突破了国外技术封锁和国内产业技术瓶颈。

在促进国内高端精密装备的开发和应用，提升光伏晶体硅加工处理技术和装备的整体竞争力和水平的同时，上机数控与保利协鑫集团、阿特斯集团等业内知名企业组成完整产业链，形成光伏产业上下游配套及支撑产业互补联动的产业发展格局。

不过近年来，光伏行业的市场政策环境和技术进步又对晶体硅加工设备提出了新的挑战。

一方面，当前硅片和硅料占光伏组件成本40%左右，伴随国内光伏补贴的退坡机制，硅片端降低成本压力巨大，光伏行业降低成本需要提升硅片制备技术作为最有效的途径。

另一方面，光伏硅片的切片装备技术主要还是被美、日等发达国家垄断，技术先进且价格高。随着光伏生产装备技术的智能化和高效化，有进一步拉大与我国装备技术水平的趋势，这也形成了制

约我国光伏行业发展的新问题。

　　针对新的挑战，上机数控持续开展数控金刚线切片机高效精密加工技术攻关，已经解决了金刚线收线、放线管理装置和两个导轮的同步控制、金刚线多线张力闭环反馈控制、主轴—轴承系统的优化设计、张力传感器与导轮轴之间的松动引起的张力漂移、高速切割金刚线的高效冷却等一系列关键技术，研发了具有自主知识产权的新型的数控收、放线管理系统，创新性地开发了分段式张力精密控制系统、切削液"双循环"净化供给系统，实现了主轴热关键点辨识和系统结构的优化设计。这不仅有效提升了国产金刚线切片机金刚线的使用效率和晶体硅锭切片的成品率，而且大大减少了机器对冷却液的使用量和对环境的影响，填补了国内多项相关技术产品空白。同时，为适应光伏行业单晶硅片向大尺寸化和薄片化的发展需求，上机数控进一步在进给运动的同时附加周期性左右摆动运动的切割方式，进行工件摇摆多线往复式切割，创新实现了上摇摆辅助硬脆材料线切割，补齐了大尺寸晶圆加工链相关技术瓶颈，提高了单晶硅切片效率和加工精度。

目前，上机数控的新一代数控金刚线切片机产品采用内置式水箱，冷却系统配大循环，该设备运用了节能型辅助套筒、无法兰线匝、切削液双回路装置、大循环切割液控制系统等多项创新技术，使得企业产品在同类装备中具备了极强的竞争力。从与国内外现有产品的技术比较和客户现场加工指标的对比结果看，上机数控产品的部分技术指标已达到甚至赶超国外进口设备，其技术性能目前处于国际先进、国内领先地位，填补了国内空白；在切割精度和效率与国外设备厂商产品并驾齐驱的同时，目标产品价格远低于国外进口设备，大大降低了下游企业的购置和生产成本。

市场表现——来自客户的赞誉

作为上机数控的核心业务，2016 年、2017 年和 2018 年数控金刚线切片机产品销售额分别达 2.97 亿元、6.33 亿元和 6.84 亿元，年平均增长率 60.53%，净利润分别为 0.59 亿元、1.89 亿元和 2.01 亿元，年平均增长率 113.17%。

自 2016 年起，上机数控的数控金刚线切片机产品累计销售额已超 15 亿元人民币，用户范围覆盖阜宁协鑫光伏科技有限公司、阿特斯光伏电力有限公司、无锡京运通科技有限公司、无锡荣能半导体材料有限公司、北京晶澳太阳能光伏有限公司等。

行业内的客户也给出了相应的赞誉：

采用了一种无法兰线匣，有效减小了金刚线的塑性变化，并减小端部磨损情况，降低了我公司的用线成本。

——阜宁协鑫光伏科技有限公司

经现场生产部门反映，我们感到该机床技术领先，性能方面达到了国际先进水平。

设备内部结构设计独特创新，据生产部门统计，该产品加工效率较现有技术提升了70%，刀缝损耗量较国外技术下降25%，切片质量优于国外同类设备。

设备采用了大循环水系统，是国内独创性的技术，有效减少粉屑沉淀，切削用水显著减少，工作效率明显提高。

——高佳太阳能股份有限公司

金刚线在从放线卷绕盘至金刚线引导滚轮间，设有金刚线张力控制装置，确保金刚线的安全，切片质量得到保证。

该设备具有三高二低的优势。"三高"：一是切割精度高；二是自动化操作程度高；三是生产效率高。"二低"：一是工作运行噪声低；二是生产成本低。

——阿特斯光伏电力（洛阳）有限公司

技术前瞻性研发——力争国际领先

上机数控的数控金刚线切片机除了用于传统光伏发电用硅片的高效精密切片加工外，还可用于蓝宝石、碳化硅等材料的多线切片加工，在半导体、LED、芯片制造行业具有巨大的应用前景。

没有满足于现有成绩的上机数控，在产品研发方面紧跟国际晶体硅片加工装备的发展趋势，针对加工成套装备的核心装备——数控金刚线切片机不断开展前瞻性的研发，着力发展未来先进数控金刚线切片机在细线化、高速化和高效化方向发展中的关键技术。

目前，上机数控预研开展了硅片加工装备细线化、高速化和高效化关键技术研究，例如：开发了细线化配套的导线轮和张力控制系统，目标达成匹配50mm直径的金刚线导线轮和张力控制系统，力争达到国际领先水平；采用700mm导轮，满足350mm有效高度的多晶组合，在装载能力方面已全面领先其他国内外同行，在此基础上将继续研发导轮长度为800mm—1000mm的金刚线切片机床，保持该项指标的国际领先地位；已掌握将线速提升到30m/s的关键技术，力争达到国际领先水平；作为国内唯一掌握了晶体硅片全工序装备研发技术的企业，积极开展柔性可重构成套装备的研发，缩小与国外装备的集成化差距。

战略支撑之一——研发制度机制

在上机数控前，国内先后有多所高校花费巨资研发切割机，但都没有解决可靠稳定性和精度问题。而上机数控能够获得该领域的突破，更多地取决于堪称白手起家的董事长杨建良的高标准自我要求和上机数控在研发方面的制度机制建设。

在研发组织方面，上机数控成立了以董事长杨建良为主任的企业技术中心。技术中心会依据公司的发展战略制定新产品开发战略，根据市场前景变化和客户反馈信息，细化新产品开发计划。

在研发流程方面，新产品开发由上机数控各部门配合完成：在新产品设计方案经总经理审核通过后，技术中心进行相关的研究工作，提出新产品开发方案，开发方案包括开发周期、开发阶段、配套资金、开发条件、奖惩办法等内容，财务部参与过程控制，产品设计过程中需充分参考生产部门和销售部门的建议，以保证新产品在生产和销售环节的可行性。

在创新激励机制方面，上机数控更是制定相关工作责任制，加大考核奖励力度：一是根据自身实际，长期坚持在科技创新领域全方位开展比较管理，对研发中心、各车间班组在创新能力、技术改造与小改小革效果、节能降耗等多项指标进行月度评比，与干部年薪和员工收入挂钩，以提高全体科技人员与员工的积极性。二是充分发挥广大职工的聪明才智和主人翁精神，广泛征求职工合理化建议，发动全员参与科技创新和技术改造、小改革中来。三是建立"科技贡献有偿回报制"，对一些技术能手，给予高工资，同时设立科技奖，每年都对在科技创新中作出突出贡献的科技人员给予重奖。

在提高研发效率方面，通过产学研合作，上机数控与高校合作，借助后者通过国家资助建立起环境相对更完善的加工测试设备实验室，开展技术方案验证和相关测试等活动。

研发作为经营战略的重要支撑，上机数控先后被认定为国家高新技术企业，江苏省科技小巨人企业，苏南国家自主创新示范区瞪羚企业，江苏省重大科技成果转化承担企业，江苏省首台（套）重大装备认定企业，江苏省创新型企业，江苏省科技中小企业，江苏省民营科技企业，江苏省两化融合示范企业；拥有江苏省高硬脆材料加工装备工程技术研究中心，江苏省江南大学企业研究生工作站，德国西门子高端智能装备研发合作中心，无锡市高硬脆材料加工装备工程技术研究中心，无锡市认定企业技术中心，南京工程学院研究生实践基地等称号，具备较强的高新技术研发和集成创新设计能力。

战略支撑之二——品牌培育

不同于消费品行业，专用设备制造企业通常只注重在专业客户领域的认可和知名度，对于企业品牌并不刻意追求，但已经拥有上市公司平台的上机数控却不放过任何一项能够为企业带来荣誉的认证鉴定和评选活动。

除去在技术研发领域获得的一系列企业资质称号，上机数控现拥有国家专利授权73项，其中发明专利6项，国家重点高新技术产品1项，江苏省高新技术产品16项，欧盟CE安全生产认证产品2项，江苏省鉴定新技术新产品1项，无锡市"专精特新"产品1项。

此外，上机数控通过了ISO9001：2015质量管理体系认证，ISO14001：2004环境管理体系认证和出口产品质量许可认证；还拥有江苏省著名商标1项，无锡市知名商标1项，江苏省名牌产品1项，无锡市名牌产品2项；同时拥有AAA级资信等级企业，AAA级重合同守信用企业，A级纳税信用等级企业，江苏省安全生产二级标准企业等称号。

在产品层面，上机数控的数控金刚线切片机通过江苏省首台（套）重大装备认定，列入江苏省新技术新产品推广目录；获得江苏省重大科技成果转化支持、无锡市产学研成果转化支持；并荣获欧盟CE产品认证、江苏省高新技术产品、江苏省机械行业优秀品牌、无锡市名牌产品、无锡市"专精特新"产品、江苏省机械行业科学技术进步奖一等奖、无锡市"讲、比"活动优秀奖一等奖等荣誉。在通过江苏省经济和信息化委员会新产品新技术鉴定验收时，被鉴定委员会一致认为该产品技术性能国内领先，国际先进，可替代进口。

战略支撑之三——以客户为导向的供应链配置

上机数控坚持把为客户服务作为市场竞争立足之本，一直致力在客户体验上精益求精，为客户提供从设备运输、安装、调试、操作人员培训到售后维护的全方位链式服务。

在设备购置初期，会安排工程人员驻场为客户提供服务，及时排除设备故障并对操作人员进行针对性培训，保障客户生产的正常运行。在设备稳定运行阶段，可以保证在 24 小时内不分地域对客户的维护需求作出响应。除此之外，在为客户提供服务的过程中，通过对细节的关注发现客户在生产操作中对设备的特殊性、个性化需求，及时反馈给技术中心进行处理，并对设备进行针对性改进优化，以更好满足客户的需求。

在产品整机设备的配件使用上，上机数控也坚持以客户为导向。在产品设计时就已考虑市场上已形成规模化销售通用配件并建立了完备的配套供应商认证制度以确保产品配套能力，并向客户提供阶梯式报价配件选择方案。例如：客户如果愿意付较高价格，方案内容将是机床轴承来自德国舍弗勒（FAG）、瑞典斯凯孚（SKF），步进电机控制器来自德国西门子等，如果不要求使用外国价位较高的配件，也可提供国产配件的方案。

作为售后服务和配件选型的前置物质基础，上机数控目前在无锡市南泉工业园拥有厂房 21212 平方米，研发大楼 7137 平方米；在胡埭工业园已建成厂房 42000 平方米，研发大楼 15000 平方米，建有 500 平方米机床试验室，购置有德国 TRUMPF（通快）激光切割机、意大利 ACL 数控折弯机、日本 MAZAK（马扎克）车削中心、数控落地镗铣床、6m—12m 大型数控龙门铣、8m 五轴数控龙门加工中心等高端加工装备和先进的专业化生产设备，专业化水平可与瑞士梅耶博格、日本 NTC 等国外同类型企业比肩。

TXuan

第六篇

腾旋科技：专注动态密封 20 年

焦建全

在腾旋科技的进门展览厅，笔者看到大大小小、形状各异的旋转接头产品：有的像小型水龙头，有的大如直径 1.5 米的地球仪，有的状如水泵出水，有的状如蜂窝……

"旋转接头是一种特殊的通用机械密封件，主要应用于造纸、钢铁、印染、纺织、塑料、橡胶、化工、机床、食品等行业机械设备中旋转部分的密封和冷热传导支持。"腾旋科技董事长李继锁告诉记者。

江苏腾旋科技股份有限公司（以下简称"腾旋科技"）已有批量配套产品进入中铁装备和中交天和的盾构机。盾构机是修筑地铁和隧道最主要的施工机械，是集机械、电力、液体、传感、通信等为一体的高端智能装备，是国家现代化建设的"国之重器"。2018年底，中国中铁装备研制出世界首台超大断面马蹄形盾构机，中交天和总装车间下线了由中国自主研发的出口海外高铁用超大直径盾构机。

除此之外，腾旋科技的客户还有三一重工、徐工集团、上海宝钢、太钢集团、中船重工、中船 704 所、中航 606 所、中电 14 所等。公司通过多年努力，产品赢得了这些国内外标杆客户的认可和信赖，并与它们建立长期的合作伙伴关系，提升了公司的知名度和品牌形象，有力地巩固了公司的竞争优势和行业地位。

李继锁说，腾旋科技目前已是全球旋转接头生产企业中为数不多的生产全系列旋转接头的企业之一，他已经为此专注努力了 20年。身为一个现代高科技企业的领导者与决策者，李继锁凭着对国际国内旋转接头产业的发展趋势的准确判断以及战略眼光，领导腾旋科技继续保持高速增长的态势，并且产销规模和经济指标均实现了突破发展。

创业岁月

1999 年春天，李继锁决心创业。从苏州大学化工学院毕业后，李继锁顺利进入无锡一家日资模具企业工作，待遇不菲，李继锁在这里增加了工厂的见闻和经验。

半年后一次偶然机会，李继锁选中了旋转接头行业，他发现同一个应用领域的旋转接头，国外产品有的卖 1 万元一台，中国生产的则卖 150 元到 200 元一台。李继锁认为，当时国内旋转接头行业质量普遍不高，只要质量有保证，做这个行业怎么也比每月挣1000 多元有更多发展机会。

李继锁决心做旋转接头行业。他利用母亲给的 5 万元和房子抵押贷款的 5 万元，开始了创业。他租了 100 平方米左右的旧厂房，花 3000 元买来一台旧车床和一台 400 元的钻床，聘用了几名员工，

在 1999 年 10 月左右，成立了无锡市腾旋旋转接头厂。

创业是选择一种生活态度。为节省开支，李继锁亲自花了几天时间打扫清理厂房；为寻找客户，他白天骑着摩托车四处兜售；为尽快掌握旋转接头技术，他一有时间，就找到旋转接头的专业材料细心揣摩，这也成为他后来注重产品研究的渊源；有时为赶制客户所要产品，他还要请外厂师傅、朋友帮忙。

创业没有一帆风顺的。到 1999 年底，营业收入总共 10 万元左右，几乎没有赚到什么钱，这期间发生一件事，使李继锁现金流中断。几个农民工拿着预付的一个月工资偷偷地走了，还顺手把厂里的一部分工具也捎带走了，这对刚刚成立的腾旋厂来说是个不小的损失，整个厂几乎陷入了停产。不服输的李继锁又多方筹钱，腾旋厂又慢慢地恢复了正常生产。

　　但是，赚钱没那么容易。2001 年的营业收入才做到 30 多万元，也基本没有赚到钱，到年终结算后，李继锁依然是两手空空。

　　成功贵在坚持。李继锁并没有因为成本问题而降低产品质量，经过两年的坚持，到 2001 年底，腾旋厂营业收入接近 100 万元，开始有了盈余，初步解决了生存问题。

　　李继锁并没有把盈余的钱用来消费享受，而是放在重新投入上。2001 年，李继锁把腾旋厂搬到市郊接合部的新区梅村工业集中区，建造了自己的第一幢厂房，购买了更先进的旋转接头加工设备，做出了质量更好的旋转接头产品。

　　由于扩大规模，2002 年，腾旋厂产值直线上升，达到了 300 多万元。2003 年，李继锁建造了第二幢厂房，当年销售收入实现了较大的增长，并为后续快速发展打下了基础。

　　解决了生存问题后，下一步如何发展，又摆在了李继锁眼前，是简单的扩大再生产还是高质量发展？

　　经过近 5 年在旋转接头行业的摸爬滚打，李继锁已对这个行业有了清醒的认识：现代意义的旋转接头最早出现在欧美国家，有近 90 年的发展历史，目前，国外市场已高度成熟，经过充分竞争后，品牌集中在少数几家大公司手里。

　　国内于 20 世纪 80 年代中期，开始成套仿制引进设备中的旋转接头，该产品属于国外早期的低端产品，目前，国内对旋转接头的应用仍属于起步阶段，同时加上国内制造技术的相对落后，旋转接头的研发也存在一些问题尚未突破，大多数行业中的中高端旋转接头仍然要靠进口。

　　李继锁决心走创新研发之路，进军中高端旋转接头研发与生产领域。

创新研发

2004 年初，李继锁尝试与韩国旋转接头技术工程师洽谈合作，并专门成立了无锡腾旋技术有限公司。

深刻理解旋转接头行业的发展之后，李继锁将之前获得的所有利润投入创新当中。

洋为中用成为首选。腾旋科技投资 80 万元，购买了韩国人在旋转接头方面十几项专利使用权，又投资 80 万元左右，进口了一台精密加工设备，专用于高端旋转接头的研制，由此也奠定了腾旋科技在行业中的地位。

紧接着从 2007 年至 2011 年，先后聘请美国、意大利 2 名资深专家开展技术合作，重点培养公司的技术团队，同时作为开拓海外市场的技术支持和顾问，其中一名专家至今仍为公司提供技术服务。凭借强有力的技术支撑，2011 年，腾旋科技建立了旋转接头研发中心。

当然，聘用成本也是不菲。腾旋科技当时还是一家规模较小的企业，但是为此累计共投入近 1000 万元。然而，更为重要的是，腾旋科技通过技术融合，引进消化技术，研发了多种型号的高档旋转接头和动态密封产品，把自己的研发水平带到了国际行业前沿。

其次借智登高。腾旋科技结合企业特点，主动与上海大学、合肥工业大学、浙江工业大学等高校沟通，实施产学研合作，把大学的科研成果及时转化为公司的生产力。目前，正在积极推进与东北大学合作建立博士后工作站。

最关键的是培养了自己的技术团队。通过洋为中用和与高校合作，腾旋科技从员工中择优选拔，增强技术力量，把自己的科技人才队伍建设起来。

经过数年积累，腾旋科技已拥有与旋转接头相关的自主核心技术，在同行业名列前茅，2012 年以第一起草人的身份主持起草了《旋转接头》行业新标准，该标准已于 2013 年 9 月 1 日生效。

腾旋科技对产品进行了一系列结构调整。近 10 年来工程机械高速发展的趋势和对市场需求进行调查，从 2011 年起，腾旋科技投入资金组建了中央回转接头机械加工生产线、多工位装配流水线、超高压清洗流水线、喷漆流水线、各类试验设备和全自动热处理生产线等。与此同时，还引进了高素质技术和销售人才，为生产高质量的中央回转接头提供了有力保障。

产品质量控制方面，腾旋科技采用可追溯管理模式加强产品管控，能够准确发现产品质量问题的原因，并及时调整设备，改进生产工艺、在机加工、装配车间对关键部件刻序列号，机加工使用流转卡保证可追溯性管理，能够辨识追踪出生产厂商的订单批次，回查所有相关的加工及质量记录，辨识出生产中所用材料的供应商及订单批次，对生产过程中出现的问题及时处理。

腾旋科技通过几次技术引进和近 20 年的技术积累，具有了较强的独立研发实力，已获得包括发明专利 19 项在内的专利共 364 项，技术水平在国内旋转接头生产企业中处于领先地位，通过技术引进所掌握的蒸汽冷凝水系统技术，已达到国际先进水平。

腾旋科技近年来积极进入军工行业。为响应国家鼓励军民融合发展战略，充分发挥多年从事精密机械加工的技术、人员和装备优势，腾旋科技重点开发了自主军品，通过几年不懈努力，军工业务已实现零件加工与自主产品同步发展。

腾旋科技的整体业务也由此实现旋转接头和军工精密零部件制造与加工双轮驱动的战略目标。

资本试水

在产品质量提升的同时，如何解决中国中小企业发展壮大过程中普遍存在的资金问题，腾旋科技也进行了探索尝试并有所收获。

中小企业融资的关键之一是要有完善的公司治理。股份制改造是第一关。2010年10月20日，无锡腾旋技术有限公司股东会通过决议，全体股东一致同意以净资产折股方式将有限公司整体变更为股份有限公司，有限公司原股东均作为股份有限公司发起人，改制基准日为2010年9月30日。在此之前，有限公司通过增资和逐步调整股权，使其达到了设立股份公司的要求。

通过股份制改造，腾旋科技的公司治理结构得到初步完善，依法建立了"三会"和"五独立"制度，即建立了股东大会、董事会、监事会并制定了规章制度和管理办法，实现了资产、人员、财务、机构、业务方面与股东单位相互独立。

通过股份制改造和完善公司治理，腾旋科技为融资打开了大门。2011年7月22日，公司股东大会通过决议，同意公司增资。投资机构苏州金茂新兴产业创业投资企业（有限合伙）以货币出资1240万元，认购400万股，实现了第1次规模融资。

腾旋科技为了在资本市场展示自己，2012年2月10日，腾旋科技股东大会通过决议，同意将公司整体股权在无锡市股权登记托管中心有限公司进行托管。与无锡市股权登记托管中心有限公司建立托管关系以来，腾旋科技共进行了5次股份转让，其中包括公司

回购，为公司实施股权激励做好了准备。

　　腾旋科技整体股权托管后，进行了第 2 次规模融资。2012 年 8 月 6 日，腾旋科技股东大会通过决议，同意增资，投资机构无锡国联厚泽创业投资企业（有限合伙）以货币出资 2160 万元，认购 600 万股。对中小企业来说，这两次融资是不小的数字。

　　2013 年 12 月 13 日，国务院发布《关于全国中小企业股份转让系统有关问题的决定》，进一步明确全国股转系统（全国中小企业股份转让系统的简称，俗称"新三板"）主要为创新型、创业型、成长型中小微企业发展服务，境内符合条件的股份公司均可通过主办券商申请挂牌，公开转让股份，进行股权融资、债权融资、资产重组等。

　　腾旋科技得益于之前的股份制改造和公司治理规范，具备了申请挂牌条件。2013 年 12 月 20 日，腾旋科技正式申报，并得到批准，2014 年 1 月 22 日，腾旋科技正式在新三板挂牌，股票代码 430602，成为新三板新规公布后第一批挂牌的企业。

然而，就在新三板挂牌前，腾旋科技收到一纸诉状，竞争对手以侵权为由，要求腾旋科技和李继锁赔偿 150 万元，李继锁受到前所未有的压力。

经过数年的诉讼，诉讼案于 2016 年结束。至今，李继锁仍然清晰地记得当时家人的紧张和自己面临的种种压力。他总结说，这也许是公司成长当中的一种必然现象吧。

发展挑战

李继锁回顾了腾旋科技当时发展的阶段和诉讼原因。当时，腾旋科技开始进入印度、泰国市场；另外，通过两次融资，进入了资本市场；因注重研发和质量制造已经成为国内生产旋转接头领域具有实力的企业，产品不断打入国际市场。

而国际竞争对手的策略除了用知识产权问题发起诉讼，同时大幅度降价，比腾旋科技的产品低 10%，然而，腾旋科技国际化道路并没有因此停止。目前，腾旋科技已经拥有一支专业的外贸营销团队，拥有丰富的电子商务资源和营销经验，每年销售额达 300 万美元，并每年以 10% 速度递增，拥有 17 家海外独家代理商，出口德国、俄罗斯等 120 个国家和地区。

然而，李继锁并未满足现状，并坦然面对腾旋科技进入新发展阶段后的各种挑战。例如，作为特殊领域工业品，你要想做大，走向全世界，最好要自主销售，建立分公司，"一定要在当地设点，设仓储，设科技服务人员"。

除了国际化，研发也有很大挑战。腾旋科技 2019 年营业收入预计 1 亿元左右，虽在国内属于头部企业，然而，与国际知名品牌还有一定差距。就旋转接头这个细分市场而言，国内市场总计 50 亿元左右，国内市场集中度较低，单个企业占整体市场份额较小，有一定规模的企业有 500 家左右，各企业专注于不同的应用领域，平均每家也就 1000 万元，目前国内市场中，国产产品占据大部分的中低端市场，高端市场竞争力不足。高端市场主要被国际少数几家大品牌占据，如杜博林、约翰逊、MAIER、GAT 等，年销售收入大约 10 亿元到 20 亿元。

李继锁举例说，有一种一寸的通用水接头，美国两家企业每个卖 2000 元左右，德国一家企业卖到 2500 元左右，意大利一家企业卖到 1500 元；腾旋科技有两款产品，高配置卖到 1000 元左右，而低配置的 450 元左右；但是中国企业均价不到 150 元，淘宝上还有大量 68 元的产品。这就对国内企业研发有很大挑战。按科研投入 5% 计算，像腾旋科技这类头部企业每年才能投入 500 万元左右，而国际头部研发投入可能达到 5000 万元到 1 亿元。

行业集中度也有待提升。如果国家严守安全生产标准和环保标准，旋转接头的产业集中度将快速提升，目前旋转接头 500 家企业中只有十几家有安全生产许可证。如果中国旋转接头 10 年后产业集中度提升到新高度，中国旋转接头行业头部企业才能在研发、国际化方面做强，具有竞争力。

不仅如此，上下游类似企业面临同样的发展挑战。李继锁仔细研究了腾旋科技一家上游企业的情况。这家企业和腾旋科技规模差不多，也是一年 1 亿元左右的营收，行业也和旋转接头差不多，挂牌新三板后融资困难，遇到和腾旋科技类似的问题和挑战。

梦想继续

李继锁坦言，工业品行业每个行业都有细分，在国内做到 1 亿元营收，可能就是一个细分行业龙头，但是国际市场上的领军企业可能做到几十亿元，中国如果现在靠市场自然淘汰，需要 10 年到 20 年，那样国际领先企业就更领先了。典型的例子是光刻机。

挂牌新三板到现在还能稳定经营的制造业企业，虽然利润率不高，但基本是行业的隐形冠军。这些隐形冠军有发展能力，如有足够的资本，有 10 年时间，完全可以跟世界领先企业抗衡。然而，新三板投资者门槛高，各个方面资本进入难，直接融资和间接融资都跟不上，限制了企业发展。

腾旋科技虽然在新三板挂牌后没有融过资，但是在挂牌前融资 3000 多万元，这就使腾旋科技在接下来的时间里安下心来，努力做创新研发，经过 5 年积淀，腾旋科技的产品从旋转接头扩展到整个动态密封行业，产品还进入了军工行业。腾旋科技 2015 年开始研究产品如何进入盾构机行业，2018 年产品就进入了盾构机行业领军企业中铁装备和中交天合。

历经 5 年积淀，腾旋科技又进入快速增长期。2018 年 9 月 13 日，腾旋科技在安徽宣城市郎溪县的子公司郎溪腾旋有限公司的新工厂开工奠基，之前，郎溪腾旋有限公司引入投资 1000 万元，进行了增资扩股，建成后，主要进行民用工业品的生产；而无锡原有生产车间，将主要用于军工产品的生产。为了更加规范、更加有竞争力，腾旋科技还先后取得了 ISO9001 认证、ISO14000 认证，建立企业知识产权标准化体系、导入 TS16949 标准体系。

李继锁认为，民营企业最需要的是人才。腾旋科技留住人才的方式除了股权激励、有竞争力的薪酬体系外，还积极进行了文化建设。企业创办以来，一直在腾旋公司不离不弃工作 10 年以上的员工达到 40 多人，占总人数的 13％以上；党建引领，形成了具有腾旋公司特色的"五有工作法"，即政治有方向，事业有希望，文化有支撑，安全有保障，生活有盼头。

腾旋科技的企业定位也调整为立志成为动态密封行业的领导者，在军用品行业成为核心军用品零部件的供应商。

李继锁不仅关注旋转接头行业，作为无锡新吴区政协委员，他还关注新吴区的同类中小企业，为本地区中小企业的发展建言献策。在新吴区一次中小企业培训会上，他提出"重视和加强企业科技发展"，如果企业没有科技研发，没有安全生产许可证，不能达到国家环保标准，应该及早关门。

回顾 20 年投身制造业中小企业的经历，李继锁认为，如设计得当，中国中小企业将会产生一批在世界范围内做到"极致"的隐形冠军。他由衷感叹："我们每一个中国人，每一个企业主，每一个企业家都能够在自己的本行业做到极致，这样我们的国家才会在全球做到极致。"

第七篇
普天铁心：普天之下　有我铁心

崔人元

　　"历史只会眷顾坚定者、奋进者、搏击者，而不会等待犹豫者、懈怠者、畏难者。"党的十九大报告中的这段话，是对中国经济发展与实践的深刻总结，也是无锡普天铁心股份有限公司（以下简称"普天铁心"）的发展经验和内心信条。

　　"最初创业时，条件非常艰苦，我们事事亲力亲为，很苦很累，但正是这样的经历，让我们在以后的发展中，始终保持着这种勇往直前、无所畏惧的精神和勇气。"在被问到普天铁心发展过程中是否遇到过困难时，主要创始人、董事长蔡子祥说道。而今，经过多年坚定地奋进搏击，普天铁心早已焕然一新，进入了良性运营阶段，在电力变压器铁心这个细分行业里，成为技术领先、生产领先、产品领先的智能制造示范基地和隐形冠军。

　　普天铁心现在在国内市场遥遥领先，设备、产能和生产技术已是世界头部企业水平，产品远销欧洲、美洲、中东、东南亚，产品广泛应用于核电站、高铁、地铁、太阳能、海洋风电、大型住宅区等领域，为全球 200 多家变压器厂提供一站式优质服务和创新解决方案。

对标一流的不断转型升级

1998 年，蔡子祥白手起家，开始涉足铁心行业。当时，生产铁心使用的材料和设备都非常简单，生产条件十分艰苦。经过几年的探索和对海内外市场的考察，蔡子祥与原始股东一起，坚信"一定要做专业化，才能把事情做好"的理念，于 2004 年，正式创立无锡普天铁心股份有限公司。

20 世纪末，海外已经开启了变压器专业化生产制造模式，将铁心从变压器行业中分离出来，形成相对独立的产业链，而国内大多数变压器企业则仍然停留在原始阶段，产品附加值普遍不高。自从施耐德电气进入中国之后，国内的变压器行业便日渐发生了改观，"市场细分""产业链分工合作"模式逐渐被认可。蔡子祥和股东们意识到，必须学习并适应世界先进模式，转变到产业链分工合作的发展模式上来，在变压器铁心这个细分市场领域，将产品做精、做细。

世界上制造电力变压器已有 100 多年的历史，但基本原理和总体结构一直没多少变化，主要突破还是在新工艺、新材料的应用上，尤其是取向硅钢的技术和工艺。普天铁心在适应产业链分工之后，提升取向硅钢的技术和工艺，实现产品优良、提高产能成了迫在眉睫的任务。蔡子祥决心购置属于自己的自动化生产线。

2006 年，普天铁心购置了第一条自动化生产线，凭着这条生产线，几经努力，与施耐德电气达成业务合作。随着全体人员的共

同拼搏，在承诺期限内，普天铁心向施耐德电气提供了产能和技能均有保障的中小型铁心产品。

　　其后，普天铁心决定提升工艺设备水平和产品质量管控。普天铁心自动化生产模式及优良的产品性能，为其在行业内部的发展打下了良好的基础。但2007年和2008年，变压器生产制造行业逐渐走向低迷。一方面铁心产品上游原材料的供应价格普遍很高，成本增加让铁心生产制造行业有些吃不消；另一方面，2008年国际金融危机更是给日渐萎靡的行业发展雪上加霜。所幸的是出现了转机，宝山钢铁公司开始供应铁心所需的原材料了，让生产铁心的企业成本有所下降，缓和了市场寒冬。随着中国经济的快速复苏，铁心制造业的前景也日渐明朗起来。蔡子祥心里清楚，普天铁心要想抓住时机，提升档次，往高端方向发展，必须实现生产专业化、精益化。

于是，公司又花高价采购多条新的自动化生产线，聘请高级技术人才，组成技术研发团队，在降低铁心噪声、降低损耗等方面攻关创新。经过反复调研，普天铁心提出了改进工艺设备，提高工艺流程的自动化生产方案，例如实现全序列横剪（边—轭—边—轭—柱）的自动化生产模式，能够极大地减小各柱之间的厚度差异；设备参数自动化闭环控制，实现了直线度、片宽、毛刺质量均优于国家标准的水平等。

2010 年，普天铁心购置 35 亩地；2013 年，第一期厂房建成并投入生产。为了响应国家"两化融合"的指导思路，普天铁心新厂房里全部都用改进后的流程、设备安排生产线，并买来物联网生产计划执行系统，虽然生产车间只有 4000 平方米，设计产量 4 万吨，实际上却做到了 5 万吨。

苦心人，天不负。普天铁心成了当时国内自动化水平和产能第一的铁心企业，车间无尘、恒温恒湿，而且更加安全、高效和节能。具有自动化、信息化高度集成的立体库房，智能物流系统，导入国际最先进生产制造执行系统（MES），经营资源计划系统（SAP），运用信息、传感、人工智能等技术，实时处理、补偿、控制生产线，监测环境等信息并进行云计算，更大程度降低了能耗，提升了产品品质，同时也优化了生产环境。

发展至此，普天铁心早已把国内同行甩在了身后。但蔡子祥却更加坚守初心，要走向国际市场，并及时把对标企业调整成了"业内的世界冠军"。蔡子祥说："这家意大利的铁心企业已有 60 来年的历史了，生产设备和工艺都是全球最先进的，而且团队营销实力很强。我们现在有些方面已经比它强，有些方面还不如它，但我们一定会全面超过它，成为世界第一。"

实践证明，做专才能做精，做精才能做强。15年来，普天铁心始终立足铁心行业，心无旁骛，积极发扬精雕细琢、精益求精的工匠精神，将产品做专、做精、做优，不断提高品质和水平，最终树立行业标杆。如今，这种精神已成为普天人的一种情怀与执着，一份坚守与责任。

世界领先的铁心智慧工厂

自动化、信息化和智能化是世界先进制造业发展的大趋势。"经过调研，我们发现，德国、意大利等最发达的离散制造业也没有实现完全自动化。一是由于铁心产品本身比较重，装运对企业来说也是一个很大的考验；二是客户的所有订单都是非标产品，每个厂的设备甚至每一台铁心的生产工艺要求都不一样，要实现全面自动化确实很难。"蔡子祥说，"但是，有两个理由让我们对铁心制造行业始终充满了坚守和信心：一是变压器铁心的市场需求量很大；二是普天铁心已有良好的行业口碑和基础地位。虽然在工艺和技术上的确存在着很大的挑战，但我们还是决心要攻克这个难关。"

2018年，普天铁心成功建成了第二期工厂，这是全自动化的铁心智慧工厂，设备和产能均达到并部分超过世界先进水平。普天铁心在铁心制造领域率先导入先进的物联网技术，引进国际一流的自动化智能设备，以智慧化、信息化、自动化和工业化深度融合为突破口，积极推进智慧工厂建设。

普天铁心智慧工厂的硬件设施有：国际先进的智能立库物流系统、国内首条中心定位式纵剪机组、全自动包装机组、全序列铁心柱自动理料横剪机组、全序列铁心自动叠片横剪机组及自动在线测厚测损系统等行业领先的生产装备。原材料智能立库物流系统便可智能分选并自动定时、定量配送到纵剪、横剪及包装设备上，能使生产周期缩短20%。生产过程中，硅钢片经过全序列自动剪切、自动理料、自动堆垛，整个工序无起重机械设备、无铲车、无人员参与抬运，并且能满足任何硅钢片型的裁剪，同时大大减少因毛刺、波浪度和直线度等因素对铁心性能指标的影响，从而最大限度地降低铁心损耗、降低噪声。

与硬件升级配套的软件系统也同步升级，普天铁心导入国际先进的物联网技术、MES系统、ERP系统等，运用先进的信息技术、传感技术、控制技术、人工智能技术等，进行云计算，实时检测、

实时处理、实时补偿、实时控制生产线工作状态以及环境等相关信息，生产过程高度信息化、自动化、精益化，数控化机械的自适应、自学习、自我决策等能力大幅度提高，使"数控一代"进一步进化为"智能一代"。

普天铁心建成的全面互联、智能控制、安全可靠的工业互联网体系，广泛采用了新一代信息技术和先进制造技术，综合运用设计生产、检验检测、仓储物流等智能装备、软件和控制系统，覆盖了研发设计、生产制造、经营管理、运维服务等生产全流程、管理全方位和产品全生命周期，泛在连接、弹性供给、动态优化和高效配置资源，实现了响应时间短、资源消耗少、质量效益高、运营成本低、生态环境好的标准化生产模式，推动了制造工艺和生产组织方式的变革，有效地提高了产品的质量管控，强化了变压器铁心产品在行业内的优势地位。

　　面对会议室大大的 LED 显示屏呈现出来的生产车间现场画面，蔡子祥介绍说："我们的二期自动化智能制造生产车间，经过了对市场现状的前期调研、对自身工艺特点的改造和与设备商、软件商的充分交流沟通，将普天铁心这么多年的铁心制造经验有效地融合在一起，从而能够在'自动化、信息化、智能化'建设中，大展身手。不仅提高了单位产能和市场综合竞争力，而且实现了降低能耗、降低铁损、工艺系数降低 5% 的目标。我们公司产品质量、生产效率、生产周期、包装运输能力得到很大程度的提升，为拓展国际化市场奠定了坚实的基础。"

　　被业内专家称为"中国版工业 4.0"的普天铁心智慧工厂，给铁心制造行业树立了新的标杆，引领了行业的发展方向，成为国家两化深度融合示范推广行动中的典型代表，也获得了多项荣誉：无锡国家传感网创新示范区第五届物联网十大应用案例、江苏省示范智能制造车间（超高压主变铁心智能制造车间）、江苏省中小企业数字化智能化改造升级优秀企业、江苏省两化融合贯标试点企业等。

精益求精　不断创新

　　普天铁心的发展之路，是精益求精不断创新之路。蔡子祥说："我们企业之所以能够不断成长壮大，一是始终坚守专注专业、精益求精的工匠精神，二是始终坚持走创新发展的道路，实施创新驱动发展战略。"普天铁心成立之初就编制了自己的企业标准和工艺准则，各项技术参数均符合或高于相对应的国家标准，并先后主导或参与制定国家标准。2015 年，普天铁心就主导制定了《电力变压器用电工钢铁心》这一国家标准，在行业内率先通过各项管理体系认证，产品也被评为"江苏省名牌产品"，普天铁心连续多次被通用电气、施耐德等外企授予"年度优秀供应商""年度最佳质量奖"等荣誉称号。

"关于创新，我觉得首先要保证产品的质量，在质量有保证的基础上再谈如何创新。人一辈子专心做好一件事情，并将这件事情做到极致，实属不易。我们普天铁心是铁了心要做好变压器铁心。在我看来，专注、极致、规范，是企业发展不可缺少的内在精神。我一直很推崇德国的'工匠精神'，他们能专注于一颗螺丝钉的生产制造，并将企业延续至上百年的时间，这得益于自身产品的质量受到全世界的欢迎和考验。我们要学习他们这种专注专业、做到极致的精神，我们只做铁心，并力争将铁心做到全球最好。特别是二期工厂建成后，我们在产品质量、生产能力、技研设备、包装运输等方面均已赶超世界铁心制造行业的先进水平，但还有很多工艺细节，需要持续创新和不断提高。我们已在规划做第三期工厂，25 亩地，届时，我们的车间、设备、生产制造、研发、包装运输等能力将在原有的基础上再次实现质的飞跃。"蔡子祥谦虚而坚定的话语，表现出优秀企业家高瞻远瞩的智慧和积极拥抱新时代迎接新浪潮的勇气。

在创新的道路上，普天铁心追求的是"强"，而不仅仅是"大"。蔡子祥有一个在公司里反复宣讲的观点："企业仅有一个庞大的体量是不够的，企业的核心竞争力是强，而不是一味贪大。好比人的身体，胖和强壮根本是两回事。人要坚持锻炼，才能强筋健骨。企业要不断创新，掌握核心技术，才能牢牢掌握发展的主动权。"

普天铁心始终在技术研发、改良工艺上持续高投入，多年来坚持依靠创新驱动科学发展，以保护环境、降低能耗、降低制造工艺系数为己任，以持续改善工艺为主线，不断提高产品性能，追求"普天铁心，铂金品质"，极致做事、智慧制造，为企业创新发展，为行业开拓空间，为社会创造价值。

创新驱动企业成长，人才是最核心、最不可或缺的要素和力量。普天铁心通过培训将一线员工逐步转向营销、研发领域，同时不断引进高尖端人才、高级技工人才，真正让专业的人做专业的事，实现人尽其用、用得其所。2008 年起，普天铁心还不断加大产学研合作力度，先后与沈阳变压器研究院、西安交通大学、首钢股份、国家电网等科研院校及大型中央企业结成战略伙伴，组建了"西安交大研究生培育基地""首钢股份——普天铁心电工钢应用技术联合实验室""江苏省高压特种铁心工程技术研究中心"等，打造一流的行业技术支持平台，结合多方优势，实现共同发展，至今已成功承担了省市区多个科研项目，从中积累了丰富的项目管理与实施经验，取得了多项技术成果。

科技创新，提升内外竞争力。普天铁心在科技上取得了累累硕果，至 2018 年底，普天铁心成功申报发明专利和实用型专利近百项，其中，有 2 项"国家重点新产品"、2 项进入"国家火炬计划"、5 项"江苏省高新技术产品"，这些符合各区域特点的绿色环保、节能、低碳的优质产品，帮助客户降低成本、提高效率、创造价值，受到客户的热烈欢迎。

匹配市场要求，与国际创新市场接轨。普天铁心一方面稳中求进，不断提升内部技术人员的能力，如理解并处理海外客户图纸、准确掌握各种国际标准、准确理解客户需求、归纳国际常用配件材质、解读国际贸易条款和贸易壁垒等能力；另一方面，组建专业的海外销售团队，履行海外战略规划，逐步开拓海外市场。最终，公司产品以低损耗、低噪声、低空载电流、机械强度高、抗短路能力强、局部放电小、绝缘性能好、热稳定性好、尺寸精确、毛刺小、工艺系数优越、外形美观等优势，博得了国外一些国家和地区变压器制造企业的青睐。

有理想　负责任　重管理

普天铁心是一个有理想的企业，它的理想是将变压器铁心做到"世界第一"。尽管，公司目前的设备和生产制造能力已经达到了世界级别，但"稳中求进"一直是普天铁心的作风，公司在实现理想的过程中，始终坚守企业核心价值观：专注、极致、规范。

专注：专注于生产和研发变压器铁心；专注于产品，从原材料的甄选，到设备的应用、工艺流程的设置，以专注的态度做最接近完美的产品；专注于工作，人人潜心于自己的本职工作，耐得住寂寞，挡得住诱惑，全心全意将精力投注在研发和制造更好的铁心产品上。

极致：以"工匠精神"将每个产品精益求精做到极致；以超越客户预期的严苛标准要求自己，用做工艺品的态度做工业品；比起产量，更重视每一个产品的质量。

规范：坚持先做对再做好的做事原则；游击队要成为正规军，方能坦然接受来自全球市场客户的挑剔眼光；规范是创新得以萌芽的土壤，而不意味着死板和固执。

普天铁心的导向聚变价值观是"做人不复杂，做事不简单"。它要求秉承"工匠精神"，排除各种杂念，最大限度降低人心带来的变数，领会技艺精髓，把任何看起来简单的工作做到极致。

普天铁心是一个负责任的企业。蔡子祥说："把产品做到技术高、质量好，耐用、节能、环保，是企业的重要责任。普天铁心目前采用的是全球最好的生产设备，虽然价格昂贵，但是效率很高，产出的质量很好。若是用低价设备、搞低水平重复建设、造低质量产品，企业短期可能赚了些钱，但最终却会对社会对国家对世界造成严重的资源浪费和环境污染。普天铁心绝不允许做这种不负责的、不道德的事情。"

除了用高品质的铁心产品为客户和社会创造价值和财富，普天铁心还积极践行社会责任。2007 年，普天铁心就加入了联合国全球契约组织，成为其中为数不多的中国成员之一。联合国全球契约组织号召各企业遵守维护人权、劳工标准、环境保护及反腐败等方面的十项基本原则（这些原则来源于《世界人权宣言》《国际劳工组织关于工作中的基本原则和权利宣言》《关于环境与发展的里约宣言》《联合国反腐败公约》等），契约核心是强调企业的社会责任。普天铁心的发展理念与之完全相符，例如用改良技术来降低能耗和噪声污染，积极参加公益慈善活动等。

关于管理，蔡子祥说："管理在企业当中是非常重要的。不管企业的技术多高、工艺多强、设备多新，管理不好，也往往做不出好产品。普天铁心经过几次重要的改革与跨越，做到今天这个成绩，离不开自我管理能力的提升。当然，适合自己的才是最好的，我们不仅根据自身情况制定管理机制，更是不断学习先进企业的管理制度，运用到我们实际的生产生活当中。我认为，企业再自动化、智能化，都不可能完全脱离人而存在。而有好的管理、合理的制度，才会让员工彼此之间心情舒畅，做事积极，干劲充足。"

普天铁心经常组织文体活动，关心员工，为员工谋福利，把员工的健康看作企业的竞争力。这些保证了员工的归属感和向心力，使得公司拥有了一个凝心聚力的稳定团队。在供应链管理上，"公司不与供应商打价格战，而是专注于产品的质量，只要质量好，双方便可共赢，质量不好，材料价格再低，公司也不会受用。"蔡子祥说，"我们培育供应商与自己一起进步发展，努力实现双赢，互惠互利。"

梅雨季节的无锡有点湿热，但江南大地的风光总是那么动人。"总书记在党的十九大报告中，号召我们进行伟大斗争、建设伟大工程、推进伟大事业、实现伟大梦想。我们这样的民营制造企业在国家的伟大历史发展中，是很普通很平凡的，但我们愿意为了祖国的繁荣富强贡献自己的全部力量，为提供更丰富、更节能环保的电能，贡献自己的智慧和能力。我们铁了心地奋进搏击，就是要做出技术高、质量好、节能环保、客户满意的铁心！"蔡子祥诚恳而豪迈地说道。

"普天之下，有我铁心！"这是普天铁心的志向、口号和行动，也是普天铁心一定会实现的奋斗目标。

第八篇

中鼎集成：创建有国际竞争力的国产品牌

佟文立

英文 Logistics 一词，因其是源于军事领域的术语，在中国曾长期被翻译为"后勤"，直至 21 世纪初，方才被翻译成"物流"。不过，当时多数中国企业对物流的理解不外乎就是运输加仓储，全然不知现代物流所依仗的信息系统和自动化设备能带来高效率。

2016 年，建设制造强国战略的相关配套政策文件出台。在《智能制造工程实施指南（2016—2020）》中，智能物流与仓储装备和"工作母机"范畴的高档数控机床与工业机器人都位列智能制造关键技术装备范围，如轻型高速堆垛机，超高超重型堆垛机，高速智能分拣机，智能多层穿梭车，智能化高密度存储穿梭板，高速托盘输送机，高参数自动化立体仓库，高速大容量输送与分拣成套装备、车间物流智能化成套装备。

目前，国内这一领域的头部企业包括：昆明昆船物流信息产业有限公司、北京起重运输机械研究院、北京机械工业自动化研究所、深圳市今天国际物流技术股份有限公司和无锡中鼎集成技术有限公司。

其中，作为国内首批最具影响力的智能立体仓库及相关智能制造的设备提供商和系统集成商，无锡中鼎集成技术有限公司（以下简称"中鼎集成"）深耕物流仓储行业多年，主要提供智能仓储、生产制造方面的智能制造系统解决方案，已在现代物流领域中占有重要地位，经营业绩一直位居前列。2018 年，中鼎集成销售业绩17.7 亿元，位居全国同行企业第一名。

被不经意间拯救的民族品牌

尽管无锡中鼎集成技术有限公司现在对外公开声称成立于2009 年，但在追溯自身发展历程时，却是另有故事。

在位于无锡市惠山区洛社镇中鼎集成总部的一层大厅墙面上，一系列图片展示着这家企业的发展历程中的重要节点。

起点——1985 年，苏州起重机厂承建上海宝山钢铁总厂自动化立库项目。

按照后来中鼎集成成立时的创办人、总经理张科的说法，那个时候上海宝钢在全国第一个引进自动化立体仓库，因为相关制造要放在苏南，才由当时的苏州起重机厂引进了技术和宝钢复制了同样的产品。后来，从苏州起重机厂分出来一个车间，起名富士达。因此，苏州富士达也就成为国内第一个做自动化立体仓库的企业，成为机械工业部唯一定点生产自动化立体仓库成套设备的专业工厂，在当时还有一个行业归口单位——北京起重运输机械研究院。但那个时候，自动化立体仓库在国内还是一个没有市场的产品，一年只做 3 座到 5 座；相比之下，现在一年国内可以做到 2000 座自动化

立体仓库。

在苏州起重机厂承建上海宝山钢铁总厂自动化立库项目的第三年，也就是 1987 年，农村出身的张科方才考入当时南通的一所部属纺织中专。1989 年，张科中专毕业后被分配到无锡市下面的一个县属企业。虽然第二年就做了车间主任，但张科在当时苏南活跃的致富大环境下却常常有一种失落感。"往旁边一看，有些人初中都没毕业就做老板了，这种失落感就自然而然产生了"。于是，张科选择了"下海"。

1996 年，下海后的张科凭借父亲的一台冲床开始从事摩托车小零部件加工。当时张科的名片上印着一句"你的小零件，我的大坚持"。张科把人家不愿意做的东西找来做，等到做得多了以后，就变成一个优势，人家反过来找张科。

营销中心

　　到 21 世纪初时，张科算是赚到了第一桶金。一个偶然的机会，张科接触到了自动化立体仓库。当时，刚加入 WTO 开始步入新一轮经济增长周期的中国市场正在被外资看好。又恰逢掀起国有企业改制背景下外资对中国装备制造领域龙头企业的收购浪潮，德国的德马泰克仅以 2000 多万元的代价就收购了中国第一个自动化立体仓库——苏州富士达。

　　2006 年，在原苏州富士达人员的建议下，张科在无锡成立了无锡富士达物流设备有限公司，把苏州富士达的技术人员全部接收过来。到 2009 年，无锡富士达基本上可以制造自动化立体仓库的核心设备——堆垛机，且在国内确立了领先位置。

　　张科变相地，或者说不经意地挽救了一个民族品牌。

　　不过富士达这个品牌后来还是被遗憾地放弃了，一方面是有多种其他类型商品也使用富士达作为商标，另一方面是张科更喜欢起一个中国名字，而不是这个外来翻译词。

2009 年，无锡富士达先是更名为"无锡中鼎物流设备"，但又经常被市区领导误以为是物流企业。

2017 年，在物流设备智能系统的启发下和重新研判市场发展、梳理企业战略后，从为客户提供从系统设计到售后服务的整体物流集成解决方案以及高性能的物流装备，到未来将更多地侧重于系统集成，为客户提供供应链一体化解决方案，为了突出自身定位与核心优势，张科将企业正式更名为"无锡中鼎集成技术有限公司"。

公司管理之痛——钱散人聚和狼性

从 2009 年开始，中鼎集成每年的销售增长都不低于 30%。这背后高速增长的国内自动化立体仓库市场给中鼎集成带来的不仅是市场机会，也有挑战——太多的投资者想进入这个行业。

有一段时间，平均每年有数十个上市公司找到张科，和公司的副总和技术人员一起谈合作。但这些前来洽谈合作者转身就开始挖人，许以巨额投资和高管职位，给张科带来非常大的压力。

张科开始意识到，技术型的公司是很难管的。"钱散人聚，钱聚人散"，张科开始改变自己的理念：跟员工分钱，拼盘吃饭，改变做项目的机制，项目的钱层层跟员工分。

在项目分钱后开始准备进入分股份时，中鼎集成又经历了一波被挖人潮。张科开始反思原定的自主独立上市道路。在经历了痛苦的思考后，张科决定放弃自己上市至少实现五六十亿元身价的方向，拿出五六个亿自己去找了一家上市公司，通过快速的资本整合，把企业稳定下来。2016 年，中鼎集成与诺力股份合并，张科以第三大股东身份实现了并购上市。

并购上市以后，张科专门找了一个做股权激励的公司，来给员工做股权激励，而且这个股权激励是张科分给员工的。直至目前，中鼎集成基本实现了核心人员的稳定。张科也因此在行业大会上说，雇佣制时代已经结束了，现在是合伙人的时代。虽然坐在下面的老板们听了很尴尬，但还是有很多人马上鼓掌。

对于管理企业，张科作为销售出身，认为最重要的是琢磨人性。管理企业最核心的就是搞好企业的分配机制，分配机制好了，管理很轻松，分配机制不好，难得一塌糊涂。管理者与其严格规定几点钟上班，不允许怎么样，还不如定一个机制，员工干到多少给多少，干出什么效益给什么回报。企业管理者应把这种机制定下来，而这个就是企业管理者一生的必修课，因为每个人都在变，需要管理者毕生不断地去修炼、去改进、去完善。

自动化立体仓库行业的销售，不像其他行业的销售可以和一个客户长期合作，自动化立体仓库项目是一个客户做完以后就没有了，马上要找第二个客户。张科给中鼎集成销售定的机制是撑的撑死，饿的饿死。

中鼎集成内部有销售人员最高年薪可以税后超过千万元，但也曾经有销售人员年底回家都没钱了。对于后者，张科认为就是应该被时代所淘汰的，这叫狼性。

新能源电池时代的天时

目前，由中鼎集成建设的项目遍及新能源、机械、汽车及零部件、医药、食品、冷链、服装、家居、化工等数十个目标行业，累计案例近 700 个。如今，中鼎集成确立了新能源、医药、冷链行业为公司的重点服务领域。张科的观点是，如果一个企业的主要关注行业领域超过三个，那说明发展战略并没有聚焦。

医药行业，涉及 GNP、GSP 认证，国家强制要求所有的药品必须从原材料到后面的产品可实现全过程跟踪，这就必须借助信息化手段才能实现。因此医药行业也是智能化物流与仓储设备的重要领域。但奠定中鼎集成在今天行业领先地位的"天时"是动力锂电池行业的爆发，按照张科的说法，做企业有些事情要成，说得普通一点靠运气。

中鼎集成介入动力锂电池行业，是从 2010 年跟韩国 LG 化学在南京建设中国第一个新能源锂电池的项目合作开始。当时的中鼎物流设备，已经能够做到自动化，但 LG 化学的项目要求的是智能系统，相当于是智能制造领域。这对中鼎集成是一个全新挑战，从尾端的成熟系统延伸到制造工艺过程，无论是对项目实施经验，还是对软件控制集成能力，包括相应的人力资源配套，都是很大挑战。当时的中鼎集成内部有人认为这个项目没太大意思，因为当时市场容量也不大，但是张科力排众议一定要做成。

2011 年，中鼎集成成立一个专门的新能源事业部来围绕新能源动力电池进行开发建设。事实证明后续的几年中，特别是从 2016 年开始爆发，到 2018 年中鼎集成已经成为行业里面的第一名，新能源动力电池行业市场给中鼎集成回报了近 20 个亿。

如今的中鼎集成在自主研发、产品质量、技术迭代、交付能力、售后服务方面均保持行业领先，客户覆盖了宁德时代、LG 化学、松下、村田、比亚迪、力神等国内外一流动力电池企业。

硬件层面，基于标准化、模块化前瞻性方案设计，中鼎集成可快速实现产品迭代以及贴合市场要求的快速安装。同时，最新研发的 WITR 高速旋转推拉式密集型堆垛机拥有防火安全、高密度存储、高效智能化、绿色节能、原创设计等多项创新"黑科技"。

软件层面，中鼎集成自主研发的自动化仓库软件由设备控制系统（WCS）和信息管理系统（WMS）构成。相关软件具有实用性、可靠性、先进性和开放性（可扩充）的特点，可与市面所有主流 ERP 软件实现无缝对接，同时承诺为客户提供终生免费优化升级。

目前世界前五名的新能源动力电池企业，都是中鼎集成的客户。行业里的另一家国内企业，深圳今天国际物流技术股份有限公司的特长是软件的整体运行，而中鼎集成则是硬件为主加软件集成。新能源动力电池行业的大企业如果要建项目，一般都会考虑这两家企业，如果追求一个项目的成功率，追求产品的可靠性，一般会考虑中鼎集成。

世界物流系统集成商前二十强的进入门槛是 2 亿美元，虽然与国外竞争对手相比，中鼎集成有着客户响应程度高的优势，但对于未来竞争态势依然有着清醒的认识。

虽然目前国产物流与仓储物流硬件设备已经达到中上水平，甚至有部分硬件设备已经赶超国外，但是在数字化管理软件方面还存在一定劣势，想要实现高等阶段的智能化数字工厂，则需要补上软件方面的短板。物流仓储系统在经历了从人工搬运仓储到机械化仓储，再发展成如今以系统集成为主的全自动无人仓储后，下一阶段的智能化仓储则需要以互联网、物联网、云计算、大数据、人工智能、RFID、GPS 等技术为支撑，糅合仓储物流革新集成方案。

展望未来——国际一流系统集成商

按照国际权威媒体的数据统计，如果能保持过去一贯的增长速度，中鼎集成营业收入将在 2019 年跻身国际物流系统集成行业前二十强。不过，基于国际经济一体化大趋势不变，国内经济转型升级需求加速的基本判断，中鼎集成认为智能物流与仓储设备行业仍将快速增长，未来 3—5 年将是中鼎集成的战略机遇期，并以此为定位树立了"成为国际一流系统集成商"的目标：在 2020 年实现收入 3 亿美元以上，进入国际物流系统集成行业的前二十强，具体排名在 17 名左右。同时，随着国家"一带一路"倡议的实施，中鼎集成在继越南、泰国、新加坡等地承建项目的基础上，将加大在东南亚、俄罗斯等"一带一路"区域的市场开发，并将在适当时机成立海外公司，实现中鼎集成国内、国际双轮驱动的经营战略。

这一目标背后体现的是中鼎集成对智能物流与仓储装备行业未来发展的思考和展望：技术进步、模式创新和国际化。

对于智能物流与仓储设备行业的技术创新升级，中鼎集成的判断是：首先，客户需求更侧重供应链一体化解决方案。随着客户个性化需求的提升，智能物流与仓储产品系统规划有从单纯的仓储系统向供应链整体解决方案的过渡的趋势。其次，智能物流与仓储设备研发应用进程加速。随着物流配送中心需求的增加，大型、高端自动化物流仓储系统如多层穿梭车、高速分拣机、库架合一技术、搬运机器人、"货到人"、"货到机器人"等新产品、新技术纷纷涌现并在实际应用中取得实效。最后，强调系统软硬件的协同效应，物流中心会逐渐由"货到人"和"货到机器人"，最后变成一个信息系统指挥下所有设备自动作业的无人仓。

中鼎集成认为，拥有核心物流与仓储设备研发制造能力并且能够控制好生产成本，同时拥有系统集成核心技术与丰富经验的企业将最终胜出。

行业决定了研发的重要地位，中鼎集成每年把销售收入的5%投入到研发上面。掌握核心技术研发与制造能力，是中鼎集成立足行业、不断发展的基础。

中鼎集成是国家级高新技术企业，国家火炬计划项目承担单位，具有智能制造相关的省级企业技术中心和省级工程技术研究中心。获得江苏省两化融合示范企业、江苏省服务型制造示范企业、江苏省智能制造领军服务机构等荣誉称号。

中鼎集成的技术实力从实施项目中可管窥一豹：为浙江宁波申洲针织有限公司建造的自动化立体库项目使用了最新型双立柱堆垛机，运行速度保持在180米/分，定位精度达到0.1毫米，达到了国际领先水平；另一个标杆项目——力信能源采用了"整线设备＋机器人＋控制软件"智能化整体解决方案，更是凸显了中鼎集成的专业能力。

目前，中鼎集成拥有近百人规模的研发团队，着眼于物流设备的多样性、快速化、高密度、高自动化，以及一体化、高效益的"智慧仓储"解决方案，以满足各个行业越来越迫切的智能物流建设需求。随着中鼎集成在研发方面加大投入力度，堆垛机、输送机等关键设备的技术水平均有长足进步，未来还将开发 AGV 等设备，进一步完善产品线。

中鼎集成一方面注重对核心设备与技术的创新与改进，另一方面，研发更考虑"软硬结合"，进一步加大对云平台、"互联网＋"等软件的研发，开发出更柔性、更智能、更适应目标行业需求的软件系统。同时，作为系统集成公司，中鼎集成的研发不是闭门造车而是考虑各方外部资源的整合。在上市公司的平台上，收购了欧洲知名的系统集成公司法国萨维耶公司，消化其在软件集成和多向穿梭车方面的技术；在产学研方面，与高等院校建立校企合作关系，提升企业技术水准，也着眼于人才培养的定制化。

借鉴发达国家装备制造业经验，制造业向制造服务的转型是未来的趋势。中鼎集成的判断是，随着中国物流与仓储装备市场日益成熟，市场竞争也愈加激烈，智能物流与仓储装备从业者的地位不仅仅取决于产品设计和制造能力，更重要地取决于企业系统产品的稳定性、适应性、柔性化，取决于企业经营模式的创新升级。同时，多样化、个性化的服务需求已经成为客户的现实需要，自动仓储系统的租赁模式、运营收费模式等服务型经营模式的创新应用成为行业从业者在未来抢占先机的课题。为此，中鼎集成也不断寻求业务模式上的突破，将服务往前端延伸。

目前，中鼎集成的服务还是从传统的仓库规划设计开始，帮助客户建设适用的仓储系统，而未来的服务则会向前延伸至土建，即客户只需说出需求、提供资金，剩下的找地、库房规划与建设等服务全部由中鼎集成来提供，甚至还可以将服务向后端延伸至运维管理。

要成为名副其实的国际一流物流系统集成企业，在技术研发和经营模式创新的同时，也需要迈出国门，参与国际领域的市场竞争。在中鼎集成看来，与欧美国家相比，中国物流与仓储装备的产品和技术方面存在的差距并不大；此外，国家"一带一路"倡议的实施带来难得的新机遇，这让智能物流集成商和设备商参与国际竞争具备了技术基础和政策环境。

在确立了国际化发展方向之后，中鼎集成认真规划了国际化的实现路径，以下四步缺一不可：第一，产品高标准；第二，组织体系全球化，服务响应及时；第三，技术储备全球化；第四，借助资本的力量。

通过5—8年的努力，参与更为广阔领域的竞争，成为国际一流、行业领先的物流系统集成商与关键设备供应商，为中国智慧物流产业的发展作出贡献，这就是张科给中鼎集成定下的更大、更远的目标。

第九篇

雄宇重工：挺起"中国桥"的脊梁

秦　伟

2018 年底，经过 6 年筹备、9 年建设，全长 55 公里的港珠澳大桥建成通车。这一超级工程集桥梁、隧道和人工岛于一体，其建设难度之大，被誉为"桥梁界的珠穆朗玛峰"。它的建成，标志着中国从桥梁大国走向桥梁强国。在这项举世瞩目的超级工程中，无锡市雄宇重工集团股份有限公司（以下简称"雄宇重工""雄宇"）为大桥量身定制的"超长桥梁专用吊篮"及智能清洗设备，彰显了无锡制造的实力。

凭借 6 项发明专利、200 项实用新型专利，世界最长的跨海大桥——港珠澳大桥建设单位采用了雄宇重工自主研发、技术国际领先的智能特种作业平台。"港珠澳大桥项目时间紧、难度大，又没有可供借鉴的范例可循，唯有自主攻关。"雄宇重工董事长谢家学如是说。

这家原来仅仅生产低端吊篮、擦窗机的传统制造企业，产品能够快速走向高端，应用于国内外多个重大工程，引领世界高处作业吊篮业的潮流，其奥秘就在于坚持走自主创新发展之路。

从"打工仔"到"民营企业家"

"一九九二年，那是一个春天，有一位老人在中国的南海边写下诗篇，天地间荡起滚滚春潮，征途上扬起浩浩风帆！"这是歌曲《春天的故事》中的歌词，不错，南方谈话对中国当时的经济发展、改革开放成果的扩大产生了巨大的推动作用，使中国经济和改革开放驶上了发展的快车道。

这一年，年仅19岁的谢家学怀揣着梦想，从四川偏僻的小山村辗转万里来到了素有"太湖明珠"之称的无锡，想闯出一片属于自己的天地。

站在无锡南门的马路边上，看着来来往往的车流和鳞次栉比的楼房，听到的不再是乡音，"当初我的想法很简单，听说这里生意好做，挣钱容易！"一说起这段经历，谢家学便打开话匣子，"不认识人，找不到门路，连基本的语言交流都困难，兜里仅有的是东拼西凑的100元钱！"

该何去何从？谢家学也非常迷茫，做技术工，自己的高中学历有点可惜；做生意，自己既没钱也没人脉。

"一个无意间看到的故事对我触动很大。"谢家学娓娓道来，"故事名是《从服务员到日本邮政大臣》，这个故事让我认识到只有踏踏实实做事才能有所收获。"

这篇关于野田圣子的文章给了谢家学信心和勇气，他被文中那个在酒店做服务员时，一遍遍擦洗马桶，直到马桶干净到能直接喝里面水的日本内阁邮政大臣野田圣子所折服。他立即停止了抱

怨，抛弃了当初想靠倒买倒卖赚快钱的想法。他瞄准了一家在他看来能学到本事的企业，不需要文凭也不需要关系的乡镇企业。一头扎进去，从一个普通工人做起，边学边干、边干边学，一待就是十来年。

直到今天，谢家学依然深深记得当初在无锡风雷五金厂做"打工仔"的经历。

同是做铣车工，谢家学却和其他做一天活儿拿一天工资全凭卖苦力赚钱的工友不一样。繁重的劳动之余，别人都去休闲娱乐，唯独他还在钻研铣床技巧。仅仅用了15天时间，他就把一般人需要花上3个月才能熟练掌握的技巧全部掌握，正式出师了。

喜欢读书，喜欢学习，喜欢思考，这个在工友眼中特别古怪的小伙子并没有被异样的眼光干扰，依然我行我素向老师傅、老技工请教一些刁钻的问题，而这些问题恰恰是车间领导和师傅们苦苦思索、一直在研究的"工艺改进"问题。进厂半年后，谢家学就被调入"新品车间"，这是专门生产、组装高空作业吊篮的一个新车间。

正是在这里，谢家学第一次接触到了成品生产，也是第一次被这个能在高楼大厦外墙上自由升降的"大家伙"吸引，就此结下不解的吊篮情结。

谢家学不仅善于从实践中学习，还注重提高自身的理论素养。当时，无锡市工会正在鼓励职工参加夜大学习，厂里只有两个名额。谢家学意识到这是好机会，立刻报名参加，经过三年半的学习，他取得了本科文凭。

同时，为了能及时了解国际上其他吊篮产品的技术和现状，本来就不富裕的谢家学仍然毫不犹豫地自费到市图书馆办理了一张图书借阅证，每个星期天他都在图书馆里度过，从那里他了解到国内高空作业吊篮与世界先进水平的差距，也让他看到了吊篮产品巨大的市场。

1998年，工厂开始改制。工作上出色的谢家学虽然深受厂长喜欢，但作为外地人难免受到排挤。厂长换人后，谢家学被调到最偏的云南开拓市场。年轻的谢家学并没有气馁，他再次背上行囊，开始闯荡云南的新旅程。

"那个地方太穷了，的确不好开展工作。"面对困境，谢家学决定先转战四川。一年后，世界园艺博览会在昆明举行，为期184天。除了抓住机会做大吊篮销售生意之外，谢家学还发现了吊篮租赁市场的商机——把吊篮租赁给建筑商用于外墙施工。谢家学抓住时机，日夜奔波，在4个月的时间里赚了70多万元。

此战的成功让谢家学对以后的工作充满了信心。经过与工厂的协商，谢家学除了负责做好设备的售后服务，同时也租用工厂的吊篮开始独立对外转租用于外墙施工。

初闯无锡，谢家学从高中毕业生成为一名大学生，从一名普通工人成为一名技术型销售，既学习了机械基础知识，同时也学习了三年的市场营销，打下了坚实的基础，让他以后的"闯荡"也更有底气。

2004年，谢家学果断辞职，带着一颗感恩的心离开了工厂，创办了无锡雄宇建筑机械有限公司。他把公司的商标定为"雄宇"，取雄踞于楼宇之意。

从"同质化"到"非标定制"

都说创业不易守业难，但如何将"雄宇"做强更是难上加难。

成立之初的"雄宇"在业内只是默默无闻的"小弟"，没有自己的核心技术，没有出类拔萃的工程技术人才，连生产经营过程中必需的资金周转都举步维艰，随时面临关门倒闭的危险。

"当时，业内都认为我们企业很难发展。无论是技术和资本实力，还是企业知名度，都无法与一些国企以及老牌企业相'抗争'。事实上也的确如此，我们企业一开始就面临着招人难、贷款难、产品销售难等各种问题，在如此困境下，甚至有业内企业视我们是维持不了几年的'短命企业'，是一只不起眼的'蚂蚁'。"谢家学回忆起企业刚创办那几年的情形。

然而，打小就性格倔强的谢家学，没有屈服于眼前的困难与阻力。那么 "雄宇"是如何由小到大、由弱到强，最后成为行业的"大哥大"的呢？"我的法宝就是另辟蹊径"，谢总喝了一口茶，不紧不慢地说，开发大企业不愿干、小企业干不了的非标产品，大大小小涉及40多个产品，然后用服务来赢得客户的心。

为了找市场，谢家学跑遍了全国进行系统的市场调研，一次次

地走访用户，听取多方面的要求与建议。最终谢家学决定首先从比较简单的高处作业吊篮产品入手，他发现，尽管国内高空作业吊篮的企业众多，其中仅在河北的一个地区就集聚大小企业近百家，但由于企业自主创新能力不足，生产工艺技术落后，致使整个产业处于低端。

正是经过反复的市场调研，让谢家学看到了企业发展的希望，更是寻找到了从"蚂蚁"到"大象"的突破口。一回到无锡，他与几位参股者商量，统一了思路，并快速作出了两方面决策：以租赁带动销售，在确保产品品质、加大营销力度的同时，发展高空作业吊篮出租业务；开展产学研合作，借力科研院所，加速开发拥有自主知识产权的市场紧缺的高端产品，实现高起点发展。

怎样用最短的时间让市场知道雄宇？老牌吊篮生产企业"架子大"，习惯客户找上门来，而雄宇是主动"走出去"，用笑脸和服务迎接顾客。谢家学想了一个办法，让全国各地客户到工厂亲眼见证雄宇的生产和检测过程。为此，雄宇在无锡火车站出口处竖了一个很大的广告牌，并安排专人全天候接站，客户一到无锡就被专车接到雄宇工厂。这时候，公司负责人会带着客户仔细参观工厂，并将雄宇产品的特色详尽地告知客户。

而就在大家以为接下来就是洽谈采购事宜的时候，谢家学更是使出了一记"怪招"——把客户送到其他吊篮企业去考察，让客户充分比较后自己做决定。"我们的吊篮质量当时虽不及无锡的个别知名企业，但也绝对过硬，这时候我们的服务意识、以客户为本的营销策略就发挥了加分作用。"尽管亲自把潜在客户送到竞争对手那儿去，但大部分客户还是选择在参观完其他企业后回来与雄宇签订采购协议。谢家学迅速打开并占有市场的秘诀就在于此。

谢家学很清楚当初雄宇的处境，论名气比不过业内大腕，论资历拼不过行业元老。作为行业无名之辈的雄宇要怎样取胜？唯有化被动为主动。他说："传统吊篮生产企业习惯了订单自己找上门，躺着赚钱，并不在乎顾客的需求是什么，而我们则把客户需求放在第一位，客户提出的要求，千方百计要满足。"

就这样，雄宇这个曾经的行业"小蚂蚁"渐渐占领了本地吊篮租赁市场70％的份额，市民中心、海岸城、银华大厦、万达文旅城、红星美凯龙、无锡商会大厦……这些项目都使用了雄宇牌吊篮。

2008年，北京奥运会的举办使吊篮设备一时间供不应求，谢家学抓住这一机会，迅速回笼资金投入工厂，提升产品质量。谢家学的努力，让来无锡寻求合作的香港吊篮协会会长慢慢注意到这个规模不大的企业。他在考察时发现，虽然谢家学的企业小，但很有想法，愿意积极改进自己的设备，而这正是他所看重的。谢家学深知这是一次不可多得的良机，他的"闯"劲又一次被激发出来，于是和对方定下了一个"千万元之约"——由香港方面把德国的技术专家请过来，协助改造设备，如果设备过关，香港方面购买，同时德国专家的技术费用也由香港方面承担。了解到谢家学急需一笔资金，协会会长还同意预先支付500万元，但如果雄宇的设备质量不能过关，那么谢家学就必须赔偿1000万元。经过这个约定，谢家学不但使自己设备产品的质量大大提升，领先行业，同时也与香港方面有了更多的合作机会，"雄宇"也成了吊篮行业的知名品牌。

从"价格战"到"高端竞争"

近年来，随着我国经济的高速发展，以及城市现代化、乡镇城市化步伐的加快，国内高空作业吊篮市场竞争异常激烈。技术含量低、行业需求小，不少企业都被这些问题所困扰。如何跳出低水平恶性竞争？面对严峻复杂的市场和行业出现的不当竞争，雄宇加快开发进口替代产品，抢占国内市场制高点，走上了差异化、高端化、规模化、市场化的创新发展之路。

"我们在反思中清晰地看到，低水平恶性竞争，不但企业得不到发展，更是影响着全行业的可持续发展。我与集团高层领导统一思路，快速作出决策：雄宇重工要发展，必须走'专精新特'高端化发展道路。"谢家学说。

对于高空作业吊篮企业来说，真正要实现产品高端化，并不是一件容易的事。就产品开发来说，企业需要机械设计、工艺、结构工程、建模分析和数字模拟等领域的各类专业人才。事实上，科

技人才的不足，也正是制约雄宇集团发展的最大"瓶颈"。如何破解？"我们在加快科技人才引进的同时，与国内外科研机构开展科研合作，加速开发拥有自主知识产权的市场紧缺的高端产品。"谢家学说。

"东方之门"是坐落在苏州的一座外形为门的超高层建筑，其门洞高 246 米，跨度 68 米，被誉为"世界第一门"，因其造型独特又被称为"秋裤门"。很长一段时间，"东方之门"的拥有者都被一个问题所困扰，那就是大楼外墙的日常清洁与维护。

由于大楼造型的特殊性，"东方之门"业主方在擦窗设备招标之初就提出了三大要求：擦窗机停泊在楼顶时无须升降，且和整体建筑物融为一体，臂架外形需和拱顶天际线平行，成为建筑的一部分；玻璃清洗和玻璃更换合二为一；擦窗机作业开始或完成需一键操作，可以自动解锁和停泊。

这三个要求让不少吊篮企业望而却步，在很多业内人士看来，与其为了这一个项目投入大量精力和财力做研发、定制，不如批量生产成熟产品，多接几个订单。

谢家学却不这么想。在他看来，这是雄宇展示品牌千载难逢的机会，更是雄宇转型升级的一次尝试。

为此，在他的带领下，雄宇重工创新性地提出大三角桁架左右对称平衡臂轨道行走方案，即在东方之门拱顶横梁最高处焊接立柱，在立柱上焊接南北向轨道，设计行走底盘、回转机构，并把大三角桁架左右对称平衡臂架设在回转机构上，从而实现设计目标，成功实现了业主方提出的三大要求，就此一战成名。

这一次尝试，不仅极大提升了雄宇的品牌知名度，更坚定了谢家学走吊篮"非标定制化生产"的转型道路。

另一成功案例则是举世闻名的港珠澳大桥，据雄宇总工程师王志华介绍，在被香港吊篮协会引荐参加港珠澳大桥工程竞标后，雄宇拿出的吊篮设计方案得到了施工方的认可。即便只需要生产4台吊篮，但不同于国内一般的两点平衡吊篮，珠港澳大桥工程需要的吊篮要拥有能够保证8个点平衡与同步提升的性能，加上海上常年6级以上风力的工作环境，对雄宇来说是个不小的挑战。

面临国外企业的挤压与技术封锁，国内行业存在严重的同质化与低水平恶性竞争的现实，雄宇没有可以借鉴的模板，必须自己研发出符合要求的吊篮。平均每天只睡5个多小时，王志华带领雄宇的研发团队历时1个多月，终于研制出一套多点平衡器，该平衡器不仅能让吊篮在升降过程中达到8点平衡，还额外增配8个安全锁装置，保证吊篮的任何一个提升机出现问题，都能使工作平台平稳停住。随着这套多点平衡器的问世，雄宇进一步奠定了在国内吊篮行业的领军地位。

不仅如此，雄宇重工还为港珠澳大桥珠海段青州桥塔提供永久检修设施，解决了桥塔斜面及中国结内凹工作检修施工，实现了全塔无死角工作区域，并设计各种高强度结构铝型材减轻整平台自重，满足了施工要求 2 吨的载重量。目前青州桥塔检修设施是国内最先进、最可靠的桥塔永久检修设备。

在谢家学看来，过去吊篮行业准入门槛低，致使国内市场产品同质化问题十分突出。应该说，雄宇重工在起步阶段，生产的同样是普通吊篮，技术含量低，市场竞争激烈。

"低水平恶性竞争，不但企业得不到发展，更是影响着全行业的可持续发展。我们看到这些问题后，一直在寻找一条能够跳出低水平恶性竞争的新路子。"谢家学说。经过反复考察、论证，雄宇重工决定把公司打造成为具有鲜明特色的、可以按客户需求进行设计、制作能适应不同工程需要的非标吊篮研发与生产，如超长吊篮、船用挂式吊篮、烟筒用环型吊篮、井道安装用吊篮等各种非标吊篮。

雄宇还开展产学研合作，借力科研院所，加速开发拥有自主知识产权的市场紧缺的高端产品，实现高起点发展。

"这些年，我们围绕产品转型、市场需求，凭借灵活的技术创新体系和注重产品的独特性、创新性，快速成为国内高处作业吊篮的生产大户，企业和产品的知名度也是越做越大。"谢家学说。

实践证明，谢家学的战略眼光是准确的。经历了两次国际经济危机，吊篮行业依旧飞速发展，当曾经的大佬们安于现状，沿着旧路批量生产时，谢家学当机立断主动缩减标准化生产规模，投入资金、人才资源拓展吊篮非标生产。当行业高峰期过去，寒冬将至时，先人一步做好过冬准备的雄宇在冷风中依然焕发着勃勃生机。

　　如今雄宇的发展蒸蒸日上，谢家学说，企业的发展没有最好只有更好，接下来我们要加快企业的转型升级。吊篮制造的竞争越来越激烈，谢家学意识到，靠低端产品的价格战只会两败俱伤。吊篮虽然属传统行业，但是我们应该站在行业发展潮头上运筹帷幄，依托现代科技做"智能化"吊篮。

　　"传统制造业要和物联网等新兴技术深度融合，才能找到未来发展的新蓝海。"谢家学以自身所处的行业举例说，目前国内高空吊篮在产品科技含量和技术附加值等方面与国际领先水平还存在一定差距，高端产品竞争力不强，企业各自为战、恶性竞争等阻碍着行业进一步壮大发展。无锡作为"吊篮之乡"，除了走"专精新特"高端化发展道路外，一些引领风气之先的企业也探索出了以租赁带动销售的新路子，从过去纯粹的制造业转向生产性服务业，获得了发展新空间。

　　雄宇重工凭借技术创新，把握当今产业发展方向，立足自身产业基础和比较优势，深入实施科技创新，跳出市场"沼泽地"，在新常态下产业转型升级中，演绎了一段段精彩的"创新故事"。

第十篇
塞特精工：心中有把中国刀

崔人元

中国的刀具文化源远流长，有着很多关于宝刀的记载或传说，从黄帝的鸣鸿刀、周穆王的昆吾刀、战国徐夫人的残虹寒月刃，到《水浒传》中"砍铜剁铁，刀口不卷"的杨志祖传宝刀，《倚天屠龙记》里"削铁锤如切豆腐，连叮当之声也听不到半点"的屠龙宝刀，神奇得令人心向往之。这些刀具是冷兵器时代的武器，那兵器之外的工具刀呢？《诗经·卫风·淇奥》记载："有匪君子，如切如磋，如琢如磨。"古代中国的玉器加工制作已达极高水平，在莫氏硬度划分中刚玉、黄玉的硬度仅次于金刚石居第二、三位，应可推知中国古代切玉刀的硬度、强度和韧度也是很高的。从考古出土的实物看，中国古代的制刀技术确实曾达到了相当高的水平。

时代在前进，20世纪以来，刀具的重要性更多更主要地体现在工业应用上，是工业加工制造中不可或缺的利器。"工欲善其事，必先利其器"，遗憾的是，国产刀具长期满足不了工业生产的实际需要，特别是高端刀具严重依赖进口。撇开加在古代宝刀上的神话成分，现代工业用刀具不但比古代宝刀的硬度、强度、韧度要求更高，而且还要求有很高的精度和复杂的形状。

直到"当代欧冶子"江阴塞特精密工具有限公司（以下简称"塞特精工"）经过多年打拼，才终于改变了中国工业用刀具受制于外国的局面。塞特精工是专业的工业用刀具制造商，是中国小模数齿轮刀具（小模数滚刀）行业的引领者，其小模数齿轮刀具的市场份额已达 80% 以上。

塞特精工是怎样从一个普通刀具企业发展成为小模数滚刀行业的领军者的呢？我们带着这个问题，在淅淅沥沥的黄梅雨中，从无锡市来到了江阴市南闸锡澄路 888—1 号的塞特精工新厂区，拜访了号称"刀神"的沈云彪董事长和李云文总工程师等，参观了配备全套高精尖加工装备的工厂。

曾资不抵债，靠改革崛起

塞特精工的前身，是始建于 1972 年的江阴县要塞人民公社五金厂，1977 年更名为江阴县要塞工具厂，1978 年更名为江阴市工具厂。最初，这家由村子（当时叫生产大队）办的集体所有制的小规模五金厂，就两间房子、几个农民，主要靠人力抡大锤、拉风箱进行生产，生产手用丝锥、玻璃镜子、铁钉。经过几年发展，又能生产自行车专用刀具、螺钉和锯片等，也添置了几台二手的老旧车床——这是当时厂里最好的设备。1974 年，上海一家国有企业给了厂里一些支持，厂里成功研制出了切口锯片铣刀，产品甚至被永久、凤凰、飞鸽等著名国企采用。1977 年，工厂扩大规模，征地 1 万平方米，新建了 2000 平方米厂房。1985 年，切口锯片铣刀获评"江苏省优质产品"称号。

虽然所做产品的种类不算少，但由于村办企业缺少资金、人才和原材料，制造设备少且技术含量低，江阴工具厂的效益一直并不高。后又因片面追求产值，江阴工具厂终于从尚能生存的境况落到了负债累累的境地，多年下来，刀具生产上除了有点自己土制的设备，没有增加什么外购新设备。其中，与台商合资做皮革，台商答应出资 30 万美元，但却用外面喷上新漆的淘汰了的旧设备来抵数，为长期发展埋下了隐患。

到 1998 年，多年入不敷出的江阴市工具厂，欠银行贷款及私人借款 250 万元、应付款 50 万元，还欠工人工资，只能适应形势要求在政府主持下进行了改制，由集体所有制企业转制为民营股份制企业。当时工厂的土地和厂房均是向政府租借的，清算后的企业为负资产，除了一台热处理设备和几台早期工具磨床、车床和铣床外，也没有什么可供抵押的了。沈云彪 1980 年进厂当学徒工，后来历任生产科调度员、生产科长、销售科长、厂长助理、副厂长、厂长，把美好的青春都奉献给了这家工厂，对工厂非常有感情，不甘心工厂就这么倒了，还想努力挽救并复兴工厂，所以沈云彪带头接盘并继续担任厂长。

体制改革的当年，沈云彪带领大家自筹资金 164 万元作为工厂运营资金，工人由 120 人精简为 70 人，全厂上下齐心协力拼命干活，主营钳子、扳手等五金工具，并成功研发出了成形铣刀，工厂总销售额居然达到了非常可喜的 400 多万元，但跟其他同时起步的同行企业相比，还是很落后，当时的设备也是在台州买来的二手货，也未经过检测。1999 年，总销售额达到 520 万元，工厂开始赢利；2000 年，总销售额达到 720 万元；2001 年，总销售额达到

900 多万元，工厂迁址到江阴要塞开发区，征地 15 亩，新建厂房和办公楼约 1.6 万平方米。2003 年，研发成功五金行业拉刀、粗齿立铣刀。2005 年，又征地 10 亩，扩建办公大楼 5000 平方米、厂房 3000 平方米，但设备还是太少，只占了厂房一角。

江阴市工具厂逐渐焕发出新的生机，迅速发展。但就在这时候，当年合资办厂的遗留问题爆雷了——对方要求江阴市工具厂赔偿 70 万美元。幸好当时地方政府和领导出面，秉公仗义，最后通过司法途径，依法把这个事情解决了。2006 年，沈云彪为了彻底避免再牵扯到什么无谓的纠纷，注册成立了江阴塞特精密工具有限公司，并第一次引进了德国数控工磨具，成功研发出了数控刀具。2008 年，公司产值达到 4000 多万元，利润 700 多万元。

2014 年，公司筹建新厂区，征地约 50 亩；2018 年，新厂区全面建成，兴建厂房 3.2 万多平方米、办公楼 7000 多平方米，公司也整体搬迁过来。工作条件和待遇得到了进一步改善的员工，在配置了从德国、瑞士、日本等国引进的智能化装备的崭新整洁的现代化厂房里，愉快地工作着。

搞专精特新，成隐形冠军

塞特精工曾经身处绝境，通过改革生存了下来，又经过艰苦奋斗发展壮大，靠着先进的塞特精工的技术、高端的产品和周到的服务，不但实现了持续稳定的赢利，在市场竞争中还赢得了隐形冠军的地位，其小模数齿轮刀具市场份额做到了中国第一、世界第三。塞特精工生产的刀具受到国内外广大用户的欢迎，不但在 2010 年就在小模数齿轮刀具上实现了重大突破，完全可以在国内市场上替代从德国、日本进口的同类刀具，而且如今 30% 以上的刀具产品出口到了德国、日本、美国、韩国、加拿大和印度等国家。

一位研究隐形冠军的专家曾指出，隐形冠军企业对于中国制造和中国经济来说都具有关键性意义，但中国制造企业特别是中小企业，必须专心地长期地走专精特新之路，以后才有可能发展成为具有强大竞争力和竞争优势的隐形冠军企业。塞特精工的发展之路又一次证明了这个论断的正确性。但我们要对这个观点做个补充：一家企业能不能专心地长期地走专精特新之路，又取决于企业管理层特别是老总（或一把手、决策者、大股东）是否具备五种能力——一是愿力，即抱负、情怀、志向、事业心；二是眼力，即智慧、思考、学习和选择判断的能力；三是魄力，即勇气和敢于负责的担当；四是动力，即付诸行动的执行力和攻坚克难的毅力决心；五是定力，即恒心、持久坚持。塞特精工和中国工业用刀具行业很幸运的是，沈云彪董事长就是这样一位愿力、眼力、魄力、动力和定力"五力俱全"的了不起的企业家！

1998年企业改制，沈云彪认为，五金工具的生产由德国转移到日本、中国台湾，又转移到中国大陆，只要努力拼搏，就能生产出可以满足当时内地市场需要的产品。他决心带领全厂自力更生、奋发图强。看着很多企业都在使用昂贵的进口刀具，沈云彪心中一直有种誓要造出中国人自己的最好的刀具以取代外国刀具的强烈愿望。那时五金工具行业用的成形铣刀长期依赖进口，还经常断货无刀可用；国内刀具大厂不做，小厂做不好。昆山的一家台商企业无奈之下，带着图纸和样品，找到厂里要订购钳口成形铣刀，但当时的工厂是个"三无工厂"：一无铲齿车床、铲背刀、磨刀的光学曲线磨这些必要的生产设备和工具，二无会驾车操作的工人，三无保证质量的检测仪器。面对客户着急要刀的迫切情况，沈云彪与全厂同人抱着"用户至上，质量第一"的态度，决心顶着困难干！到台州买了两台二手铲床，到苏州买了一台5X投影仪，自己做了铲背刀，到无锡去学习操作，找外协进行光学曲线磨加工。经过加班加点几十天的奋战，边学边干，边干边学，终于做出了客户满意的铣刀！如今，塞特精工的成形铣刀在国内市场占有率达60%，为行业之冠。

经过深入观察与思考，沈云彪确定塞特精工的战略是必须走专精特新的发展模式，一切以造好刀为中心。"老老实实做好这把刀，把刀具做专做精做特做新，实用、好用、耐用，造出中国最好的刀具，以后还要造出世界最好的刀具。不能去胡折腾，要抵制住诱惑，不去想挣什么快钱。"2006 年，沈云彪敏锐地看到，刀具市场在迅速发展，外国企业已不怎么使用普通高速钢刀具了，越来越多地在使用粉末高速钢和硬质合金材料制造刀具，而中国还有很多企业在使用普通高速钢。沈云彪果断决定向粉末高速钢和硬质合金产品方向转变，引进先进的德国数控工具磨床设备，并投入研发数控刀具，从此，塞特精工开辟了由制造普通刀具向数控刀具的转型之路。事实证明，沈云彪的道路选择和战略决策是非常英明的，如前所述，塞特精工已把铣刀和小模数齿轮刀具做到了中国隐形冠军的地位。

2008 年春，一家世界 500 强企业的老总给沈云彪打电话，说自己用的瑞士滚刀快要断档了，影响企业生产，问塞特精工能不能做出来？沈云彪想了想，勇敢地答应："我们想想办法，争取年内试出来。"随后，沈云彪召集有关人员开会，讨论部署了试制滚刀。一场紧张、有序、各部门协作的攻关战打响了！为此，沈云彪派专人到德国考察，并采购回来先进设备，工程科进行厂房地基改造和检验室装修，技术科设计滚刀图纸、编制工艺、设计工装进行相关工艺试制等一系列技术准备工作，生产科进行备料和按工艺组织生产……真是"人心齐，泰山移"，快到年底时，从装备、仪器到设计、工艺、工人都全部到位，仅用了一个月时间，第一把滚刀就出来了！客户使用后，反馈说达到与瑞士滚刀同等效果。塞特精工从此以会做好滚刀而闻名于世。

如今的塞特精工，在齿轮刀具上，可提供完整的滚齿、插齿、滚插、铣齿所需刀具解决方案，尤其适用于干式切削、高速切削和硬齿面切削。滚齿刀系列有齿轮滚刀、花键滚刀、多头蜗杆滚刀、蜗轮滚刀、带轮滚刀、特殊齿形滚刀，插齿刀系列有内齿轮插齿

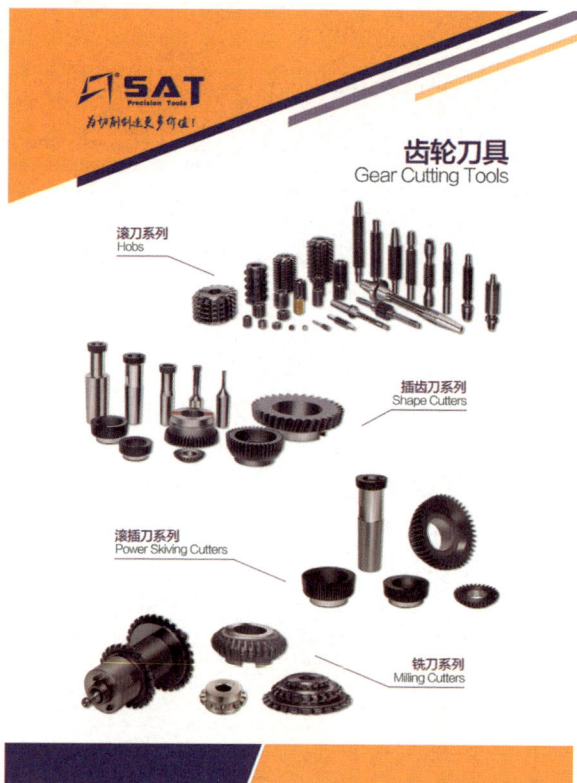

刀、内花键插齿刀、特殊齿形内齿插齿刀、外齿轮插齿刀、外花键插齿刀、特殊齿形外齿插齿刀，滚插刀系列有内齿轮滚插刀、内花键滚插刀、特殊齿形内齿滚插刀、外齿轮滚插刀、外花键滚插刀、特殊齿形外齿滚插刀，铣刀系列有蜗杆盘铣刀、齿轮盘铣刀、花键盘铣刀、特殊齿形盘铣刀。

在拉削刀具上，拥有完整的生产体系，内齿廓拉刀有花键拉刀（渐开线、三角花键和矩形花键）、内齿复合拉刀、小径定心拉刀和合金硬刮拉刀，外齿廓拉刀有扳手拉刀、钳口组合拉刀和钳口复合拉刀，筒式拉刀有链轮筒式拉刀和驻车齿轮拉刀，其中的异形组合拉刀、筒式拉刀、合金硬刮拉刀，加工精度及使用寿命均赶超进口同类产品，竞争力凸显。

在数控刀具上，提供高精、高效的非标数控刀具方案，因为开发迅速、产品可靠而成了众多高端刀具用户的指定合作伙伴。

在挤压工具上，致力于花键、蜗杆、螺纹等产品高效、无屑的挤压加工工具的研发、制作和应用，为挤压加工创造精度更高、成本更低、应用更广的可能性。

在检具上，为精密机加工行业提供各类标准齿轮、标准蜗杆、花键量规以及异形检具。

在客户服务上，塞特精工还提供一站式快速可靠的刀具修磨重涂综合服务，用对待新品的工艺和态度对待客户送修的刀具，让客户的刀具恢复如新，并用大数据系统全面跟踪修磨状态，便于查询及追溯。

靠着领先的技术、优质的产品和高效的服务，塞特精工的刀具广泛应用于汽车、航空航天、机器人、仪器仪表、医疗器械等制造领域，赢得了很多业务伙伴，主要是外资企业，像世界著名的博世、史丹利工具、世达、日本电产、三菱重工等。公司运营良好，年销售量近几年保持大幅度增长，2018 年为 1.5 亿元，2019 年将达到 1.8 亿元。

做持续研发，用先进装备

近些年来，塞特精工在沈云彪的战略决策指引下，在李云文等科技人员的拼搏下，获得了"江苏省高技术企业""江苏省科技小巨人企业""国家高新区瞪羚企业"等荣誉称号。

塞特精工取得优异的业绩和荣誉，在具体的做法上有两个基本点：一是重视对自身装备的投入，二是重视对科技研发的投入。

"做制造业是很累的，这些年来我们挣的钱，基本上都投入到买先进设备和科技研发上了。"沈云彪说，"现在没有好的设备和工艺，很难生产出来高精尖的产品。我们要为用户提供质量稳定的、精度非常高、切削速度非常快、使用寿命很长的刀具。2012年以来，我们在购买设备上已经投入了3亿多元了。"

我们在塞特精工厂房里看到，有100多台数控精密磨床、多台热处理及涂层设备、30多台专业测量仪器，正在高效运转。这些设备都是从德国、瑞士等进口的瓦尔特、施利博格、萨克、巴尔查斯、克林贝格和卓勒等顶级的先进装备。这全套的先进高端的数控刀具制作、检测及涂层设备，加上科技人员领先的设计理念和优化的刀具设计，经验丰富的材料锻打及热处理制作技术，在世界范围内挑选的优质原材料，工人细致精密的加工、严格的检测及合适的涂层，使得走出塞特精工厂房的每一把刀具，在用户看来都是那么设计合理、精度可靠、尺寸稳定、经久耐用。例如巴尔查斯涂层装备和涂层，经过多种特殊的刃口钝化技术和涂层技术处理，使刀具能够在高温下高速切削，工作效率极高。塞特精工早期成功开发出合金硬刮拉刀，这种刀具是由高强度刀杆和高耐用度孔式硬质合金拉刀组成的一种热后内花键精加工工具，涂层后坚硬的刀齿最高可加工HRC62度的工件齿面，满足用户对高硬度、高精度的内花键加工需求。

李云文是塞特精工的科技带头人，曾任哈尔滨、无锡等地的国企和外企的技术骨干和技术负责人，偶然与沈云彪认识了，后来就成了这里的"星期天工程师"，退休后就来到这里当了总工程师。沈云彪说："李总是我的老朋友，今年已经79岁了。这个行业里，技术人员的工作经验特别重要，不像其他行业里多用年轻人。"朴素的李云文看上去就像位 60 多岁的普通老工人，但实际却是一位充满工匠精神的国宝级专家，而且与时俱进，力主应用大数据信息技术，及时精确掌握客户使用刀具的情况，从而大幅提高了改进刀具、研发技术和服务客户的能力。李云文这样数十年如一日地为制造强国默默奋斗的老同志，真是让人敬佩和感慨！

沈云彪说："我们非常重视人才队伍建设，强调不断学习和开拓创新，支持技术人员深造学习，还把一些负责实际操作的人定期送到国外学习先进经验和技术。"塞特精工现有科研人员 39 人，年龄为老中青三结合，采用传统的师傅带徒弟方式由企业内部培养，还有 100 多位从事进口设备操作的高级技工。因为产品主要是非标刀具，所以整个公司的所有部门都要为技术服务。

塞特精工取得了一系列技术和工艺成果，在小模数齿轮刀具技术上已占据了国内领先位置。2003 年，成功研发了五金行业拉刀、粗齿立铣刀具；2006 年，成功研发出数控刀具；2009 年，成功研发出小模数滚刀、蜗杆铣刀；2010 年，获得小模数滚刀重大突破，可替代同类进口产品；2016 年，成功研发出小模数插齿刀，硬质合金蜗杆铣刀被评为"江苏省高新技术产品"；2017 年，成功研发出小模数滚插刀。

塞特精工于 2012 年成立了江阴市塞特数控刀具技术研究所，2014 年聘请中国科学院院士、刀具专家王立鼎建立了江阴市院士工作站，2015 年成立了企业设计中心，2018 年成立了机械工业联合会授牌的国家级小模数齿轮刀具工程研究中心。这些做法都更好地推进了研发工作和技术进步，增加了塞特精工的竞争力。

服务在升级，创造大未来

对于当下和未来，沈云彪说："我们仍然要把非标定制完全与市场相结合，坚定不移走专精特新的道路，稳扎稳打走好现在的每一步，重点是技术升级，为切削创造更多价值，深化管理，以智能制造提升服务。只有我们的产品为客户创造了价值后，才能达到双赢的效果，因此技术研发仍然是我们未来发展道路上的第一要务。另外，还要通过技术、产品和服务，建设我们的品牌形象和提升我们的品牌价值。"

塞特精工的客户多是外企，他们对产品质量及技术的要求非常严格，必须紧跟其需求才能达到客户标准。这个过程中有痛苦，但经过多年实战，塞特精工的产品生产技术、相关人才和经验，都得到了锻炼、成长和提高。"市场要竞争，有竞争才有进步，没有竞争就没有压力和动力。"沈云彪说，"我们将始终尊重市场，理解和响应用户的要求，不断改进，提供精度高、效率高、品质稳和寿命长的刀具，让用户有更好的使用体验。"

塞特精工响应国家制造强国建设战略要求，正在将生产和产品向智能制造转变，转型升级加工设备和制造理念，运用信息化技术，基于互联网平台的流程管理体系，实现精细化管理和精益化生产，一方面通过数据化管理，用数据跟踪方法管控内部生产管理的每一个环节，优化生产流程，解决重点难点问题，一方面提升对客户服务的水平，灵活回答市场和客户提出的新需求，提供刀具计划生产准备方案、参与客户的刀具管理、精准计算加工量等，以帮助客户减少库存和节约成本，使用户更有计划地提升产量和加工效率。

　　"塞特精工的很多先进设备都来自德国，德国企业的工匠精神，执着、精益求精的理念思路，我们要虚心借鉴学习。"沈云彪说，"塞特精工的管理层和员工，未来要继续潜心苦练内功，研发技术，深入了解市场和客户的需求，努力把企业打造成像德国萨克那样的百年长青的企业。"

安曼钻机

第十一篇
安曼钻机：小企业走向国际大舞台

骆　丹

　　2016年6月18日，湖北省正式进入梅雨期，一如年初气象部门所预测，这次梅雨期的降水来得比以往迅猛得多，前4轮暴雨的日均降水量均为百年一遇，多条河流出现历史最高洪水位，多处发生洪涝灾害。7月6日，国务院总理李克强亲临湖北抗洪抢险一线考察指导。7月21日，湖北"出梅"，通过人们的努力，这场被誉为"超过98大洪水"的洪灾最终没有重演1998年特大洪灾悲剧，在这场众志成城的抗洪抢险过程中，除了奋战在最前线的人民子弟兵外，还有众多民间救援人士和企业的参与，来自江苏省的无锡市安曼工程机械有限公司（以下简称"安曼钻机"）是其中之一。

　　从当年7月4日开始，安曼钻机的骨干技术人员抵达湖北黄冈抢险现场，对黄冈市防汛机动抢险队所购买的移动式抗洪抢险泵车，无偿提供服务，冒雨冲在抢险第一线，对设备进行实时检修，对抢险人员进行实操培训，以保证设备完好运行，排涝工作得以正常展开。当地水利厅对其报以由衷的感谢，并赞扬其员工技术精湛、素质高，湖北省防汛抗旱机动抢险总队说："这样的公司领导没有理由不让人敬佩，这样的企业没有理由不强大！"

做适用于中国的钻机

时间倒回到 1978 年 12 月 18 日，党的十一届三中全会作出了实行改革开放的重大决策，此举如春风拂地，中国经济迅速开始腾飞，在人们难以抑制的激动之情下，改善居民"衣食住行"的基础设施建设如火如荼地进行着。然而，在当时，基础设施建设面临着一个客观存在的困境——国内用于基建的专攻设施困乏，而外国进口设备因过于昂贵并不能普及，极大地制约了中国基础设施建设的

发展，而在基建施工起始阶段，用于钻孔浇筑桩基础工程的钻机就是其中之一。

在这样的现实困境下，中国人的勤劳奋进精神再次展现出来，在当时，我国勘察行业发展迅速，安曼钻机创始人注意到勘察钻机通过改装，可以满足基础建设施工需求，于是，在20世纪90年代，安曼钻机创始人集结了一批技术人员，成立了安曼钻机的原始团队，专攻勘察钻机改造。而在改装过程中，安曼钻机创始人发现两种钻机在需求上有众多相似之处，于是逐渐萌发开发一款专用于基建施工的钻机的想法。

真正的转折发生在2004年，全球久负盛名、世界规模最大的建筑工程机械展——德国宝马展览会在德国慕尼黑举行，安曼钻机创始人远赴重洋参展。在20世纪50年代，欧美国家就已经开始研发旋转钻机，至90年代，其钻机已经发展相当成熟，不过，由于国外城市化进程改造已经相对完善，其研发的钻机多为工地基坑小、多功能性要求较高的钻机，但这样的钻机不仅价格昂贵，而且并不适合中国大规模基础设施建设现状及中国地质条件需求，于是，参展回来之后，安曼钻机创始人开始带领团队专心研发，立志做"真正适用于中国国情的钻机"。在2006年，安曼钻机迎来了历史上里程碑式的一天——历时整整五年的时间，安曼钻机第一台自主研发的履带式多功能钻机终于生产出来。

该钻机进入市场后，由于与中国地质条件匹配度极高，迅速获得市场认可。2007年，安曼钻机开始阶段性批量生产，起初，安曼钻机生产一台卖一台，在客户使用过程中不断修缮问题，技术含量及适用性不断提升，通过几个月的时间细心打磨一台设备。到2008年，安曼钻机已经实现月生产3—5台。2010年，安曼钻机新

工厂建成，批量化生产规模建设完成，迅速占领国内市场，及至2年后，安曼钻机已经占据国内市场的半壁江山，在2014年，营业收入高达1.3亿元。

　　然而，就在安曼钻机一路高歌的时候，公司困境已经初显：受此前一系列宏观政策的影响，2014年房地产投资增速明显放缓，成交量、价格、投资悉数下滑，当年的房地产市场惨淡收官。2015年市场仍然十分谨慎，房地产开发企业土地购置面积同比下降32%，新开工量持续低迷。受此影响，安曼钻机的营业收入从上一年的1.3亿元断崖式下跌至6000多万元，公司资金链陷入紧张状态，压抑的氛围弥漫在公司内部。"从另一方面来讲，这次下滑对于公司可能也是好事。"安曼钻机常务副总王云辰说。此时，王云辰意识到房地产市场的不可持续性，决定将公司此前清一色的房地产基坑钻机业务进行大刀阔斧改革，转向高速铁路、城市地铁、隧道、高层建筑的地下室、水利建设方面的改造等项目，钻机的用途也越来越广：土质改良、太阳能电池桩孔、隧道抢险……而在洪灾排涝上，安曼钻机的设备功能在国内市场也非常强势——其生产制造的履带式抗洪抢险泵车每秒可抽排一吨水，能够快速排解洪水形成的堰塞湖等洪灾隐患，保证人民群众的财产和生命安全，被全国多个抗洪抢险队使用。

2016 年开始，安曼钻机营业收入开始逐步回升。目前，安曼钻机的产品已经销售到中国大陆的各个省份，成为各类施工钻机的主要供应商。

技术起家

安曼钻机常务副总王云辰将安曼钻机的企业发展之路称为"草根出生，技术起家"。安曼钻机创始人非科班出身，从在车间加工车床，转到工艺，再到营销，再到设计，一步步自我成长，通过自主研发逐步创立安曼钻机，而安曼钻机整个公司也是由技术团队演变而来。王云辰举例说："安曼钻机的人事主管都是技术员出生，公司不断发展，需要一个人事管理员时，就从技术员团队中找到一位成员开始主管人事，其他岗位也基本如此。"于是，在这样的形势下，安曼钻机形成了特别的"尊重工人、尊重工程师"的企业文化：技术人员在企业内部的地位非常高，"同等学力下，做设计、生产的技术人员收入比行政要高出一大截。"王云辰说。此外，按照安曼钻机的传统，所有新进员工都必须先进入车间做工人，体验一线工人的生活。

对于研发人员，安曼公司也要求在生产一线、售后服务等岗位进行轮岗，在生产一线可切实了解生产设备、工艺的流程，在售后服务岗位上，将帮助客户现场施工，解决客户遇到的问题，了解客户的真实需求。此外，从2016年开始，安曼钻机每年都将举行机长培训班，邀请来自全国各地的钻机机长参加，由公司的研发人员详细地为机长讲解从部件到整机的原理及故障排查、维修等知识技能，同时也从中了解安曼钻机在工地的实际使用情况及问题，为安曼钻机工作的改进和新产品的研发提供思路，从而使安曼钻机能够从实际出发，真正研发出适合市场和客户的产品。

基于研发人员的努力，目前，公司拥有专利30余项，其中发明专利占15%。研发的MXL系列锚固钻机、SJ系列旋喷钻机、G系列高压旋喷钻具等产品成为主导市场潮流的产品，仅在2018年，安曼钻机就先后获得"江苏省服务型制造示范企业""江苏省'专精特新'产品（MXL—150型锚固钻机）""江苏省首台（套）重大技术装备（HDL—200型顶驱式多功能钻机）"等10多项科技荣誉。

对于新产品的运用，安曼钻机还特意成立产品租赁公司：安曼钻机的新产品可以通过租赁获取利润，如果后续有购买需求，租赁费用的一半还可抵扣购买费用。这样做一方面方便规模较小或资金困难的企业可以通过租赁方式实现发展；而另一方面，安曼钻机可以以此实现新产品的市场运用，通过从中积累的好口碑，帮助新产品迅速打开并占领市场。

为客户创造价值

在安曼钻机有一个硬性指标：客户购买安曼钻机的3—6个月内，一定要保证客户可以回本。王云辰说："我们的理念不是要赚多少钱，而是让客户赚钱。"从公司创立伊始，安曼钻机就把"为客户创造价值"作为企业文化中最重要的一项，王云辰认为，越来越完善的客户服务体系及以客户为导向的理念，也将帮助安曼钻机在与国外企业的竞争中脱颖而出。

首先，安曼钻机通过自主研发为客户节约成本。在全球化程度如此高的今天，世界是一个协作的整体，中国是世界的一环。在德国参展及在国外企业参观学习期间，王云辰发现，国外钻机的钢材及众多零部件均是中国配套供应，他说："中国既然拥有这么好的原材料及核心零部件，为什么不在国内制造呢？"利用中国良好的原材料供给，通过自主研发，安曼钻机生产出来的产品效果比国外的钻机更好，价格也更加优惠，正如王云辰所说："我们的小口径钻机产品基本上就是在二三十万元左右，只有国外的十分之一。"

其次，安曼钻机有着国外企业不能企及的积极响应机制。王云辰说："以德国钻机为例，研发出来的产品很难再次改进，而德国企业讲究流程，工人讲究工作时间，客户产品出现问题或有改进需求，期待德国的反馈将是相当漫长的等待。而安曼钻机则相反，在主动寻求可改进的地方的同时，积极响应客户需求，力争做到每次改进都能让客户获利。"

在安曼钻机人的心中，有着太多象征"安曼速度"的故事：2018年6月8日下午6点多，安曼钻机销售突然接到客户订单，客户急需购置一台钻机，但由于工地限制，需要进行改装。此时，已经是周五的下班时间，但安曼钻机的设计部门、工艺部门、制造部门、质量部门连夜讨论，短短几个小时就研究出5个方案，并最终确定了一个保质、保实效的方案。周六一大早，几个部门负责人就来到办公室对图纸进行复核，确认无误后，研发工程师开始画图，周日生产线按照图纸投入生产，6 月 15 日，产品已经在做发货前的最后包装，但此时，客户再次发来消息：工地比之前预计的还要小。几个部门再次研究新方案，最后在钻机运送途中，将图纸发到客户处，让技术人员在现场指导，最终，钻机顺利安装到隧道内工作面，并高效运转，整个过程不到一周的时间。安曼钻机人说，我们要让所有的客户都知道，安曼钻机尽管是大企业，但是大厂并不意味着手续繁复、效率低下。"大企业有更多资源可以利用，能更好地为客户提供服务"。

安曼钻机常务副总王云辰说："过去一直有一种迷信，认为机械肯定是德国制造的好，但从今天来看，无论是质量还是服务上，我们都可以更胜一筹。"王云辰也寄希望通过中国制造的这些努力，逐渐消除国内企业及普通大众对国产装备的偏见。

走出去

目前，安曼钻机已经是国内该行业的领头企业，国外客户涉及越南、文莱、新加坡、英国、加拿大、非洲等多个国家和地区，接下来，安曼钻机希望进一步开拓国际市场。

在国际上，由于欧美等发达国家城市化进程已经基本完成，而随着经济发展，以东南亚为代表的发展中国家发展强劲，其普遍存在基础设施建设相对落后的情况，基础设施投资建设需求持续旺盛：2018 年，泰国政府计划在未来 5 年内，投资 470 亿美元东部经济走廊（EEC）计划，投资金额大多用于基础建设，如兴建新国际机场、港口设施、道路和铁路联结；柬埔寨政府准备花 15 亿美元建设世界第九大机场，以及大规模建设公路、铁路等航运线……东南亚的基础建设热潮对于安曼钻机来说，将是一个巨大的潜在市场。不过，由于欧洲国家钻机设备发展早，东南亚国家对于欧洲钻机仍然抱有根深蒂固的"信任偏见"——即便是经济不发达，东南亚国家的企业也宁愿去欧洲购买一些二手钻机设备。对此，安曼钻机决定先对东南亚市场输入高性价比的钻机，使得其相同价格能够购买到新设备，且新设备的性能优于欧洲设备，从而打破东南亚企业的固有思维，以此拥有一定客户群体后，再向东南亚市场逐步推出高端设备，达到最终在东南亚市场站稳脚跟的目的。对此，安曼钻机在东南亚市场上已经取得了不错的开端：通过对新加坡市场三四年的培育，安曼钻机在新加坡已经拥有一批稳定客户，其中新加坡市政顶管行业所用的加固钻机就均为安曼钻机制造。

另一方面，安曼钻机也积极寻求与国内著名企业合作，通过"抱团出海"的方式逐步开拓国际市场。2018年7月，安曼钻机的两台HDL-180D钻机在天津港出发，它们跟随着葛洲坝集团这座"巨轮"扬帆远航，抵达阿根廷，参与阿根廷圣克鲁兹水电站的建设。阿根廷圣克鲁兹水电站是阿根廷历史上最大规模的水电站，是中阿两国元首共同见证、签订，两国最大规模的合作项目，水电站由中国能建葛洲坝集团承建，是中资企业在海外承建的最大规模水电站项目，葛洲坝集团向安曼钻机采购了两台钻机，王云辰认为，这一方面说明葛洲坝集团对安曼钻机品质的认可，而另一方面，中国制造的设备也通过这种方式站到了世界顶尖的舞台上，向全世界展示中国制造的风采。在此之前，安曼钻机已经通过中国中铁等企业的合作，出海到马来西亚、阿联酋、新加坡等国家。

随着"一带一路"倡议的提出、实施和不断推进，目前，中国已经与100多个国家和国际组织签署了共建"一带一路"合作文件，范围涉及亚洲、欧洲、非洲、大洋洲、南美洲，这必将给包括安曼钻机在内的中国制造设备企业带来广阔的潜在市场，据王云辰介绍，在未来，安曼钻机将持续专注于制造 300 毫米口径以下的钻机，向着全球第一的地位不断进发。

ATW
奥　特　维

第十二篇
奥特维：从光伏设备起步到创造智慧工厂

杨晓迎

2019年6月20日的江南无锡，正值梅雨季节。上午9点左右记者如约来到无锡奥特维科技股份有限公司（以下简称"奥特维"）的大门口，刚下车，原来淅淅沥沥的小雨忽然急骤起来，只见四五个大型货柜车在人员指挥下，正鱼贯进入奥特维的生产区，加上正赶上上班时间，一时间厂门口有点拥挤。

奥特维行政总裁刘汉堂说，这些大型货柜车正在装载奥特维的核心产品——光伏组件串焊机，然后出口到国外。

在奥特维生产车间，记者看到了货柜车装载的光伏组件生产的核心设备串焊机，它有6米长，光伏组件就是被这些机械源源不断生产出来，最后将太阳能转化为电能，输送给广大用户。

根据奥特维最新披露的材料，2018年全球光伏组件产量前20名企业（2018年的产量合计占比62.39％）中有18名是奥特维的客户，其中光伏行业知名企业天合光能、晶科能源、晶澳太阳能、隆基绿能、阿特斯、协鑫集成、东方日升、越南光伏等组件龙头公司是奥特维的主要客户。而奥特维做到这个地位，才用了不到 7 年时间。

即便如此，奥特维依然产能不足。刘汉堂说，整个无锡市每年新增工业用地才 300 亩，奥特维获得 100 亩，用于生产基地建设、扩大产能。

奥威特也于 2019 年 6 月 27 日申报了科创板，如进展顺利，将成为无锡从成立到主板上市时间最短的企业之一。

创业升级

2010 年 2 月 1 日，正值农历腊月十八，春节的气息越来越浓，这一天，葛志勇和他的大学同学李文的创业公司无锡奥特维科技有限公司正式成立了。之前，葛志勇担任一家公司的副总经理，而李文担任一家公司的总经理，都有着不菲的收入。然而，创业梦想促使二人联手创立了奥特维。

葛志勇和李文的友谊始于二人读大学时。在南京理工大学，种种机缘使二人结下深厚友谊，大学毕业后，葛志勇就读本校自动控制专业硕士，后回到无锡，入职无锡邮电局，历任无锡邮电局工程师、科员，储汇业务局（现无锡邮政储蓄银行）副局长，长达 11 年，后来离开邮政系统，在无锡华信担任安全设备有限公司副总经理兼全国销售经理。在团队建设、人才选拔、销售及市场营销管理等方面积累了管理经验。

李文北上清华大学读研究生，就读电机系电气工程及其自动化专业，也精于计算机软件及通信技术，特别是基层通信及基层软件。毕业后任核工业部第五研究设计院助理工程师、工程师、高级

工程师。友谊使葛、李二人经常联系，李文来无锡工作后，在一家企业担任工程师，后升任一家公司总经理，负责服务位于上海的宝钢集团有限公司（以下简称"宝钢"）的一个项目。那时，李文在宝钢的自动化圈子里有很大名声，无论是宝钢内各个事业部还是宝钢设计院、宝信软件，搞自动化的都知道"无锡李工"这个人。也正是因为李文的能力突出，宝钢在 2008 年立项了一个国内唯一一套瑞士公司电炉中间包滑板控制系统国产化项目，主要由李文负责。但是，钢铁生产线控制系统监控是一个压力非常大的工作，因为钢铁生产耽搁一个小时，就会造成非常大的损失。由于压力巨大，李文身体有点吃不消。

来无锡后，葛志勇和李文二人联系更加紧密，李文状况一直为葛志勇所熟知，二人同一年出生，2010 年葛志勇和李文正好"四十而不惑"。二人决定自己创业，实现梦想。公司名称奥特维取自英文组合词"Auto+well"，意思是要立志研发出优秀的自动化设备。葛志勇主抓市场营销，李文主抓技术研发。

公司成立之初，依靠葛志勇和李文原先的人脉和项目资源承接一些自动化项目，公司第一年营业收入有一些，由于人员少，过得也算惬意，但是，创造出优秀的自动化设备的愿望一直萦绕在他们心头。

机会在不经意间来到，奥特维接触到一些太阳能光伏行业项目。发现这个行业当时基本上是进口设备，尤其是串焊机。串焊机是利用机械传动机进行的电池片搬送，在加热底板上利用热风管的高温气体对电池片进行焊接，从而变成光伏组件。

葛志勇和李文决心选择光伏行业生产设备作为突破口。2011年底开始，他们马不停蹄地考察了国内外共 9 家串焊机企业，合计

13 款新老设备，包括去德国考察了当时唯一号称能够焊接 140 微米光伏电池片的设备厂家 JVG 公司。通过对各个方案的比较和论证，最终确定了奥特维串焊机的基本技术路线，由李文执笔整理出项目设备设计方案书，经过一年多的反复调试，奥特维的超薄光伏组件生产用串焊机调试成功。

然而，由于奥特维成立时间短，在光伏界也寂寂无闻，哪一家企业会选用奥特维的生产设备呢？奥特维工作人员甚至连光伏组件厂的大门都进不去。

放手一搏

葛志勇、李文决心放手一搏，参加上海光伏展。上海光伏展全称 SNEC 国际太阳能产业及光伏工程（上海）展览会，是国际光伏界的一大盛事，每年春夏之交举办，参展品丰富多样，有光伏生产设备、光伏生产材料、光伏电池、光伏应用产品和组件，以及光伏工程及系统，涵盖了光伏产业链的各个环节，参展商除来自中国大陆外，还有德国、英国、法国、美国、加拿大、日本、奥地利、匈牙利、意大利、荷兰、瑞士、比利时、西班牙、新加坡、中国台湾等 90 多个国家和地区，外国展商占 1/3，海内外专业观众一般超过 15 万人次。

上海光伏展自然是奥特维推广自己的最佳战场，然而，规模如此，参展价格自然也不菲。葛志勇和李文决心已下，要在上海光伏展上打出名头。他们花重金租赁了较大的展位，因为奥特维要在展会上现场演示奥特维自主研发的超薄串焊机样机。超薄串焊机能把超薄电池片焊接成更好、更经济的光伏组件。

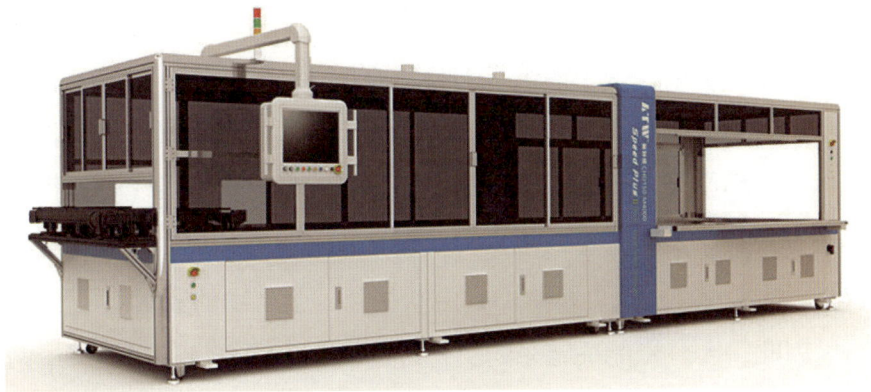

超高速双轨串焊机

参展期间，奥特维全员出动。总经理葛志勇，副总经理、技术总监李文等公司主要员工都亲临站台，并现场演示超薄光伏电池片焊接，由于当届展会奥特维是唯一现场演示的设备商，一时间，奥特维站台前人头攒动，每个行业人士都好奇观看奥特维的演示。奥特维所有工作人员也努力抓住每个机会推销自己的产品。

然而，问题来了。奥特维是谁？没听说过。奥特维在哪？在无锡。卖了几台了？没卖过。多少钱一台？一百多万。一百几？不知道。2013年的上海光伏展，奥特维一个订单也没有，实际上是赔本赚吆喝，然而好处是，奥特维认识了光伏行业，光伏行业也知道了奥特维。

展会结束后，葛志勇和刘汉堂马不停蹄地拜访了各家光伏组件厂，但是，两个月过去了，还是没有拿到第一个订单，从零到一的等待在煎熬着葛志勇，也在煎熬着奥特维。

那段时间可以说是奥特维黎明前最黑暗的时刻。葛志勇和李文意识到：自动化串焊机具有确定的市场前景。但是，串焊机设备尚处于研发和完善期内，具有一定的不确定性。为此，葛志勇和李文带领奥特维核心人员，自动对奥特维增资 300 万元，增加了经营现金，也增强了奥特维全体员工的自信心。

皇天不负有心人。葛志勇最终用产品说服了全球光伏组件排名第一、总部位于常州的天合光能。天合光能同意奥特维免费提供一套设备安装在天合光能试用，和天合光能采购的其他设备一块比较效果。比较结果是：奥特维的设备获得了一个单项的冠军。

因此，天合光能决定采购奥特维的两套串焊机设备，奥特维两年多的研发投入终于结出了果实，奥特维自主研发的设备首次实现了 300 万元的营业收入。由于价格便宜、性能更好、服务更周到，天合光能增加了新的订单。

然而，更大的困难摆在眼前，大规模生产需要更大的资金。葛志勇和李文决定进一步提高经营实力，参加更大项目的招标，再一次和同事增加了资金 500 万元并完善了公司治理。2014 年，奥特维实现了飞跃式发展，获得了 2.08 亿元订单。

研发创新

然而，奥特维在产品研发上并没有止步。奥特维不断地提升第一款单轨串焊机的串焊工艺，使其生产效率、稳定性和设计产能逐步提升，还开始研发升级换代产品和其他产品。

奥特维十分重视研发。2015 年，奥特维先对常规串焊机进行产品升级，推出了双轨串焊机，使其设计产能达到每小时 2000 片；同时推出了每小时设计产能 2600 片的高速串焊机，大幅提升了单机生产效率；同年，还推出了适用于新工艺的串焊机，丰富了技术储备。第二年，继续对常规串焊机进行产品升级，推出设计产能每小时超过 3000 片的超高速串焊机，后来进一步提高，产品设计产能达到 3600 片。这一年，奥特维在 2 个月左右就研发出可提高组件功率的贴膜机，贴膜"不影响焊接速度"，形成了"串焊机 + 贴膜机"的优势产品组合。

2017 年，奥特维还研发出硅片分选机。此设备在国内率先获得规模化应用，使奥特维正式切入硅片设备环节；同年，奥特维推出了多主栅串焊机，即"三、四、五栅随意切换"，并优化了超高速串焊机，丰富了组件设备产品线。

2018 年，公司推出了超高速划焊一体机、多主栅划焊一体机和激光划片机，简化了下游工序，降低了损耗，从而提高了下游客户的生产效率。2019 年初，公司推出了适用于高效叠瓦组件的叠瓦机，以及用于提高电池片效率的光注入退火炉。

奥特维注重研发，给自己带来良好效益，2016 年到 2018 年，奥特维主营业务收入持续增长，分别大约为 4.4 亿元、5.7 亿元和 5.9 亿元，设备也随着客户实现了国际化，目前国际收入占到营业收入的 30%。

良好的收益也反哺奥特维研发，就在 2016 年、2017 年、2018 年，奥特维研发费用占销售收入的比例分别为 10.81%、11.07% 和 9.77%，累计投入研发资金 2 亿元左右。

截至 2019 年 5 月 31 日，奥特维已获授权的专利 395 项（其中发明专利 29 项），已取得软件著作权 56 项、软件产品 46 项，正在申请的专利 361 项（其中发明专利 205 项）。刘汉堂也成了奥特维"最懂知识产权的人"。

经过持续的研发投入和积极的市场开拓，奥特维的主流产品串焊机（常规串焊机、多主栅串焊机）、硅片分选机等光伏设备已具

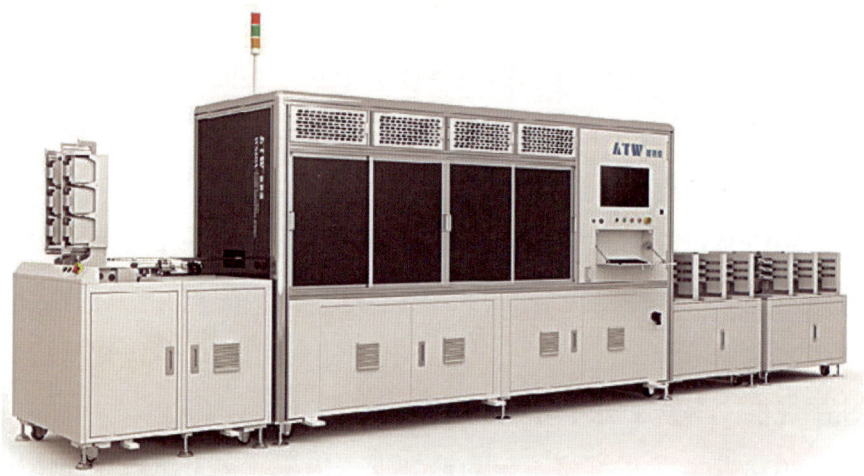

多功能硅片分选机

有较强的市场竞争力与较高的市场占有率。

据介绍，奥特维的研发活动可以分为产品研发和技术开发。其中，产品研发为分别以公司产品规划、产品改善申请和客户合同为依据的自主型研发、改善型研发和定制化研发。技术开发分为前瞻性技术研发（用于技术储备和原理验证）和针对可广泛应用模块／机型进行的平台化开发。

奥特维的研发部门不仅从事技术研究、产品开发，还参与生产环节。取得销售订单后，经研发部门分析生成表格，然后开始组织生产；生产过程中，研发部门亦可以对产品设计进行持续优化，以更好地满足客户需求或降低成本。

另外，奥特维还建立了较强的工程服务团队，为客户提供现场调试、售后维护、改造升级等服务，并承担产品的功能测试及验证工作。截至 2018 年末，公司有工程服务人员 270 名，占公司总人数的 27.27%。奥特维通过工程服务团队为客户提供了技术服务，提高了客户的售后体验，并通过该技术服务深化了对客户需求的理解以及对下游行业技术发展趋势的把握。

除此以外，奥特维还在锂电设备方面进行研发投入，取得初步成就，为奥特维的未来发展储备了技术。这次，奥特维是通过资本市场并购其他企业进入锂电设备领域。

资本洗礼

奥特维董事长和总经理葛志勇担任过原无锡储汇业务局副局长，有难得的金融经验。早在2014年1月，奥特维第一次增资时，就引进外部投资并设立了董事会，使奥特维有了初步的公司治理制度。

奥特维发起了股份制改制，规范了公司治理。2015年9月18日，全体发起人签订了《发起人协议》，2天后召开创立大会暨股份公司第一次股东大会，审议通过了股份公司章程，并选举产生了第一届董事会及第一届监事会。

股份改制后的奥特维申请在新三板挂牌。挂牌新三板，使奥特维初步经受了资本市场的洗礼。新三板是全国中小企业股份转让系统的俗称，是经国务院批准，依据证券法设立的全国性证券交易场所，2012年9月正式注册成立，是继上海证券交易所、深圳证券交易所之后的第三家全国性证券交易场所，是多层次资本市场体系的重要组成部分。登陆新三板有利于完善公司的资本结构，促进公司规范发展，可以便利投融资、提升公司知名度等。

2015年11月2日，奥特维召开2015年第一次临时股东大会，会议审议通过了《关于公司申请股票在全国中小企业股份转让系统挂牌并公开转让的议案》等相关议案，同意申请股票在新三板挂牌并公开转让。

很快，奥特维申请获批。2016 年 2 月 16 日，股转公司出具《关于同意无锡奥特维科技股份有限公司股票在全国中小企业股份转让系统挂牌的函》，同意奥特维的股票采用协议转让的方式在新三板挂牌。

2016 年 3 月 10 日，奥特维的股票开始在新三板挂牌并公开转让。然而，由于新三板的某些制度设计，其资本市场的功能没有有效发挥。

但是，奥特维利用挂牌有利条件，进行了公司治理制度建设和有效的资本运作。首先，为避免潜在的同业竞争，整合了相关资源，丰富了产品线，奥特维 2016 年 10 月 16 日与相关股东签订《无锡奥特维智能装备有限公司之股权转让协议》，约定以 1712.68 万元的对价收购其持有的智能装备公司 94% 的股权，为奥特维的技术储备和未来发展打下基础。

其次，进行了有效资本运作和定向增发。2017 年 1 月 22 日，奥特维召开 2017 年第一次临时股东大会并审议通过了《关于〈无锡奥特维科技股份有限公司股票发行方案〉的议案》等相关议案，决定以 20.25 元／股价格，向东证奥融等 5 名投资者发行 735.6269 万股股票，募集资金近 1.5 亿元，为奥特维进一步发展储备了"粮草"。

此外，奥特维还进行了并购重组。2017 年 4 月及 5 月，奥特维分别与南通春天、无锡来诺斯科技有限公司、无锡市华尔沃精密机械有限公司、无锡九月九精密机械有限公司 4 家公司签订了《资产购销协议》及《购销资产补充协议》，收购这些公司持有的相关资产，主要包括机器设备、电子设备、办公设备等资产。

由于奥特维发展迅速，新三板已经不能满足其资本市场的需求，奥特维开始谋划主板转板工作，按照要求，需要先在新三板摘牌。2018 年 1 月 24 日，股转公司发布《关于无锡奥特维科技股份有限公司股票终止挂牌的公告》，决定自 2018 年 1 月 26 日起终止公司股票挂牌，初步完成了资本市场的洗礼。

机遇总是垂青有准备的人。恰逢国家在上海证券交易所推出科创板，奥特维很快申报登录科创板。如按正常程序，奥特维会正式登录科创板，正式进入资本市场的大门。

未来发展

2020 年，奥特维 100 亩的"奥特维智能装备产业园"首批工程将完工，这将初步解决奥特维产能不足的问题。目前，奥特维产品线已经从最初的单轨串焊机光伏组件设备，扩展到硅片、电池片设备生产。另外，还研发储备了锂电生产设备、半导体生产设备等生产能力。

目前，由于奥特维发展速度快，生产经营场所需要不断租赁，几年内租赁了 5 个场所，即便如此，还是不能满足需要，100 亩生产基地完工后，能够集中研发生产，效率会进一步提高。

随着研发和经营业绩的持续增加，奥特维的员工人数也在迅速扩大。从成立公司时的 6 个人，到 26 人，再到现在大约 1000 人的员工队伍。刘汉堂说："有 800 多人都是最近三年招聘来的。"其中有近 200 名还是党员，为此，还成立了三个党总支，公司层面成立了党委，军队转业干部刘汉堂担任了公司党委书记，为奥特维的企业文化价值观建设奠定了基础。

与研发进展一致，奥特维建立了较强的研发团队。截至2018年末，研发人员204名，占公司总人数的20.61%，204人中研究生学历者59名，占研发人员的28.92%。

其中，核心技术人才是重中之重。2017年初，奥特维的核心技术人员持续增加，一批"80后"开始担当重任。季斌斌1987年出生，现在是研发中心产品线副总监，负责串焊机产品的研发和升级。朱友为1980年出生，现在是研发中心机械副经理，目前负责公司叠瓦机项目机械设计工作。

最近两年，在研发及发展过程中，公司核心技术人员继续增加。2018年3月，为进一步加强公司研发实力，奥特维引进刘世挺为公司研发中心总监，负责制订、组织并实施产品中长期规划及产品开发计划，实现公司产品的技术创新目标。2019年3月刘世挺还被增选为奥特维董事。

另外，奥特维部分董事、监事、高级管理人员、核心技术人员通过无锡华信、无锡奥创、无锡奥利、无锡源鑫间接持有了奥特维的公司股份。

奥特维锂电设备的研发初见成效。2016年，公司通过并购智能装备公司切入锂电设备领域，并于当年成功推出圆柱模组PACK线、软包模组PACK线。这些产品具备全流程的数据跟踪、存储和回溯功能，可实现从电芯到模组的全自动智能化生产，其标准产线产能达到了行业领先水平。目前，奥特维的锂电模组PACK线产品已与著名锂电池生产商力神、比克、远东福斯特、盟固利、卡耐、格林美、金康汽车等电芯、PACK、整车企业建立了业务合作关系。

与此同时，还进行了半导体设备研发的布局。重点是实现半导体键合机的量产销售，并以此为切入点向半导体封装领域的核心设备延伸，开拓新的产品应用领域与业绩增长点。

实际上，奥特维的专用生产设备有共同特点，就是以市场为导向，以研发为驱动，综合运用机械、电气、电子、光学、机器视觉、机器人、计算机等综合技术手段，助力客户实现自动化、信息化、智能化。

奥特维最初取名来源于"AUTO WELL"，愿景"科技创造智慧工厂"，希望能够引领智慧工厂的未来，努力成为全球新兴产业与传统行业转型升级的核心智能装备供应商。

BAOSTEEL

第十三篇

宝银公司：国产化的突围

骆 丹

2018年1月8日的北京寒意料峭，在北京人民大会堂里，随着雄壮的国歌声起，2017年度国家科学技术奖励大会正式开幕。在北京以南1100多公里以外的江苏省无锡市宜兴——宝银特种钢管有限公司（以下简称"宝银公司"）里，宝银人激动不已，他们获得了2017年度国家科学技术进步二等奖，从2005年进入核电领域，至此他们致力于核电国产化已经近13年。

就在几个月前的2017年7月，全国政协委员、中国工程院原副院长、全国政协人口资源环境委员会副主任干勇院士率领30多名工程院院士、国内相关领域专家，就中国工程院重大咨询项目调研宝银公司时，观摩了国内唯一一条从冶炼到成品U形管制造的核电蒸汽发生器用690合金传热管的质量技术一贯制生产线，大家不吝赞美地将这条生产线誉为"国宝级生产线"。核电蒸汽发生器690合金U形管的研制和应用，打破了国外对中国长达50年的技术封锁，实现了几代中国人的核电梦。

说起这样的成就，宝银公司创始人、副董事长、党委书记庄建新将此作为自己一生最有成就感的事情："核电蒸汽发生器690 U形管，被材料领域誉为皇冠上的明珠，老外认为我们做不出来，我们不仅做出来了，而且在技术标准上还领先国际同行，产品在工程应用上比老外的还好。"然而，很多人无法想象，这家深受国际同行尊重的企业，在20年前是一个濒临破产的企业。

再难也难不过"两弹一星"

采访庄建新的时候正值7月1日建党日，江淮梅雨的6月刚刚过去。若细心梳理宝银公司的历史可以发现，6月这个年中的月份在其发展的时间轴上占据了非常重要的节点地位。

庄建新是典型的"60后"，中专毕业后，他从技术员、车间主任再到生产科科长，一路凭借过硬的技术和管理能力，24岁就成为当时宜兴县最年轻的副厂长。1991年6月，宝银公司的前身——宜兴市精密钢管厂正式成立，30岁的庄建新担任厂长，成为宜兴市"十大项目工程"的骨干企业厂长。然而，仅仅几年的时间，由于技术落后、产权机制不合理、产业链缺失等原因，钢管厂濒临倒闭。当时，庄建新可以选择一条容易走的路：接受钢管厂破产，回到政府部门任职，开启一段新的人生之路。但最终，庄建新不甘心经营生涯就此结束，更不忍心让170多名工人下岗失业，从父亲手中借来10万元，又从银行贷款50万元，接过了负资产1400万元的宜兴市精密钢管厂，成为当时镇政府最大的负资产改制企业。

钢管厂的第一次发展机会出现在1998年的6月，中国石油化工行业的重要企业燕山石化的生产线E-11换热管损坏，由于当时的换热管全部依赖国外进口，燕山石化在全球紧急采购材料，但时间至少需要3个月。当时，燕山石化若停产每天损失高达7000万元，3个月的损失对于燕山石化的打击是致命的。庄建新领导的钢管厂迎难而上，仅用了15天的时间，就研制生产出了2350支高精度无缝不锈钢管，并顺利交货给燕山石化，替代了进口，为燕山石化减少了数亿元的停产损失。因此，燕山石化董事长曹湘洪亲自接见了这个业内无名公司的当家人庄建新，并诚挚地表示感谢："在过去几十年里，燕山石化帮助了不少企业发展壮大，紧急关头，竟是你这家小企业救了我们，感谢你对燕山石化的帮助，更感谢你对国产化所作的贡献。"而与此同时，燕山石化与庄建新建立了长期合作关系。

高温气冷堆蒸汽发生器换热组件

　　至此，庄建新在钢管厂破产边缘找到了出路和希望，他决定将"国产化"作为企业发展的定位，以"三高"——瞄准高端市场、生产高端产品、服务高端用户为公司整体战略，而经此一役，银环（宝银公司前身）已经进入国内的大型石化企业供应商名录，在扬子石化二期工程、金山石化等重大工程中，银环凭借自主研发能力，为我国石化、炼化的重大项目解决了多项关键材料的国产化应用。

　　宝银公司的第二次机会出现在两年后的6月。现在的30岁以上的人们，对21世纪初的"突然停电"应当印象深刻。从2000年开始，我国经济处于新一轮上升阶段，尤其是重工业增长速度明显，因此造成电力消耗急剧增长，但电力供应的增长速度却明显缓于电力需求的增长——全国电力处于紧张状态。为保证电力运行平

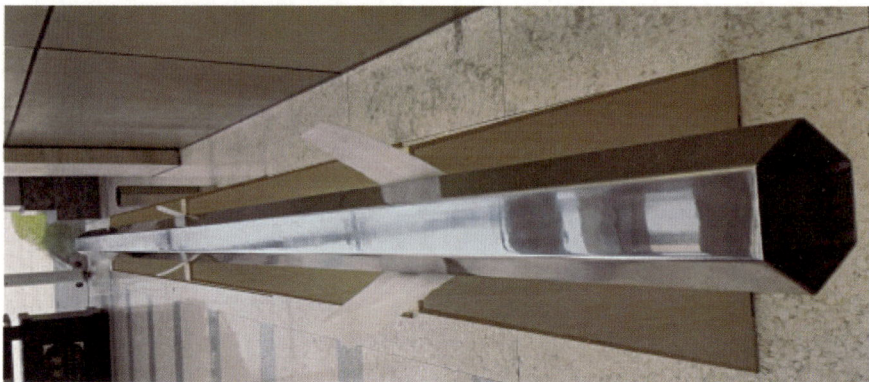

快中子增殖反应堆大六角管

稳，全国 20 多个省（区、市）不得不实行拉闸限电，部分城市甚至实行"停三供四"的紧急措施，电力紧张不仅影响到居民的日常生活，更成为制约中国经济高速发展的因素——提高电力供应成为当务之急。然而当时，电站锅炉业的核心技术被国外垄断，国内 30 万千瓦以上火电机组锅炉的关键材料——高、低加 U 形管全部依赖进口。其交货周期长、价格高，严重制约了我国电站锅炉的发展。2001 年 6 月，银环的市场部门获悉此信息后，庄建新认为实现电站锅炉材料国产化，是解决当下电力发展瓶颈的关键之一，他决定承担这项关键材料的研发任务。

尽管银环已有精密钢管的研发经验，但对电站锅炉的关键材料的研制仍是一片空白，庄建新决定向国际一流企业学习经验，寻求合作的可能。然而，让庄建新没有想到的是，国外一流企业给予他的回应傲慢无礼：他远赴欧洲拜访，却 15 分钟就被打发走人，不允许参观工厂，甚至当庄建新提出在工厂门口拍一张照片时，都被严令禁止。时至今日，谈起当时的经历，庄建新依然感叹不已："我一生当中没有吃到过这种闭门羹。"寻求合作无果，庄建新决定自主研制，再难也要把电站锅炉U形管生产出来，"再难也难不过'两弹一星'。"庄建新说。

仅仅用了一年多的时间，在2003年5月，银环就成功研制生产出中国第一支电站锅炉用不锈钢U形管，一举打破国外长达半个世纪的垄断，并应用在东方锅炉（集团）有限公司首台国产化大型电站锅炉上，填补了国内在这一领域的空白。2004年4月10日，中国首台60万千瓦超临界机组锅炉由东方锅炉研制成功，成为中国国内先进科技水平的代表，引领着中国大型发电设备的发展方向，中国紧张的电力行业欢欣鼓舞。东方锅炉因此成为"国产化"道路上备受瞩目的明星企业，但却很少有人知道，这套60万千瓦超临界机组锅炉的核心材料——U形管就来自银环，"从这个层面上来说，把我们称为'隐形冠军'是有道理的。"庄建新说。

中国核电用上"中国芯"

随着银环在石油石化、电站锅炉领域取得的成就，从2002年开始，宝银公司就从一个濒临破产的企业转为盈利，并呈现井喷式发展，被业界誉为"管王"。然而，宝银公司并没有就此止步，从2005年开始，进入我国另一个被国外技术掣肘的领域——核电。

"大锻件、主泵、U形管"一直以来是制约核电发展的三大瓶颈，被国家列为重大科技攻关项目。世界各国核电站使用的蒸汽发生器用的管材，被称为"钢管行业金字塔上的明珠"，在当时，仅有法国、日本和瑞典有能力生产，2006年6月，银环与宝钢合资成立宝银特种钢管有限公司，专业研发和生产核电蒸汽发生器用新型管材。仅用了3年时间，宝银公司就成功研制出中国首套百万千瓦级蒸汽发生器用 690 U 形管，并用于广西防城港核电站 1 号机组；2013 年，宝银公司又成功研制出第三代核电技术 CAP1400 蒸发器用 690 U 形管，用于山东石岛湾核电项目。宝银公司在核电站蒸发器用 U 形管取得的成就，打破了国外长达 45 年的技术封锁和垄断，使得中国成为继法国、日本、瑞典之后，第四个有能力制造核电站蒸发器用 U 形管的国家——中国核电终于用上了"中国芯"。

不仅如此，宝银公司还把中国芯推向了海外，2015 年，宝银公司完成巴基斯坦卡拉奇项目中核华龙一号（ACP1000）核电蒸汽发生器用 690 U 管材的交付；2017 年，实现了中广核具有完全自主知识产权的华龙一号（HL1000）核电蒸汽发生器用 690 U 管材的首次出口……

2013 年 11 月，党的十八届三中全会在《中共中央关于全面深化改革若干重大问题的决定》中有一个关键词：混合所有制，《决定》提出要积极发展混合所有制经济，是基本经济制度的重要实现形式。银环公司早在 2006 年，就与宝钢集团合资成立宝银公司承担国家重大科技专项。2009 年，就引入中国唯一以核电为主的国家特大型企业集团——中国广核集团。2014 年，宝银公司再次启动资产重组，引入全球发电装机容量第一的企业集团——中国华能集团，成为国内混合所有制的典范，形成了从上游的原材料供应、到公司的管材制造、延伸到下游的工程应用于一体的合作模式，这种覆盖上下游产业链条的模式推动了宝银公司的持续发展，使得其成为中国钢管市场上的巨头：截至 2018 年年底，核电蒸发器用管材累计供货 1200 吨，国内市场占有率超过 50%；电站锅炉市场占有率超过 60%，并成为该产品国家标准的起草单位；石油化工用管中的小规格换热管每年的销量达到 6000—11000 吨，市场占有率

30%以上。

如果说宝银公司的核电、电站锅炉、石油石化三大传统强项领域均属于常人无法触及的领域，那么宝银公司所涉及的轨道交通领域则与百姓日常活动直接紧密相关：2005 年，宝银公司自主研发高速列车用高精度特种管材，替代出口，实现国产化。宝银公司的管材不仅用在了"复兴号"动车组上，而且还用在了大推力运载火箭、大飞机发动机等航空航天高端管材领域，以及新一代战机、核潜艇、核航母等军工重大装备领域。

掌握核心技术才是硬道理

从 1998 年为燕山石化提供高精度无缝不锈钢管开始，宝银公司的国产化之路已经走过 20 年，在回顾宝银公司的发展历程时，庄建新坚信，唯有掌握核心技术才能拥有话语权。

庄建新记得，当银环掌握了核心技术之后，之前傲慢的国际一流同行迅速送来了橄榄枝——在当时公司净资产仅为 7000 万元的情况下，希望以 5 亿欧元收购宝银公司，并允诺以年薪数十万美元让庄建新在公司担任副总裁，每年工作时间仅 9 个月，工作比较轻松。但庄建新毫不犹豫地拒绝了外国公司的收购——庄建新对宝银公司有情怀，更有责任：国家强大才有话语权，而一个国家要强大，就必须要有自己的科技创新成果做支撑，能够生产制造出过去国外制约垄断"卡脖子"的关键材料和核心部件。

尽管旧时国外企业的傲慢依然历历在目，但现在的庄建新却十分感谢当时国外企业拒绝与宝银公司合作。他说："正是因为他们的封锁，才让我们没有沿用国外技术，而是颠覆性把他们之前的技术推翻掉。"宝银公司从一张白纸开始，完全自主研发，依靠研制成果和技术跻身全球前列。

2007 年 6 月 10 日，时任联合国副秘书长沙祖康到宝银公司视察，对于宝银公司的发展感到非常震撼，说："我身为宜兴人，宜兴有这样的企业我很自豪；而我作为中国人，中国能有这样的企业，我更加钦佩。"沙祖康副秘书长当场兴至，临时决意为宝银公司题词：振兴民族工业，为国争光扬威。

截至目前，宝银公司取得了 54 项专利，制定 9 项国家标准，承担并完成了 4 项国家科技重大专项子课题的研究任务，研发了 24 项替代进口的新产品，成为中国关键材料国产化之路上的中坚力量。

作为企业的管理者，又是钢管领域的技术专家，深知技术重要性的庄建新在科研上的投入不遗余力，宝银公司建设了"三站两中心"："院士工作站""博士后科研工作站""研究生工作站""先进钢铁材料技术国家工程研究中心银环分中心""江苏省高性能特种精密钢管工程技术研究中心"，并与清华大学、钢铁研究总院、北京科技大学、江苏大学等多家国内知名院校建立了产学研合作关系，聚集了海内外一大批优秀的高端人才，其中中科院院士、核反应堆工程与安全专家、清华大学前校长王大中先生就是宝银公司的高级顾问之一。而在人才培养上，庄建新积极培养年轻人，"年轻人的潜力是不可低估的"。为此，宝银公司一直奉行着"依托 70 后，重用 80 后，培养 90 后"的阶梯建设理念，以及"5% 后备干部、5% 优秀、5% 淘汰"的培养模式，激发老员工工作热情，留住优秀新员工，为宝银公司的持续发展提供人才储备。

历史的荣耀并不能保证未来的成就，庄建新说，提高竞争能力就是不要躺在过去的功劳簿上。过去的世界领先并不等于今后的世界领先，所以一定要不断地技术创新。宝银公司一直秉承着"研发一代、生产一代、储备一代"的发展思路，目前，宝银公司已经成为全球唯一一家有能力研制第四代核电技术高温气冷堆蒸汽发生器用换热组件的高端装备制造型企业。

讲正气、说真话、做实事

由于多年的劳累，庄建新患有严重的腰椎间盘突出，他扶着椅背站着接受整个采访。在采访过程中，庄建新多次提及两个人：毛泽东和自己的父亲——这是他一生最为敬佩的两个人，他们对于庄建新的价值观和宝银公司企业文化的形成有着重要的影响。

尽管在中国国产化之路上作出了卓越的贡献，但是庄建新很少接受采访，其一直谨遵父亲"少说多做"的教导，庄建新说："做人不是靠嘴巴说出来的，老实做人，踏实做事，作出业绩，人家才认你。"在平时，庄建新喜欢研究毛泽东思想，他发现，毛泽东在精通马克思思想的同时，把"打土豪、分田地"等浅显易懂的语句让普通百姓明白，在战争年代提出"官教兵、兵教官"的军队文化，在和平建设年代提出"核潜艇，一万年也要搞出来"的大无畏精神，毛泽东思想是理论与实践相结合，越简单才越有效。于是，庄建新在建立企业文化时，放弃了冗长的企业文化教义，将其简单归纳为三组词语"讲正气、说真话、做实事"：讲正气是做人根本；有了问题，大家敢于讲真话，企业才能持续改进；而做实事则与父亲的教诲不谋而合，通过做实事而求得实效。"员工通过宣誓，就能明白这个企业到底是一个什么样的企业。"庄建新说。

"有国才有家"是庄父从小给庄建新灌输的另外一个价值观，

"我们既要尊重历史，更要敬重历史，我们中国发展到现在为什么在国际上有如此的地位，它就不是空泛的理念，它是把经济建设作为一个核心，把强国富民作为自己的党的中心工作。"在管理上，庄建新坚持将党组织跟经营班子有机结合，党委是火车头，党员是发动机，党员作为带头人和标杆，将"企业利益与国家利益息息相关"的理念潜移默化地影响到每一名员工。

尽管宝银公司在核电领域为我国实现国产化、打破国外技术的封锁作出了巨大贡献，然而就公司核电领域的经营来说却不容乐观。2011年3月，日本福岛核事故引发全球关注，中国暂停审批所有核电项目，为此对宝银公司产生重大影响。尽管市场空间变小，但是核电国产化之路的投入还在继续，因此，宝银公司的核电专用生产线年年亏损，最多一年亏损超过7600万元，不断消耗着银环公司原来的经营积累，庄建新也是在这期间迅速白了头。不过，庄建新从来没有打算放弃核电领域国产化之路，习近平总书记在中央工作会议及媒体上多次提及"不忘初心"，而对于庄建新来说，自主研发的核心技术来之不易，坚持自主化、国产化，就是自己的初心，他说："我还能够为公司、为社会、为国家做一点事，这就是我的价值。"

庄建新把宝银公司的发展分为两个阶段，第一阶段是完成了国家重大专项，技术的研发和产品的公认化应用在这个阶段已经完成了，而目前宝银公司正处于第二阶段——负重爬坡，在国产化之路上，向经营规模、经济效益、企业竞争力这三个方面下苦功夫，"国内领先是必需的，去跟世界强者竞争，保持国际一流才是你的地位。"庄建新由衷地感叹。

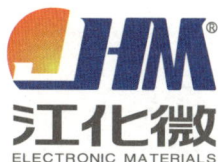

第十四篇

江化微：信息技术高速发展背后的支撑

骆　丹

世界正在迈向信息化。从 20 世纪 90 年代网络时代的到来开始，信息技术革命使人类社会发生了翻天覆地的变化，仅仅 20 多年，以信息技术为代表的现代高新技术就跨入世界第一大产业阵营。毫无疑问，未来国际竞争的核心因素之一就在这场无硝烟的战场之上。

早在改革开放初期，邓小平就提出了"开发信息资源，服务四化建设"，2005 年，国家出台《国家信息化发展战略（2006—2020年）》，信息化上升为国家发展战略，2010 年国务院颁布《关于加快培育和发展战略性新兴产业的决定》中，将新一代信息技术列为国家的七大战略性新兴产业之一，其中包括下一代通信网络、物联网、三网融合、新兴平板显示、高性能集成电路和以云计算为代表的高端软件六个方面。一时间，人们在为中国信息技术取得跨越式发展振臂高呼时，可能并不会注意到在它们的背后，还有一群为之默默服务的供应商——湿电子化学品。湿电子化学品为新一代信息

技术的重要基础性关键化学材料，其发展程度将直接影响新型平板显示、高性能集成电路的发展速度。

在国际上，湿电子化学品市场三分天下：以德国巴斯夫公司、美国亚什兰集团、德国 E.Merck 公司、美国霍尼韦尔公司等为代表的欧美企业占据世界市场份额约 35%，日本 10 家左右湿电子化学企业占据市场份额约 27%；韩国、中国大陆及中国台湾地区占据市场份额约 35%，然而在这一板块中，韩国与中国台湾的技术又略高一筹，中国大陆能与欧美及日本企业进行比拼的仅有为数不多的几家企业，位于江苏省江阴市周庄镇的江阴江化微电子材料股份有限公司（以下简称"江化微"）是其中之一。

阵痛裂变

2017 年 4 月 10 日，当用手中绑着红绸的鼓棒敲响上海证券交易所里的上市大锣时，江化微的董事长殷福华百感交集：2009 年着手上市后不久，江化微经历转型阵痛，甚至一度搁置 IPO，时隔 8 年，终于在此时敲响上市的钟声——江化微的上市之路走得并不容易。

　　殷福华还记得第一次走进化学试剂厂的欣喜与激动，1986年，18岁的殷福华开始就职于江阴市化学试剂厂，一工作就是15年，在此期间，带领他的老师来自北京化学试剂研究所，这所创立于1958年的老牌研究所是我国研究湿电子化学品的先驱，在1980年就率先成功研制出可用于大规模集成电路及半导体器件制造的适合5μm技术用的超净高纯试剂MOS级试剂。在老师的带领下，殷福华成为湿电子化学技术的专业人才。2001年，殷福华离开化学试剂厂，加入江阴市江化微电子材料有限公司，专攻湿电子化学材料。在当时，江化微的注册资本仅50万元，公司仅有几个小产品生产线，条件极其艰苦。然而，即便是在这种情况下，2002年江化微顺利进入半导体领域，2004年进入太阳能领域，2007年进入平板显示领域，江化微目前三大业务板块雏形渐显。在很长一段时间里，江化微将公司的主营业务瞄准在了当时的活力产业"太阳能"上：1998年，政府开始关注太阳能发电，2001年国家推出"光明工程计划"，旨在通过太阳能光伏发电解决偏远山区用电问题，2007年《可再生能源中长期发展规划》出台，2009年7月16日财政部、科技部、国家能源局联合发布《关于实施金太阳示范工程的通知》。一系列的政策支持让太阳能产业迅速发展，江化微抓住时机，以"生产太阳能电池板制造工艺中用于清洗制碱等功能的湿电子化学品"为主要业务，迅速在市场上站稳脚跟。2009年，江化微销售额突破亿元，年利税突破千万元，被江苏省评选为江苏省高新技术企业。

就在这样良好的发展态势下，殷福华开始着手上市，2010年公司进行股改，更名为江阴江化微电子材料股份有限公司。2012年，江化微的江阴市周庄镇云顾路581号新厂落成，不过，整体搬厂的时间比殷福华预期的要晚。而更让殷福华担忧的是公司的未来发展：早在2011年，殷福华就已经感觉到太阳能光伏产业的隐患，在当时，作为国内光伏企业传统大客户的欧洲纷纷削减光伏补贴、下调光伏上网电价，这对依靠出口的国内企业造成重大冲击，而当时的国内市场光伏产能供大于求，殷福华预感到，未来光伏行业可能会走下坡路。而对于湿电子化学品来说，光伏太阳能领域对于其技术要求相对较低，市场进入门槛低，价格竞争激烈，企业很难创造明显优势。在2012年，殷福华果断作出决定，调整产能和布局，将原来占公司超一半业绩的太阳能光伏产业调整到30%以下，公司重心调整到平板显示和半导体产业。

变革式的产业结构调整对于江化微来说是阵痛的，在那一年，公司业绩下滑，IPO不得不暂时搁置。不过，凭借在湿电子化学品上的技术积累，江化微迅速从阵痛中回到正轨，2013年，江化微的产能利用率、产销量以及毛利率水平保持高速增长，IPO也得以重启。而江化微凭借这次转变，也实现了从中低端加工领域到高端应用领域的纵身一跃，在当年，江化微就被认定为国家火炬计划高新技术企业，产品大批量进入知名高世代面板企业（主要生产32英寸以上的大尺寸液晶面板，一般界定为六代线以上）。2016年，江化微重点产品成功申报国家强基项目，2017 年 4 月 10 日，江化微终于登录上海证券交易所。殷福华说："上市之后的责任更大了，前进的步伐不能停息，每一个决策，每一步规划，都必须想想有什么能够回报给股民。"

紧跟信息技术的发展

"越高端的研究，资产投入就越大。跨到上市的平台，就是为了能够为企业技术的发展提供资金保障，支持企业可持续发展下去。"殷福华是江化微的董事长，同时也是湿电子化学领域的专家，公司好几项发明专利均出自殷福华之手，因此他深刻明白技术对于一家湿电子化学品企业的重要性。

湿电子化学产业有"迭代快"的特性，来源于信息技术的迭代需求。信息技术发展日新月异，以集成电路为例，在过去有一个著名的摩尔定律：集成电路上容纳的元器件数量每隔 18—24 个月就会增加一倍，性能也将提升一倍，而随着纳米科技的发展，集成电路的革新要求也将更高。半导体的工艺分为芯片设计、前端晶圆制造、后端封装测试，前端晶圆制造是其中的核心工艺，而在整个晶圆制造过程中，需要湿电子化学品对其进行反复十几次的清洗、蚀刻等，湿电子化学品的质量高低将直接影响到集成电路的成品率、电性能及可靠性。如果国内电子化学技术不能及时跟进，即便中国有世界前沿的芯片设计，一旦国外企业对中国进行制约，芯片也无法在国内实现量产，"我们的行业真的是国家信息技术发展的一个卡脖子的工程。"殷福华说。也正因此，为了满足国内集成电路的发展，国家将湿电子化学品中的超净高纯试剂的研发列入科技攻关

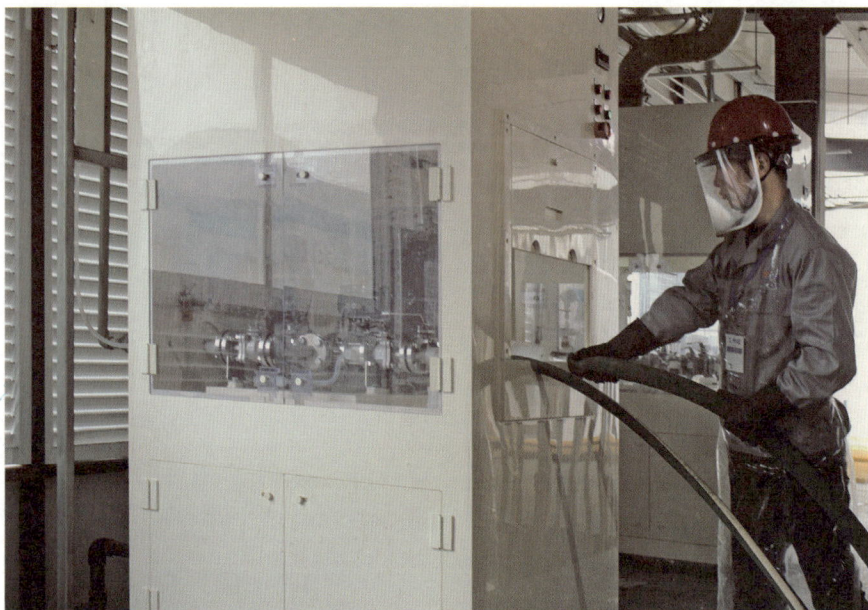

计划。

为了紧跟下游电子行业的发展趋势，江化微保持着"研发一代、产业化一代、销售一代"的指导思想，不断加大技术投入：与南京大学建立了稳定的合作关系，进行前瞻性研发，并建立江苏省企业技术中心和江苏省超高纯湿电子化学品工程技术中心，研发人员38名，占公司人员近15%，研发中心投入超3000万元，年研发费用投入近2000万元。得益于此，目前江化微每年投入市场新品销售不低于总销售的25%，截至2018年年底，公司拥有61项专利，其中22项为发明专利，38项为实用新型专利，1项为外观设计专利，产品达同类国际先进水平，成为国内产品品种最齐全、配套能力最强的湿电子化学品生产企业之一，被行业协会认定为湿电子化学品细分行业的领军企业，并为国内一流企业中芯国际、三星、京东方、中电熊猫、华润微电子、士兰微电子等提供稳定湿电子化学品供应服务。

按照国际半导体产业协会（SEMI）制定的标准，湿电子化学品的质量分为 G1 到 G5 五个等级，等级越高，技术要求也越高。目前，江化微湿电子等级普遍达 G2、G3 水平，部分达到 G4 等级。2017 年 12 月 5 日，江化微在镇江建设年产 22.8 万吨超高纯湿电子化学品、副产品 0.7 万吨工业级化学品及再生项目正式开工建设，占地 180 亩，总投资约 17 亿元。在开工典礼上，殷福华说："（这）将有效提升公司在半导体集成电路和面板显示领域的竞争力和市场占有率，进一步巩固和增强公司在行业中的领先地位。"2020 年二季度末三季度初相关生产装置将陆续建成投产，根据殷福华预计，在 2020 年第三季度前期规划已明确项目将全部建成投产，届时，镇江厂所生产的湿电子化学产品将达到 SEMI 标准的 G4、G5 等级，有望替代进口，打破国外的垄断，积极推进我国高端电子材料的国产化。

以人才为轴

企业发展的核心是人才，从江化微建立开始就确定"以人才为轴，打造企业的核心竞争力"的发展思想。2003 年，江化微引进第一批大学生，并逐渐建立了一套具有江化微特色的现代企业人才管理模式，制定了"以事业留住人，以机制激励人，以各种待遇奖励人"的奖励机制和"用人、管人、开发人"的人才管理机制。早在 2010 年进行股改的时候，江化微将公司的期权和股权，按照贡献大小分配给了关键核心人员和管理人员，让公司的中坚力量成为股东，并在上市后，获得了实际利益收入。从人才进入公司之初，江化微还会为其量身定制职业发展规划，并建立多个平台为人才提供学习机会，使得人才能够在岗位上获得成长。以殷福华近 30 年的湿电子化学产业的经验为代表，江化微管理团队、研发团队、营销团队和生产技术团队核心骨干成员均拥有超过 10 年的电子化学行业经验，而更让殷福华自豪的是，江化微从成立至今，人才流失率为零。

尽管人才管理体系良好，但是江化微仍然在人才的引进上面临着一些窘境。在我国，目前湿电子化学品被划分到化工领域，而普通百姓对于化工领域则持"畏惧"态度。在新闻报道中，化工常与污染、爆炸等词语共同出现，发生致命爆炸的新闻更是屡见不鲜，在 2019 年 3 月 21 日，江苏省盐城市响水县陈家港镇化工园区内天嘉宜化工有限公司突然发生爆炸，造成 47 人死亡、90 人重伤，其惨烈程度无疑让人们对这个行业更加望而生畏。以至于江化微进入院校进行招聘的时候，学生常"谈虎色变"，很大程度上制约了公司技术人才的引进。殷福华说："湿电子化学其实并不同于传统化工行业，我们的工厂中没有化学反应和合成，而是过滤、精馏、混配，以符合信息技术基础材料的需求。"殷福华希望，在未来人们能够更加了解湿电子化学产业，"跟化学联系更少一点，跟电子信息联系更多一点"。

对于江化微今后的发展，公司战略十分明确：深耕湿电子化学品领域，专注于高纯湿电子化学品的研发、生产和销售，有步骤、分层次地进入电子化学品相关领域，致力于成为具有国际竞争力的电子化学品企业，为国内的电子工业提供高端配套电子化学品材料。

在面对客户时，江化微秉承"为客户提供价值、同客户共同成

长"的理念。湿电子化学品基于其超净高纯的特点，对于运输有着极高的要求，且运输成本较高。为此，江化微一方面采用 CMS 系统为客户直接对接公司的物流设备及客户的化学品供应设备，公司的产品通过槽罐车运至客户处后，通过专用接口直接输送至客户的化学品流转系统，实现生产线上化学品的自动补给。另一方面，为了避免长距离运输，江化微积极围绕下游产业布局。如果说长三角地区是中国信息技术展翅大鹏的头部力量，那么西南地区就是这只大鹏的尾巴，从 1953 年开始，国家就陆续在成都建设红光电子管厂、国营锦江电机厂等一大批电子产业，随着国家与当地政府对信息技术产业的支持，成都已经成为中国电子信息产业基地，在成都高新区有中芯国际、京东方、英特尔、格罗方德等 100 余家国内外知名企业入驻。就在镇江项目开工建设的同一年，江化微在紧靠成都的眉山市的成眉石化园区计划总投资 2.97 亿元建厂，预计年产 5

万吨超高纯湿电子化学品，以此来积极响应成都附近湿电子化学品下游企业的需求，从而密切客户关系，依靠地域优势、快速交货、成本优势等获得快速发展。

不可否认，在面对国内高端市场时，江化微不得不面对一个客观存在的发展制约因素：由于中国湿电子化学产业起步较晚，国内整体技术与国际存在一定的差距，在很长一段时间内依赖国外进口，而由于信息技术产业的特殊性、技术壁垒的存在，下游高端产品企业并不愿意轻易承担更换供应商所带来的风险。对此，江化微决定采用"曲线"方式，以为国际领先企业贴牌生产逐步进入高端产品领域，以高质量及高技术含量，在市场中树立起国内湿电子化学品龙头企业的品牌形象，为后续尽早大批量进入下游高端电子产品生产线打下基础，最终更好地实现高端电子化学品国产化。

Q&C 确成硅化
QUECHEN SILICON CHEMICAL

第十五篇
确成硅化：冠军崛起正当时

秦 伟

确成硅化成立之初，我们一直在思考一个问题，我们要给确成硅化一个怎么样的未来？让确成硅化跻身全球二氧化硅行业前三名，在民族精细化工工业历史中写上浓墨重彩的一笔，有梦想才能有未来。"这是确成硅化学股份有限公司（以下简称"确成硅化"）董事长阙伟东在公司成立之时的梦想。

2003 年成立，仅 5 年后产品出口海外，确成硅化是国内首家二氧化硅全产业链制造企业、产品行业标准的制定单位。如今确成硅化已成长为全球第三、亚洲第一的二氧化硅专业制造商。

定目标，全产业链谋篇布局

"大多数人听到'确成硅化'都有一个疑问——你们是做什么的？"阙伟东的开场白也解答了笔者的疑问，"我们是生产二氧化硅的，二氧化硅是什么呢？其实在座的各位每天都在用这个产品。我

相信每个人都开车吧？不开车难道不乘车吗？一个车子尤其是高性能的子午线轮胎里，35%是二氧化硅，因为用了这个材料之后，比用炭黑生产的轮胎更节油。二氧化硅做成的轮胎有两大优势：一是可降低滚动阻力，减少油料消耗；二是能改善轮胎的抗湿滑性能，在湿滑地面刹车距离更短，安全，不会打滑。"因此，欧盟已于2012年11月推出了《轮胎标签法》。

阙伟东大学毕业后最初在无锡市的国营企业从事技术工作，两年后来到无锡恒亨白炭黑有限责任公司，一干就是十多年，从技术员干起，一直做到公司总经理，在无机硅行业积累了丰富的生产、管理、营销等经验。"我预判到，随着中国医药、橡胶等基础产业的飞速发展，白炭黑有着广阔的发展前景。"阙伟东对白炭黑市场前景非常看好。

2003年1月，阙伟东任锡山区东港镇东青河村党总支书记，当时在苏南地区，正兴起党员干部创业办企业的浪潮，凭借多年积累的经验，阙伟东跨出了重大步伐，在东港镇东青河村的白地上，创立了无锡确成硅化学有限公司和无锡东沃化能有限公司。两个公司共用一套人员班子，共同占地100亩。考虑到船运物流成本低及

安全因素，厂址选于锡张运河东岸，建有大型运输码头。

确成硅化首期建设规模年产 1.5 万吨沉淀水合二氧化硅（白炭黑）。无锡东沃化能有限公司首期建设规模为年产 20 万吨硫酸和循环配套一台 6000kW 发电机组，主产品为工业级硫酸，副产品是蒸汽和电力，蒸汽和电力供应确成硅化使用，硫酸部分对外销售。既环保，又大大节约能源。

白炭黑，学名沉淀水合二氧化硅，对于很多人来说是一个陌生而又新奇的东西，作为"绿色轮胎"重要的补强材料却早早就被欧美大型跨国公司所垄断。作为涉及乘客安全的轮胎产品的原材料，高分散二氧化硅产品的销售需要首先通过汽车厂商客户认证，而得到国内客户认证通常需要一年半到两年时间，国际客户认证则需要两年到四年。再加上生产工艺方面的门槛，高分散二氧化硅生产领域的厂家并不多。

使用低聚高分散二氧化硅制造的绿色轮胎，可以显著降低轮胎滚动阻力，改善轮胎抗湿滑性能，减少燃油消耗。优点显著的绿色轮胎已经成为国际轮胎行业的主流趋势，欧洲市场乘用车绿色轮胎普及率已经接近 100%，北美、亚太等主要市场也在快速发展。根据米其林集团的预测，到 2020 年全球轮胎市场价值有望达到 1998 亿美元，其中绿色轮胎达到 926 亿美元，占全球轮胎市场的 46.5%。

因此，确成硅化成立时就定位于行业中高端市场，做高附加值产品，用金字塔中部的价格，向金字塔顶部 20% 的客户提供优质的产品。

"从一开始就引入现代化的管理理念与运营模式，聘请一名台湾管理专家，牵头与公司管理人员一起，制定出了公司组织架构及各项管理制度。按照要求，开始就对操作人员进行全封闭的系统化培训，考试合格者才能取得上岗资格。"阙伟东回忆说，"我们确定'诚信、主动、责任、合作、速度、创新'的确成硅化价值观，并以保障品质的全产业模式来谋篇布局。"

2006 年底，确成硅化第二期项目开始建设，规模为年产 3 万吨白炭黑。单套产能与当时全世界最大的二氧化硅生产线相同。使用了欧洲制造的压力式喷雾干燥装置、调压隔膜泵等设备。

随着规模的不断扩大，成长的烦恼随之而来。"生产量的迅猛增长，带来了我对生产白炭黑主要原材料硅酸钠供应保障的担忧；再加上国际市场竞争加剧，原料品质和抢占价格优势显得至关重要。"阙伟东的战略眼光再次显现，"2007 年初，我决定到安徽省凤阳县板桥镇投资建设全资子公司。这地方是中国最大的优质石英砂生产基地，储藏量达 50 亿吨。"2007 年 9 月，确成硅化与安徽省凤阳县人民政府签订了投资协议，厂址选择在水路运输非常便利的淮河东岸。

2012 年 2 月 25 日，安徽工厂的第一条年产 7 万吨低聚高分散二氧化硅单套装置竣工投产。阙伟东非常自豪地说："10 年时间，确成硅化从无到有，总产能达到 25 万吨，成为亚太区重要的白炭黑生产企业。公司无论是在技术水平、研发能力，还是在管理水平和市场开拓等方面都取得了长足的进步。"

2017 年 10 月公司并购了原同行厂家福建海能新材料有限公司，并在 2018 年 10 月恢复生产。

"确成硅化从成立之初就坚持自主创新，当国内同行都在生产主要用于鞋类和普通轮胎的普通二氧化硅的时候，确成硅化在 2007 年就率先掌握了低聚高分散二氧化硅生产技术，拥有了与德固赛、罗地亚等跨国公司同场竞技的资格。"

"仅用 10 年时间（2003—2012 年），我们已发展成为亚太区非常有影响力的白炭黑企业。"回顾创业"十年磨一剑"的经历，阙伟东内心也充满波折，"确成人不会忘记 2008 年全球金融危机沉着应对的决心和坚守。"

"见事早、行动快、力度大"是业内人士对确成硅化的评价。但阙伟东对于成功也有自己的解释：

第一是专业化。10 年来，我们一直心无旁骛地在白炭黑行业发展，尤其是高性能子午线轮胎用白炭黑的开拓。

第二是打造了综合一体化的全产业链。无锡工厂从硫黄开始到成品，安徽工厂从石英砂开始到硅酸钠，硅酸钠部分供应总部，部分就地加工成白炭黑，再加上装备的效率和自动化程度非常高，所以成本相对较低。

第三是在研发上持续投入。我们聘请多名国内外知名专家担任研发顾问，超过年销售额 3% 的资金用于研发创新。公司设立了分支机构无锡新材料技术研究院。公司是国家重点高新技术企业，并正在创建国家级企业技术中心。

　　第四是两化融合。我们坚持信息化带动工业化，子公司建到哪里，ERP 就同步到哪里。信息系统大幅提高了工作效率，并有效利用集团资源来控制企业内部的风险，提高了整体管理水平。

　　第五是始终紧贴市场。我们按照客户的需求发展产能，所以产品很畅销，客户也都是国际上相关行业的领跑者。优质的客户资源也是公司不断发展、创新的动力。

稳增长，向管理要效率

　　2008 年，国际金融危机爆发，精细化工行业也深受影响。直至 2009 年，全行业也未从"经济寒冬"中恢复。"外需增长乏力，企业内部生产成本持续上升，全行业都处在一个低谷。"回忆起危机中的抉择，阙伟东也不免有些自豪，"有危就有机，危机中往往蕴含机遇！"

　　2009 年 10 月 17—18 日，确成硅化在无锡市太湖边的桃源山庄召开了一个具有历史意义的集训会议，会议邀请了中欧工商管理学院的多名专家参与指导。会议经过充分讨论，作出了一系列影响深远的决定。会议讨论并决定了：

公司使命：发展和引领中国民族精细化工业。

公司愿景：5 年内成为世界二氧化硅行业的前三名。

公司文化：诚信，主动，责任，合作，速度，创新。

为实现这个目标，2010 年公司启动扩能建设：1 月，先是安徽凤阳县公司建设人员进驻现场，开始建设两个 90 平方米硅酸钠窑炉，年产量 14 万吨。同时，开建年产 6 万吨的二氧化硅生产线。2012 年 7 月第一条硅酸钠生产线投产，2013 年 3 月第二条硅酸钠生产线投产；2014 年 2 月年产 6 万吨高分散二氧化硅生产线投产。

无锡本部 2010 年动工建设三期项目，两条生产线年产 3 万吨高分散二氧化硅。2012 年 7 月，第三条二氧化硅生产线投产；2013 年 3 月第四条二氧化硅生产线投产。

这几记组合拳"快、准、狠"，为确成硅化未来 5 年的稳定、高速增长打下坚实基础。

到 2014 年 2 月份，无锡本部四条水合二氧化硅生产线、一条水合二氧化硅造粒生产线开足马力生产；安徽一条水合二氧化硅生产线也是忙得夜以继日。整个公司年产能达到了 21 万吨，实现了公司提出的"白炭黑产量全国第一、全球第三"的 5 年目标。

确成硅化抓住经济发展适度放缓形成的空间，敏锐洞察国内外市场形势，把握新一轮"市场洗牌"的机遇，逆势扩张。"确成硅化以项目建设稳增长、促转型，以大项目带动大发展。"在扩张过程中的阙伟东也非常清醒，"我们意识到'大而不强'对企业未来意味着什么！"

2011 年，确成硅化开始了向管理要效率的精细化管理之路。"实施 ERP 管理系统。"阙伟东介绍，"我们希望以信息化带动工业化，实现两化融合。"ERP 管理的显著特点是能够优化企业的资源，是基于网络经济时代的新一代信息系统。它主要用于改善企业业务流程以提高企业核心竞争力。同时重新构建企业的业务和信息流程及组织结构，使企业在市场竞争中有更大的能动性。

"ERP 体系作为确成硅化决策运行的管理平台。"阙伟东继续介绍道，"这一系统的实施对确成硅化合理调配资源、严格控制成本、按时完成订单、提高生产效率起到了至关重要的作用，企业价值和优势得以更好体现！"

与此同时，确成硅化聘请知名咨询机构对公司从组织机构到管理制度进行大梳理。并以此为契机，建立现代企业管理制度，完善内部控制体系。此时，确成硅化现代制度与两化融合深入企业管理体系及生产内控体系，"强管理、练内功"为确成硅化"调结构、促转型"奠定基础。

在金融危机持续影响中，确成硅化奏响了"以抓创新为动力，以调结构为手段，以促转型为目标"的主旋律，变危为机！

在创新中调结构，在创新中促转型，加快产业结构的战略性调整，形成以低聚高分散二氧化硅产品为主体，以全产业链、规模化运营引领，以研发为动力的创新型产业体系。围绕这一目标，确成硅化对转变发展方式提出了自己的考量——绿色环保、可持续发展是最好的，也是唯一的答案。

树理念，成为全球主要的绿色新材料供应商

在 20 世纪 90 年代，随着绿色环保的不断深入人心，许多轮胎制造厂商注入资金开始研发和生产。而作为轮胎中的领跑者——米其林轮胎就用二氧化硅代替了炭黑，推出被称为"绿色轮胎"的第一代环保节能胎，不仅拥有黑色轮胎的耐磨度，而且也有足够的摩擦力，在二氧化硅技术帮助下，米其林轮胎阻力再降 20%。

确成硅化也意识到绿色环保将会是未来发展的主线，果断调整产品结构，生产低能耗绿色环保轮胎专用的低聚高分散二氧化硅。"相对于传统型的二氧化硅，低聚高分散二氧化硅的结构独特，具备良好的可分散性和加工性，能有效地降低轮胎滚动阻力，同时改善轮胎的抗湿滑性。"阚伟东解释道。

低聚高分散技术使确成硅化的系列产品成为市场中重要的创新型产品，作为汽车用轮胎工业的重要供应商，"确成硅化的产品在提高轮胎性能的同时兼顾轮胎生产成本，保障客户的经济性，也让车辆减少二氧化碳排放，新型轮胎的抗湿滑性更增加了驾乘人员的

安全！"阙伟东颇为自豪地表示，"确成硅化的新型系列产品以中国轮胎用白炭黑市场占有率第一的成绩得到了全球领先轮胎制造商的认可。"

绿色制造、智能制造是中国制造升级"新引擎"，绿色制造是生态发展的需要，也是中国制造向高端发展的必然选择。绿色制造侧重降低消耗，智能制造侧重提质增效，两者相互补充，更相互促进，不可分割。"走绿色制造和智能制造之路也是确成硅化的必然选择。"阙伟东对此非常笃定。

"绿色环保、可持续发展是确成的一项基本责任。"绿色环保在阙伟东的心中一直是重中之重，"确成硅化以'成为全球主要的绿色新材料供应商'为使命，坚持绿色、环保的可持续发展道路。'确成 ®''Newsil®'系列高分散二氧化硅产品已成为市场中重要的创新型产品，为实现汽车工业的可持续发展作出了贡献。'确成 ®''Newsil®'是中国橡胶工业协会向橡胶企业推荐的唯一二氧化硅（白炭黑）品牌。"

"我们还通过节能减排、资源回收利用，在生产运营全过程贯彻绿色环保、可持续发展这一理念。"据阙伟东介绍，2010 年，公司利用制备硫酸所产生的余热生产蒸汽，通过发电机组生产电力。在不增加能源消耗的情况下，低温回收装置每年多生产的蒸汽，相当于每年减少二氧化碳排放 2 万吨。中国石油和化学工业联合会授予确成公司"十一五"全国石油和化工环保先进单位的称号。

工欲善其事，必先利其器。确成硅化单条生产线的产能规模都比较大，同行企业的单线产能一般为 2 万吨左右，但确成硅化却达到 6 万吨。同样的占地，同样的人员，更大的产能意味着更高的单位产出。同时，考虑到人力成本提高和智能化制造的大趋势，确成硅化在生产线上尽可能多地使用自动化设备。阙伟东的思路是高举高打，生产装备一定要达到世界一流。

"创新是确成硅化成立之时就确定的核心价值观，也是确成硅化走绿色制造、智能制造之路的动力之源。"阙伟东表示，"没有强大的创新能力，稳增长、调结构就是空谈，绿色制造、智能制造也只能流于形式。"

阙伟东对确成硅化的创新能力非常重视也非常有自信，公司始终将技术研发与储备放在重要地位，并从组织机构、外部技术合作、人才培养等多方面提供保障，通过多年深耕主业，在二氧化硅行业积累了强大的技术优势。2017年，公司核心产品高分散二氧化硅生产技术获得中国石油和化学工业联合会颁发的科技进步二等奖。

说起创新能力的建设，阙伟东颇有感慨："2012年，全球金融危机的影响还在，大家都抱团取暖。经济下行，行业不景气，我们该做些什么，该怎么做？"

确成硅化决定整合原有的研发中心，拿出3000万元成立了确成硅化股份有限公司无锡新材料技术研究院，并聘请国内外知名的专家团队担任公司首席科学家及技术顾问。

技术研究院在2012年被江苏省科技厅认定为"江苏省（确成）无机硅化物工程技术研究中心"；2015年被江苏省经信委认定为"确成硅化学股份有限公司企业技术中心"；2016年被江苏省发改委认定为"江苏省无机硅化物工程中心"；2016年成为"江苏省博士后创新实践基地"。

到目前为止，公司具有授权专利近百项，其中发明专利近30项；主持及参与制定国家及行业标准近20项；承担多项省市级科技研发项目。

谋未来，全球化是隐形冠军的必然选择

15 年时间，确成硅化成功跻身全球前三名，回答了成立之时阙伟东心中的第一个问题"我们给确成硅化一个怎么样的未来？"站在一个新起点，阙伟东又提出了一个新问题，"我们给未来一个什么样的确成硅化？"

阙伟东表示，目前国内白炭黑市场供求基本平衡，但结构性矛盾突出。"低端产品产能过剩，以高分散白炭黑为代表的高端白炭黑产品需求旺盛，部分产品依赖进口。这给拥有自主先进技术的公司带来广阔发展空间。"

确成硅化的白炭黑产品主要应用在橡胶、动物营养品载体与口腔护理等下游领域。在橡胶工业领域，绿色轮胎配套专用材料高分散白炭黑发展最快。"随着国际轮胎巨头对公司产品认证的不断通过，公司在过去 5 年新建设投产的高分散白炭黑生产线正逐步接近达产目标。"阙伟东称，"国内轮胎标签分级法规的逐步落实，预计到 2020 年高分散白炭黑国内市场需求将爆发。而沉淀法白炭黑的行业发展将围绕产业升级主旋律，低端和落后产能逐步淘汰，以高分散白炭黑为代表的高端产品将得到快速发展。"

同时，公司动物营养品载体类产品取得稳步发展，口腔护理类产品牙膏增稠剂和摩擦剂已获得国际日用消费品巨头的实验室产品认证，将根据企业自身发展计划和资金情况逐步投入商用。阙伟东表示，眼下被国外公司垄断的口腔护理、食品、医药以及其他工业用途的高端白炭黑产品有望逐步打破垄断格局，更多的"中国制造"高端产品国内市场份额将得到比较大的提高，并参与国际市场

竞争。

"现在的确成硅化已经是亚洲最大的白炭黑生产企业！"阙伟东的目标非常明确，"未来十年，确成硅化要成为行业的全球第一，要成为名副其实的隐形冠军！"

"目标说出来容易，但是背后隐藏的东西、内涵很多，做起来非常难，虽然15年追赶了那么多企业，但前面还有两个都是国际老品牌。"对于目标的实现，阙伟东也是有的放矢，"要想成为老大，成为行业领导者，必须全球化，全球化是成为行业领导者的必然选择！"

"为什么要全球化、国际化？"面对笔者的问题，阙伟东这样回答：

一是规避物流成本、汇率风险以及与国际贸易相关的风险。欧洲是绿色轮胎标签化法案的发源地，也是确成硅化非常重要的市场，确成硅化的低聚高分散白炭黑是生产绿色轮胎不可或缺的原材料，欧洲建厂可以更贴近客户，更好地满足客户的需求。

二是研发团队能接触到更前沿的技术，与欧洲的主要客户共同研发，也能吸引到一流的人才。

三是可以和竞争伙伴在一个平台上竞争。确成硅化在欧洲建立高水平的生产基地和研发中心，就是希望能与赢创、索尔维等企业站在同一起跑线上。作为一个民族企业，与国际领先的公司同台竞技也是我们的目标。

"'走出去'，您最担心的是什么？"笔者抛出第二个问题。"国际化的路径我们也在探索。想并购，但是也有担心，收购以后文化冲突怎么办？客观上，愿意被我们并购的企业，我们大都看不上，我们看上的企业往往比我们大。"对于这个问题，阙伟东也不无担忧，"最终我们还是考虑先投资自建，将来具备跨国企业的管理经验后，可考虑并购。"

"泰国是亚太地区最大的天然胶生产基地，近年来吸引了包括中国在内的多家轮胎、橡胶制品生产企业在泰国设厂，泰国成为亚太地区仅次于中国的轮胎、橡胶制品生产基地，白炭黑需求前景空前广阔；再有泰国向东盟市场具有强辐射能力，由此促成了我首选在泰国设立第一个海外工厂的决心。"投资自建选址泰国，阙伟东经过深思熟虑，在泰国建厂可以为"走出去"轮胎企业解决白炭黑原材料需要从国内进口存在的关税、运距长导致的产品成本提高等问题，为"走出去"的中国轮胎企业解决白炭黑原材料在当地的配套。

2016 年，确成硅化以自有资金设立确成硅化（泰国）有限公司，从事白炭黑的研发、生产和销售。目前，确成硅化泰国生产基地已经开始运营，确成硅化成为国内同行中第一家出海发展的企业。

但在阙伟东心中一直有个梦，与世界巨擘同场竞技的梦！

"白炭黑产品是欧洲发明的，目前的应用也主要集中在欧洲，所以我们想把欧洲的高端研发人才吸收到确成硅化来，实现人才对接。我们通过在欧洲的生产和销售来支持研发机构，研发成果带动国内公司及产品的发展，形成良性循环。"2018 年 1 月 9 日，确成硅化学股份有限公司与法方签署投资意向书；2019 年 1 月 22 日，公司在巴黎与马赛港区正式签订投资协议。"不经意了解到，我们公司是中国企业到欧盟从空地建厂的第一家新材料企业。"阙伟东称，这也意味着公司将直接与国际行业巨头展开正面交锋。

对话最后，阙伟东满怀信心地说，"我计划再用十年时间，坚持'产品领先、效率与科技驱动、全球化经营'的发展战略，以'诚信、主动、责任、合作、速度、创新'的公司文化为感召力，推进全球产业新布局，成为全球最大的二氧化硅生产企业，实现公司确立的'发展和引领中国民族精细化工业'的新使命。"

志存十年冲击世界第一的目标，阙伟东看重的不是规模，而是强大的竞争力。他希望在企业规模扩大的时候，继续在白炭黑领域深耕细作。在新材料领域"做小强，不做大胖"。阙伟东的想法一直很单纯。

在不断成长的过程中，"大"并没有成为确成硅化持续发展的桎梏，它始终清醒地保持着自己的思考，葆有着强大的竞争力。

第十六篇
英特派：先做强后做大

黎光寿

　　论知名度，无锡英特派金属制品有限公司（以下简称"英特派"）绝对不是一家知名的企业——当您用搜索引擎在网上查询的时候，只能查到很少的几篇报道，但如果要把这家公司放进中国2000多家贵金属企业中去排名，其在企业规模、创新与效益等指标上，却能夺冠。

　　数据显示，英特派目前已经在国内TFT贵金属装备、玻璃纤维装备和贵金属仪表材料三类产品领域处于行业领先地位，尤其是TFT贵金属装备制造为国内首创，填补了国内该类产品的空白，玻璃纤维装备的制造则占据了国内市场的绝大部分。

　　如果回溯到2002年创业开始，创始人尹克勤刚刚从重庆的一家大型国有企业辞职，极度缺乏创业资金，英特派只能租用闲置厂房生产一些实验室用的贵金属小器皿，艰难维持生产。而今天，英特派已经是一家注册资本1.1亿元、年销售收入15亿元的从事高纯度贵金属研究、新材料研究以及现代工业用贵金属装备生产，集

科研、制造、服务于一体的龙头企业。

英特派 17 年以来的创业经历，究竟经历了什么？尹克勤和他的团队究竟是怎么一路走过来的？有哪些成功的经验和值得吸取的教训引起世人所关注？

伟大梦想从旧厂房起家

尹克勤祖籍江苏宜兴，8 岁那年，随参加三线建设的父母迁至重庆，在四川仪表总厂（简称"川仪厂"）院内长大，从四川仪表工业学院毕业后，成为川仪厂的一名员工，学习永不停止，2007年重庆大学在职硕士毕业。

川仪厂是 20 世纪 80 年代中国三大仪表基地之一，但刚刚改革开放的中国，贵金属在工业上的运用才刚起步，只能制造一些简单的测温仪器，或是实验室里用的小器皿等，许多核心技术都为西方发达国家所垄断。

在 20 世纪末，电视机已经在国内普及，但生产 CRT 显示器的

贵金属装备仍需从美国、日本、德国进口。一次美国康宁公司技术员来川仪厂指导，尹克勤突然发现，随着中国经济的发展，电视机等家用电器将在中国大放异彩，而生产CRT显示器的贵金属装备在中国一定有十分广阔的市场前景。

凭着高超的专业能力、勤恳认真的工作态度，尹克勤很快从一名普通工人被提拔为车间主任、市场部部长，直至川仪厂副厂长。2001年，已担任川仪厂副厂长的尹克勤希望把贵金属独立出来，专门研发制造贵金属装备，甚至可以引入外部资本，壮大自身实力，但这个提议却被厂里否决了。

"当时川仪厂正处于困难时期，在那个大环境下对贵金属的认识不够，注定得不到很好的发展。"尹克勤告诉记者，事后他决定辞职，抓住贵金属行业发展的机会，"当时我感觉贵金属材料的应用是越来越广，但国内没有系统和完整的生产厂家，科研单位和企业所用的贵金属材料及生产设备，都要从国外进口。"

2002 年，离开川仪厂的尹克勤回到家乡无锡，组建英特派公司，跟随他从重庆一路过来的共有 20 多人，"我的想法是做一个民族贵金属生产企业"，可是当时国内能看到贵金属领域未来的人不多，项目无人投资。公司借钱 100 多万元，租了一间几百平方米的破旧小厂房，稍加修缮后就搬进了设备，组织生产。

创业初期，英特派只能制造一些简单的测温仪器，还有一些实验室用的小器皿，而他的工厂也被人戏谑为"作坊式工厂"。当时正是长虹、TCL、康佳、创维等企业进行彩电大战的关键时刻，国内生产彩电 CRT 显示器的贵金属装备，却一直从美国等西方国家进口。"当时许多核心技术都被西方发达国家垄断，国内说起来都是空白。"尹克勤如是说。

2005 年对英特派具有特殊意义，当年，重庆国际复合材料有限公司总经理唐志尧，作为复合材料的技术专家，为了民族贵金属生产企业的发展，对英特派给予了很大的帮助和支持。最终，凭借唐志尧对贵金属市场敏锐的决策与分析，重庆国际复合材料有限公司首次采用了英特派的强化铂铑材料，使其节约 5000 多万元成本，也使英特派获得数百万元的销售额，这足以使公司从原先的亏损状态走向盈利状态。

被逼出来的自主创新

彩虹集团是英特派的第一个大客户，该公司是当时国内生产

CRT 显示器的最大公司之一，需要定制生产一批由铂、铑等贵金属制成的生产装备。尹克勤介绍，当时英特派和彩虹集团谈了很久，始终没有定下来，后来才知道对方担忧把价值近一个亿的贵金属设备生产放在一个私营企业不安全，没保障。前后争取了半年时间，尹克勤每个月都亲自上门与对方协商，还邀请有关负责人到厂区实地考察，终于打动了彩虹集团。

获得大客户认可，从此奠定了尹克勤雄心壮志的基础。"厂房破旧并不重要，重要的是工厂必须拥有占领行业制高点的决心和意志"，他暗下决心——有朝一日能打破国外技术垄断，让中国的贵金属工业跻身国际一流水平，"不能再走中低端发展的老路了，必须向国际前沿科技看齐，在这个领域拥有'中国制造'品牌。"

20 世纪 80 年代以来，中国引进了许多国外的先进设备和先进技术，让中国的企业快速发展追赶上了世界最先进的制造潮流，但由于西方国家对中国的技术封锁依旧，以及企业间的技术博弈等因素，导致许多进口设备的售后服务成了大问题。而这些看似不经意的"卡脖子"行为，却给了中国企业一个弯道超车的机会，维护进口设备或替代进口设备就成了中国企业一个无边无际的市场。

在这样的背景下，机会只给有准备的人。2008 年，彩虹集团的一条从美国进口的生产线出现故障，但因为美方技术封锁，售后服务迟迟跟不上，工厂被迫停工。这条生产线用于生产液晶玻璃基板，当时也正值中国第一次彩电大战后的生产大爆发阶段，国内企业生产跟不上，终端厂商不得不去购买国外产品，价格贵还不说，更严重的是保证不了供应，这也几乎成了那个时代的集体记忆。

这条生产线是用铂、铑等贵金属制成的，尹克勤和他的团队觉得机会来了，打算从美国人手中接下彩虹集团这个大客户，利用中国的技术，重建一条生产线。正当许多人都认为英特派团队的想法疯狂到天方夜谭的时候，不肯认输的他们开始努力，"没有国外专家的支持，我们就自己翻阅文献资料，反复做实验，一连熬上三四个通宵是常有的事。"尹克勤回忆说。

澄清设备是整个生产线的核心部分，在高温下，生产线对该设备的强度要求特别高。同时，为了不影响玻璃液体的流动，在制造中又要注意材料厚度、均匀性等，这些技术难点都是他们从未攻克的。此后一年中，尹克勤与研发团队一起，相继进行了上百次的艰苦实验，最终获得成功。由他们自主研发的 TFT 用贵金属生产线正式建成投产，该生产线可在 1650℃的高温烘烤中完全不变形。

英特派改造的生产线第一次投产成功后，彩虹集团剩下的所有生产线改造工程都陆续给了英特派，原先高高在上的美国公司受此冲击，开始大幅度降低进口生产线价格，这最终也促成了国内液晶电视机等家用电器的降价。

炼钢炉测温是一项非常重要的技术，而中国是一个钢铁大国，钢铁测温仪长期依靠进口。在掌握贵金属耐高温技术后，英特派团队从一些钢铁客户口中了解到，钢铁行业用于测量炼钢炉炉温的进口测温仪寿命很短，就萌发了利用强化贵金属材料研发测温仪的念头，很快该项技术和材料实现了突破，经测试，与普通测温材料相比，团队研发的产品安全使用寿命提高了数十倍，这项技术在国际上也是领先的，这让国外同行目瞪口呆。

英特派由此成为业界杀出的一匹"黑马"。

要做大，先把产品做到极致

做企业的目标是什么？每个人都有自己的回答。尹克勤的目标一是改善生活，二是为民族国家做一点力所能及的贡献。而在要把企业做大做强的问题上，他也有自己的见解，就是先做强后做大，而不是我们日常所能理解的先做大后做强。

尹克勤介绍，他们是希望自己脚踏实地一步步走，在技术及产品上不断勇攀高峰，把产品做到极致，让要求最高的用户满意后，再来大规模复制，以此追求企业的规模化发展。只有首先做强，才有机会做大。

为何英特派能够将产品做到极致？为什么一家新生的中国企业能成为业界黑马？尹克勤表示，主要是人才与合作，与有实力的科研机构和客户合作。

在2005年前，英特派缺乏高端人才，所生产产品多为中低端产品，虽然具有一定销量，但几乎无发展潜力可言，企业也连年亏损，入不敷出。善于研判市场发展形势的尹克勤和他的团队就发现，要实现市场突破，就必须加快研发市场紧缺的高端产品，以占领行业制高点。

要做到这一点，引进一流专家就是重中之重，英特派相继从东华大学、南京理工大学等特聘10多名资深教授担任顾问，指导公司研发项目和技术创新。英特派还与重庆大学、中国矿业大学、浙江大学、江南大学、重庆科技学院及知名学术机构进行研讨交流，建立了长期、良好的合作关系。

具有与国外同行比肩的水平，才能大胆走出国门招揽人才，

贵金属波纹管

2015年5月，经无锡市锡山区科技局牵线搭桥，英特派与美国麻省理工学院（MIT）材料科学与工程系专家开始对接，双方就高端纳米银线的联合研发与产业化签订合作协议。为了这项合作，英特派花费数千万元为双方专家组建"江苏省稀贵金属材料工程技术研究中心"，3名美国贵金属材料研发专家受邀到此工作，经过一年多的共同研发，研制出首批纳米银线产品，且各项技术指标均达到预期目标，逐步投放市场。

此外，英特派还与客户联合设立研发中心，比如与彩虹集团共建"平板显示玻璃工艺技术国家工程实验室稀贵金属材料及装备研发中心"，还有省级博士后工作站和省级企业技术中心，还与韩国DSM公司以及其他国际知名企业进行研发上的合作。

在强大的科技实力支撑下，英特派先后研发出弥散强化铂铑合金玻璃纤维装备、TFT用贵金属成套设备、弥散强化热电偶丝等一系列具有国际先进水平的产品，其中，弥散强化热电偶丝不仅比普通热电偶丝安全使用寿命延长数十倍以上，而且还可在1700℃的高温下长期使用。

每一步都在填补空白

目前，英特派已经是国内贵金属行业龙头企业、国家火炬计划"锡山新材料产业基地"成员企业、国家高新技术企业、江苏省民营科技企业，并获得江苏省名牌产品、江苏省健康企业、无锡市知名商标、无锡市 AAA 级重合同守信用企业等多项荣誉和称号，银行资信等级 AA 级，纳税等级 A 级。每一项新的认可，都让企业的实力得以提升，同时也提高了企业的行业知名度。

不过，对于英特派来说，努力并未就此止步。正在和美国麻省理工学院联合研发高端纳米银线的合作，就是英特派公司不断进步的见证。该项目同时获得无锡市国际科技合作项目研发资助和江苏省重点国别及机构产业技术合作项目专项资金支持。这种新型的一维材料未来在电子浆料、柔性触屏等领域具有广阔的应用前景。目前，已完成实验室研发工作，样品各项指标均达到预期目标，现阶段正进行中试试验。该项目的实施填补了国内高档电子浆料的空白，为我国集成电路产业的长远发展提供有力保障。

"大尺寸超薄基板生产用贵金属关键成套装备研发与产业化"项目获得江苏省科技成果转化专项资金支持，目前大尺寸超薄玻璃基板生产用贵金属关键成套装备制造技术被美日欧所垄断，对中国实行全面技术封锁，只出口大尺寸显示基板，不出口生产装备与生产装备制造技术。本项目在国内产业化的实施可有效打破国外技术封锁，实现大尺寸超薄基板生产用贵金属关键成套装备的国产化，提升国产显示基板的国际竞争力。

大尺寸超薄基板生产用贵金属关键成套装备已通过彩虹集团考

核，玻璃基板质量稳定，成套装备具有较好的耐久性和安全性，使用寿命达到国际先进水平。在超薄基板生产过程中，由玻璃熔体结石导致的废品率接近美国康宁公司的水平，整套装备的生产成本比国外同类产品的生产成本大幅度降低。

英特派目前拥有国内最高端的铂、铑、钯等贵金属提纯装置，生产 10 大类 300 多种贵金属产品材料，已牢牢占据国内市场的"半壁江山"，其产品特点是"小批量、多品种、高要求、附加值高"。2018 年，这家仅有 150 余名职工的民营企业，实现销售收入 14.97 亿元，成为全国贵金属行业的龙头企业。

为何英特派公司的产品会有 10 大类 300 多种呢？这主要跟该公司产品的用途和用量有关，该公司生产的贵金属材料在工业上的用量本身就不多，并均有保质期的问题，只能做到小批量、多批次生产。从竞争者的角度来看，英特派的竞品主要来源是国外，过去价格奇高，英特派进入以后，可以做到相同的价格更好的质量，相同的质量更优惠的价格。但相对其他国内竞争的市场，英特派在贵金属领域投资大、周期长、见效慢，更关键的是市场规模本来就很小，对于一般企业来说投资收益并不十分明显，因而给了英特派以发展的空间。

据介绍，英特派公司主导产品有 TFT 用贵金属成套设备、玻璃纤维装备、贵金属热电偶丝、铂金催化网、太阳能银浆用银粉、触点材料、贵金属分离提纯、金盐、复合材料、各类贵金属制品（包括管材、板材、坩埚）等，所有产品均已达到相关国家标准和国际标准。"ITP"广泛服务于冶金、化工、玻璃、电子通信、航空航天等各个领域，销量和技术质量水平多年来一直保持行业前列，已成为享誉国内贵金属行业的知名品牌。

用制度保障企业创新

英特派的产品在产业链中居于中间位置，起着承上启下的关键作用。随着下游产业的迅猛发展，国内贵金属装备业也获得了快速发展，玻纤装备、贵金属装备、仪表材料等产业随之发展壮大，市场广阔。而上游贵金属材料资源少，供需矛盾较突出，会限制产业的发展。

与发展机遇相伴而生的则是激烈的市场竞争，国内外各大贵金属企业竞相比拼，要想在风云变化的市场竞争中屹立不倒、越战越强，就必须结合自身特点了解市场动态，抓住市场积极进取。英特派营销人员保持和顾客紧密的联系，通过顾客定期反馈来掌握顾客不断变化的需求。同时通过定期的市场调研、走访，保证适时推出满足甚至超出顾客需求的产品。

尹克勤董事长常常亲自拜访全国各地用户，与客户朋友们交流讨论，了解市场情况，研讨公司产品的技术改进及质量问题等。英特派还在公司内部设立了服务热线，详尽地了解顾客需求。还通过互联网门户网站，设立专用邮箱，丰富顾客诉求的反映渠道。

为了保证英特派产品的先进性和创新性，公司在技术创新上投入了很多资源，建立了一整套涵盖组织管理和各环节绩效评价的管理制度。

英特派的创新管理统称为"ITP创新管理"，其特色是以发展战略为导向，结合国内外贵金属行业发展趋势、国家宏观政策及顾客相关需求，确立创新目标，并将创新落实到研发设计、生产、管理及服务等全过程；依据创新目标与类型，组建高水平研发团队，以完善资源保障系统、制度保障系统、监测反馈调整系统为基础，有序开展产品研发与质量改进工作；通过不断优化的创新管理制度、多层次的创新奖励机制和完善的创新成果评价机制，有效促进创新工作的开展和创新成果的转化。

据介绍，英特派的创新活动主要分为三个层次：第一，新产品研发，包括创新型新产品、改进型新产品和派生型新产品；第二，现有产品改进，对现有产品的生产流程、质量或性能作出改进；第三，小改小革，一线工人对现场工具、设备等作出改进。针对不同层次的创新活动，公司制定了相应的奖励制度，激励员工踊跃参与不同层次的创新，充分发挥创新潜质，为企业建设作出贡献。

从创新成果评价上来看，英特派对创新成果进行定期和不定期的评价，定期评价为每年年终进行一次全公司评比活动，其中对在改进及创新方面取得突出成绩的个人及组织予以表彰及奖励，评选先进部门、技术标兵等称号；不定期成果评价为科技大会、成果发表会议，合理化建议、小改小革奖励等形式。

而从创新组织来看，英特派采取了灵活的创新组织形式，分别为职能型——面向日常研发活动；矩阵型——面向组织内重大攻关活动；跨组织——面向行业内技术难题。同时，为促使创新工作有条不紊地进行，提高效率，避免不必要的浪费与损失，公司规定了新产品设计开发流程，主要包括四个阶段：调研阶段、实验阶段、小批量试制阶段及批量生产阶段。项目负责人根据创新类型策划并确定具体产品的研发或改进方案，并按照新产品设计开发的流程，合理安排各阶段的工作内容及评审、验证和确认活动。

尹克勤介绍，英特派未来主要定位于贵金属、非贵金属合金材料、特种高分子材料等三大领域。在贵金属领域，主要聚焦于贵金属成套装备、测温材料、触点材料、高纯度贵金属（纯度≥ 99.9999%）、贵金属化合物、贵金属抗癌药物等；非贵金属合金材料主要聚焦于镁基、铜基、钛基、镍基等合金材料；在特种高分子材料领域，主要聚焦于航空、航海等内饰特种高分子材料。

最近，英特派正在紧锣密鼓地研发"新产品"——铱及铱合金装备和高分子材料，逐步走上多元化发展的新征程。英特派将站在新的起点上，保持稳健、快速、跨越式发展，争取在五年内，将英特派建设成为集产学研于一体的多元化集团上市公司。

第十七篇

超电新能：石墨烯量产和应用产业化先锋

焦建全

2010 年，英国两位科学家因在石墨烯方面的开创性实验获得诺贝尔物理学奖。9 年后，江苏超电新能源科技发展有限公司（以下简称"超电新能"）在石墨烯生产和石墨烯复合碳材料锂离子电池应用方面获得重大突破，已成为石墨烯量产和石墨烯应用产业化先锋。

超电新能创始人、董事长姚晓青经历了石墨烯行业产业化的冷暖和超电新能发展的全过程，他告诉记者："实际上，我们原始创业团队开始石墨烯方向的创业讨论早于石墨烯实验获诺奖前，跨过了石墨烯原料量产、石墨烯复合材料研制、石墨烯复合材料器件、石墨烯复合材料超级电池产品和产品完整系统 5 个维度，就这样一步一步走来。"

公斤量产

超电新能的创业源于 2010 年春节期间原始创业团队的一次创业讨论会。原始创业团队人员来自不同行业，大多出生在 1970 年前后，事业小成，他们重点讨论了石墨烯的情况，当时，国际物理权威期刊上关于石墨烯的论文数量几乎呈几何级增加，他们感觉到石墨烯方面有发展机会，决心在石墨烯方面创业。

石墨烯是由碳原子构成的新材料。中学教材告诉我们，天然材料中，碳的"两面性"可以说是独一无二。碳有两种晶体形态，一是金刚石，用在最贵重的首饰上，二是石墨，用在最普通的铅笔里，金刚石是最坚硬的，而石墨却是最软的。石墨的晶体结构是层状的，每一层内的碳原子结成稳固的六角形结构，而层与层之间的结合却弱得多，石墨很容易按层的方向分裂。石墨烯就是石墨中的一层，是由碳原子构成的单层片状结构的纳米级新材料。

石墨烯因其各种超凡特性，有"新材料之王"雅号。它是世界已知的最薄、最坚硬的纳米材料，同时也是世界上已知的电阻率最小的材料。石墨烯强度比金刚石做的钻石还坚硬，比世界上最好的钢铁硬度还要高上 100 倍；石墨烯导热性也最好，理论导热率远高于石墨，是铜的 20 倍、硅的 50 倍；石墨烯电子运动速度也很快，运动速度达到了光速的 1/300，远远超过了电子在一般导体中的运动速度，由于良好的传导性和几乎透明的特性，石墨烯可用于透明触摸屏、导光板甚至是太阳能电池的制造，其他还有诸如红外线吸附性、绝缘性等特性。

石墨烯成为超电新能原始创业团队的最佳选择。正在他们紧锣

超电新能生产线

密鼓地开展研究工作时，2010年10月5日诺贝尔物理学奖揭晓。英国曼彻斯特大学科学家安德烈·盖姆和康斯坦丁·诺沃肖罗夫因在二维空间材料石墨烯方面的开创性实验而获奖，石墨烯一时风头无二。

诺奖也使超电新能团队的研究工作更有信心，原始创业团队的几位人员辞去原来待遇不菲的工作，积极筹备公司的成立，2011年6月，超电新能的前身——北京纳新天地科技发展有限公司（以下简称"纳新天地"）在北京大兴纳米产业园注册成立，开始进行单层石墨烯宏量制备生产工艺的产业化验证，并于该年年底成功实现月产公斤级石墨烯。

公斤级石墨烯意味着财富和梦想的来临。姚晓青回忆：当时他们的石墨烯材料主要供世界科研院所的实验室实验使用，第一批主要供出口。当年，石墨烯价格很高，是黄金的十几倍，每克出口价格5000元左右。同年，他们向清华大学的一个实验室以每克3000元的价格供应了10克产品，在2011年的最后一个月，他们有了30多万元的销售收入。

由此简单推算，石墨烯原材料就可以实现每月300万到500万元的销售收入。于是，他们满怀信心，开始向全球需求单位做第一轮市场推广，期待预计中的收益。

然而，很快现实给了超电新能原始创业团队沉重一击——研究石墨烯的实验室采购数量毕竟有限，他们的销售量十分有限。

向下求索

超电新能团队多年以后回忆：第一轮销售几个月后，他们再一次到清华大学曾经购买过石墨烯原材料的实验室询问是否需要复购时，得到的答复是他们首次采购的材料仅使用了三分之一，因此，该实验室短时间内再次采购的可能性是零。

记者在超电新能公司展厅看到了装在透明玻璃圆柱体内的黑色石墨烯材料，圆柱体大约直径10厘米，高度约0.5米。相关人员介绍这是石墨烯材料，记者拿起圆柱体，几乎感觉不到其他重量。

据介绍，1克石墨烯材料的体积大概在500毫升，约一瓶矿泉

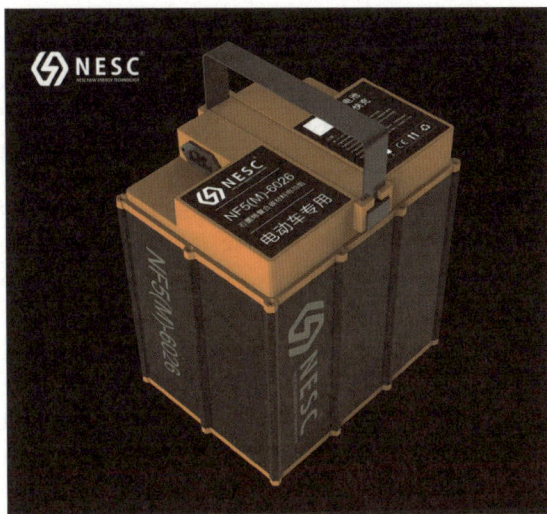

2019 新款电池组

水的大小。如要兑液体的话更是体积庞大。高昂的价格导致客户大多论克买，最少的约买 50 毫克，就是一小罐。照此下去，别说财富和梦想，就连收支平衡都是很大的问题。

然而超电新能团队并没有气馁，根据对市场的预判与把握，当年启动了石墨烯复合碳材料的研发，让石墨烯走出实验室，进入工业生产环节，开始踏上石墨烯复合碳材料的应用之路。

接下来的时间里，超电新能团队一方面开拓市场，跑遍了可能进行石墨烯复合材料应用的各个领域，包括航空、航天、铝业、橡胶、钢铁、医疗等相关材料应用研究机构，逢人就介绍石墨烯复合碳材料的优点。另一方面，团队继续寻找材料应用的突破口。然而，将近 3 年的时间过去了，石墨烯复合碳材料的实际应用到底在哪儿呢？

2014 年春节将近，国家科技部原秘书长、党组成员张景安视察了纳新天地的实验室，张景安是一位学者型官员，担任过科技部火炬高技术产业开发中心主任，他主编的《中国科技企业孵化器》曾被当时创业者、创投人奉为圭臬。这一天恰逢节气大寒，张景安的热心鼓舞给超电创业团队带来了极大的暖意。

同年7月，纳新天地与山东某化工集团达成战略合作，9月份成立合资公司，建设年产2吨石墨烯、2000吨石墨烯复合活性炭生产线，终于成为石墨烯量产的先锋企业。

在此期间的一个偶然机会，超电新能研发团队在实验过程中发现，添加了石墨烯复合碳材料做成的高性能动力电池充电能够达到分钟级，而市场上动力电池充电大多需要8小时以上。大家欣喜若狂，巨大的市场前景跃然眼前，他们把材料提供给一家动力电池生产厂家，期待因此获得大笔订单，梦想产品供不应求的火爆场面。

然而，这次依然是：梦想很丰满，现实很骨感。

目标电池

三个月后，回访厂家，超电新能团队惊讶地发现这批样品材料几乎原封未动地堆放在地上。厂家的答复是：你们的材料再好，也只是厂家整个动力电池生产所需的几十种材料的一种，动力电池产品生产是一个完整系统，需要全面考虑。

姚晓青至今依然清晰记得厂家的问话："你能不能直接把这个东西做成电池给我？你告诉我这个东西怎么用进电池里去，才能真正把我这个电池的性能做好。"超电新能团队意识到：要想真正让下游客户大量应用我们的材料，仍然需要更加深入地了解客户痛点、解决客户应用需求。

超电新能团队彼时虽然对动力电池还不了解，但是厂家的话使他们决心使石墨烯复合碳材料在动力电池应用方面有所突破，他们找到了国内顶级的电池专家联合研发，研制出全新的电池配方工艺，更立即着手成立新公司进行轻型动力电池的研发、生产、检测等相关业务。

经过周密审慎的调研，他们将公司地址选定在全国电动自行车三大生产基地之一的无锡。2015 年 6 月 15 日，超电新能创始团队在无锡注册成立了江苏超电新能源科技发展有限公司，规划很明确：面向工业、军事和消费品等领域客户提供超级快充智慧能源系统集成解决方案和技术支持服务。

2015 年底，超电新能研发团队花费巨大代价，终于做出了梦想中的轻型动力电池：一是可以做到分钟级的充电，二是有几千次充放电寿命，三是宽温区、更加安全、体积更小重量更轻，能量密度更高。总之，这是一款性能非常卓越的电池。

梦想再次伸手可及。超电新能团队拿着电池样品和检测报告拜访了很多潜在的客户，然而却被大部分人视为"骗子"。

在 2015 年，几乎所有人对电池充电的概念都是"十个小时，八个小时，最快六个小时，怎么你来跟我讲 15 分钟，你肯定是骗子"。当时，超电新能团队除了一张检测报告之外，并无其他，没有检测设备、没有可视化的现场展示，难免被客户认为是骗子。要想扭转客户概念，首先必须拿出一整套的产品系统做现场演示。超电新能团队集思广益，很快就研发出了适用于超电新能超高性能电池的充电系统、电池电路应用管理系统，继续充当第一个吃螃蟹的角色，努力开拓市场。

真正的销售突破从由石墨烯复合碳材料锂离子电池制作的移动电源——超电宝开始。2015 年底，超电新能需要面对面地向客户演示产品性能，但是电芯由于安检问题，无法带上飞机、火车。"我们必须要把它装进一个盒子里变成可以直接展示的产品，就琢磨自己去做一个，最后发现这个最小的系统装起来不就是充电宝么？"命名为"超电宝"的全球首款充满只需 800 秒的超级快充移动电源由此诞生。

超电宝的充电速度震惊了后来成为超电新能副总的高洁。公司组建初期，超电创业团队就和彼时在北京做公司高管的高洁有过交流。高洁清楚地记得是 2016 年的 6 月 5 日，在上海虹桥火车站二楼的一个小餐馆卡座里，为了说服高洁共同创业，超电团队当场拿出超电宝现场充电，高洁也毫不含糊，掏出手机打开秒表计时，"800 秒！ 800 秒就能把超电宝充满！这速度简直震惊了我。"当月，高洁就从北京开车一路南下来到无锡，正式加盟超电新能。

2016 年 6 月 18 日，超电新能推出全球首款充电速度最快的移动电源——超电宝，充满只需 800 秒，不到一个月时间，订单突破 5 万台。

转折关键

移动电源超电宝一时间成为超电新能的推广重点。2016 年 7 月 18 日，超电宝推出三大系列 15 个新品，498 元起售，在官方微店、国内各大机场、部分星级酒店等销售，9 月 28 日，超电宝二代全球首发。

与此同时，轻型动力电池的研发也丝毫没有放松。2016 年 10 月 21 日，超电新能的"充电 800 秒、行驶百公里"电动自行车石墨烯复合碳材料锂离子电池组于南京电动车展全球首发。南京电动

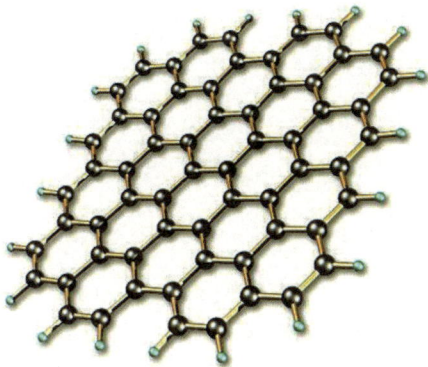

石墨烯

车展会是我国自行车、电动自行车行业著名的三大展会之一，是专门提供自行车、新能源电动车及零部件交易平台的专业性行业盛会，2016 年参展企业达 600 多家，展位达 5800 个，参观人数达 10 多万人次。超电新能展示了为电动自行车行业量身打造的超级快充电池模组，更是吸引大批潜在客户慕名前来，为开拓市场奠定了坚实的基础。

然而，轻型动力电池的第一笔营收却是无心插柳的偶然。高洁6 月底南下无锡后，迅速展开了工作，同时，也参加无锡市政府举办的各类高管培训，吸收新知识，拓展新人脉。在其中一次培训课上，具有良好笔记习惯的高洁应同学要求将自己随手记的听课笔记发在班级共享群里，引起了班里一位同学的注意，在同学之间闲聊中详细了解超电新能的产品后，表示自己所在的公司正在寻找类似的快充电池来解决目前产品充电速度太慢、无法满足终端客户需求的痛点。经过反复多次对产品规划、设计、测试，最终，这家外资电梯企业采用了超电新能提供的石墨烯复合锂电池模组解决方案。

2016 年是超电新能转折的一年。这年营业收入近 600 万元，企业初步实现了盈利。更为关键的是，以超电宝为企业名片的战略为公司赢得口碑。各级政府领导开始关注超电新能，各地政府多次参观考察；应邀参加首届无锡太湖基金产业投资合作峰会及江苏省政府投资基金创业精英大赛暨 CCTV《创业英雄汇》海选南京站总决赛；副总经理高洁被评为无锡市 2016 年企业引进高级经营管理人才"太湖人才计划"；和低速电动车、智能家居、无人机等领域企业电池应用合作研发合同签署。另外，超电新能还成立了德国分公司、深圳研发中心，开始为全球客户提供服务。

2017 年可以说是超电新能飞速进步的一年。这年营业收入比上年增加超过 300%，达到近 2000 万元。上半年，超电新能的石墨烯复合碳材料锂电池开始全面推向市场，相关合作企业开发应用均已进入后期实测阶段；另一个项目"石墨烯复合碳材料锂电池智能充电桩系统"获得创业大赛青睐，开始进入应用阶段；"充电 800 秒、行驶百公里"石墨烯锂离子电动自行车电池模组新品发布会成功举办。下半年，超电新能品牌得到进一步拓展。由超电新能提供电池技术支持的某航模队在 2017 全国青少年航空航天模型锦标赛上成绩获历史性突破，共参加五个项目夺得 5 金 4 银 5 铜、等级证书 30 余张；产品超电宝 5800 斩获"2017 中国品牌发现指数智能产品奖"，超电宝 6800 斩获"2017 中国国际消费电子博览会 LEADER 创新奖"；在香港环球资源消费电子展上，展馆受外商热捧，以至于展会结束后，欧洲客商直飞无锡，要求建立合作关系。

然而，超电新能管理团队并没有为飞速的成功沾沾自喜，而是清醒看到背后的问题。

聚焦调整

超电宝虽然性能卓越，然而，498 元售价相对于市场上不到 100 元的充电宝价格，让一般消费者望而却步。电动自行车电池模组上半年成功发布，然而，它不菲的价格却令电动自行车厂也望而却步。

"一辆普通电动车约 2000 元，一般情况下，电池成本约 1000 元。对一个普通老百姓来说，每天接送孩子上下学，一个礼拜充一次电就够了。"超电团队介绍说。超电新能的快充电池虽然使用寿命在 2000 次左右，但一次性购买价格较高，一般是 2000 元以上。

那么到底应该如何拓展市场？轻型动力电池的痛点到底在哪里？

2017 年 10 月 25 日南京电动车展，这是超电新能第二次参加。超电新能轻型动力电池的优异性能，受到美团、饿了么等外卖巨头的关注。年底，公安部《关于规范电动车停放充电加强火灾防范的通告》发布，包括电动自行车、电动摩托车和电动三轮车三类充电引发的各类事故触目惊心，具体包括室内充电、集中充电和长时间充电，以及私拉乱接充电、楼道充电和偷电充电。超电新能轻型动力电池正好可以解决这些痛点。

超电新能团队研究后决策：将适用于快递、外卖行业的、具有"短、频、快、小"应用需求的轻型动力快充电池作为突破口。为此，他们不得不做减法，把其他的研究方向舍弃掉。

何谓"短、频、快、小"？即，行驶里程短、使用频次高、充电速度要求快、电池体积小。目前快递、外卖行业多采用传统铅酸电池，单次行驶里程大多不超过 10 公里，使用频次非常高，工作时间超 12 小时，因此对电池的充电速度极为渴求。快递一般用电动三轮车，装两组铅酸电池，每组铅酸电池 50 公斤重，两组共 100 公斤。每一组电池需 10 到 12 个小时才能充满，即每次充电时，两组电池必须同时充才能充满，满足第二天快递小哥的使用需求。另外，铅酸电池使用寿命较短，较难满足行业的高频次使用，因此半年要换掉两组，两年共换八组电池，废弃的铅酸电池对环境污染也非常厉害。超电新能的产品横空出世，以"800 秒充满的超级快充、2000 次使用的超长寿命、更轻更小的电池重量体积、保险公司投保的超大保障"以及超宽温区、超高安全几大特性迅速与快递外卖行业龙头企业展开战略合作。

2018 年 2 月，超电新能在紧紧抓住市场契机、做好公司产品的前提下，注册成立了江苏超电网络科技有限公司；正式启动全球首创的智慧电池超级快充物联网云平台研发计划；进一步对超电电池组加装物联网模块，利用物联网＋移动互联网＋云计算＋大数据技术对电池智能管控，全球首创将电池、车辆、充电桩、用户、管理者等合为一体的超电云一站式管理平台。4 个月后，在全国各大快递外卖公司和代理商的见证下，超电新能的"智慧电池超级快充物联网云平台"全球首发。随着市场需求迅速增加，产品必须开始大批量产，同年，计划总投资 23 亿元的山东超电新能源科技发展有限公司在山东省济南市莱芜区进行紧锣密鼓的规划、建设。

聚焦带来新的突破。云平台的运营，解决了以往电动车电池丢失的问题，为电池使用者提供了安全之锁。超电电池也被越来越多的客户应用于各自领域。在城市快递运营管理中，青岛市交警支队联合快递行业协会，将全市首块专用标识牌装在使用超电电池的快递电动三轮车上，全市 6600 余辆电动三轮车上牌改造项目正式启动，超电新能协助青岛全面启动了快递三轮车规范通行"5+2"统一管理模式。

产品做好了，市场打开了，服务也要跟得上。为了解决各地代理商大批量拿货的资金周转问题，2018 年 11 月 28 日，江苏超电供应链管理有限公司注册成立，超电新能正式对资金流、信息流和物流开始全方位管理和监督，对上下游供应商、经销商、客户等进行全方位协同管理，以实现资金高效周转。

2018 年，超电新能虽然只比 2017 年稍有提高，然而，经过聚焦调整巩固规划，为 2019 年的快速发展奠定了良好基础。历经 4 年的快速发展和积淀，超电新能现已逐步成为一家综合性的集团公司，立足无锡，抢占华南、华北，进军海外，不断巩固并开拓区域版图。拥有控股子公司 5 家，参股公司 5 家，业务范围涵盖军、民两用系列电池产品，包括电动车、无人机、电动工具、3C 数码等多个行业领域。

与此同时，超电新能也积极参加国家相关行业标准的制定。

不忘初心

经过 2018 年的巩固调整，2019 年超电新能开始进入快速增长期，预计 2019 年营收大约是 2018 年的 3—4 倍，正式迈入快速发展阶段。

为此，超电新能启动了 A 轮融资计划。第一笔 5000 万元已经到位，"我们把它看作是天使轮，虽然一般天使轮数额没那么多。"姚晓青笑谈。

超电新能在拓展疆土的同时，从未忘记修炼内功。目前，超电新能已获得授权专利 23 项，其中发明专利 4 项，实用新型专利 12 项，外观专利 7 项，另有 8 项发明专利进入受理审核期。石墨烯移动电源、石墨烯复合碳材料锂离子电池／电池组等均已通过国家权威检测机构检测，公司已通过 ISO9001 质量体系认证，部分产品已通过欧盟 CE 认证、国际 CB 认证。被评为无锡市首批培育入库雏鹰企业、入库高企、江苏省民营科技企业、江苏省科技型中小企业、江苏信用贯标企业。据超电新能副总经理高洁介绍，公司的各项管理制度不断完善，初步实现了集团化管理的要求，为登陆资本市场打好了基础。

在与记者的访谈过程中，姚晓青不仅回顾了创业近 10 年来的心得体验，还回顾了大学时代和大学毕业后的日子。大学时代，姚晓青学的是自动化专业，是中国大学生最早一批接触计算机的，毕业后进入专注于企业管理系统的公司，在夜以继日的工作中也掌握了企业管理方方面面的知识。

现在，超电新能的聚焦点在快递外卖、无人机、电动工具几大行业上，为客户提供更多便利的产品。姚晓青回想起母亲说过的话，"做有温度的小产品，做大小产品，也是一件不容易的事。"

当然，石墨烯、石墨烯复合材料、石墨烯复合碳材料锂离子电池应用前景和目前焦点并不冲突，超电新能仍走在探索石墨烯及其复合材料在相关行业应用的路上。

DKEM
When Performance Matters

帝科电子材料：中国光伏导电银浆的领导品牌

佟文立

2019 年 7 月 1 日，日本经济产业省宣布，从 7 月 4 日起修订对韩国出口管理政策，对包括 OLED 材料氟聚酰亚胺、半导体材料光刻胶和高纯氟化氢气体在内的 3 种半导体材料产品实行出口限制。此举对韩国的支柱产业存储芯片和 OLED 显示产业形成致命性影响。虽然对于日本不过是不到 10 亿美元级别的出口市场损失，但对韩国来说可能造成的产业影响将百倍于日本。韩国政府甚至不得不请美国政府介入调停与日本的这一贸易纠纷。

如果说美国政府对中国中兴通讯和华为公司的打击式出口管制体现了美国在多数芯片产品领域的不可替代的竞争优势，日本对韩国半导体产业的制裁则体现了日本在半导体材料领域的垄断优势。

半导体行业需要使用数十种电子材料，国内企业虽多有布局，但产品也多属于中低端。但在一个细分领域——光伏电池导电银浆，却有一家中国公司进入了全球第一梯队。

无锡帝科电子材料股份有限公司（以下简称"帝科"）作为一

家专注于高性能电子材料开发与应用的材料科技公司，主要聚焦服务于太阳能光伏、LED 与半导体芯片封装等领域，为以上领域提供高性能金属化导电银浆、高可靠性封装导电胶产品等，曾荣获光伏品牌实验室（PVBL）"最具潜力品牌、优秀材料商""最佳材料商"与"最具影响力材料商"称号，以及亚洲光伏产业协会（APVIA）2019 年亚洲光伏产业贡献奖与科技成就奖。

导电银浆——光伏电池效率提升的驱动力

"过去几年，光伏电池的效率提升，正面银浆技术的发展是一个主要的驱动力。帝科的主打产品是晶硅太阳能电池正面银浆，作为光伏电池的负极材料印在电池片的正面，产品的性能与质量好坏直接影响电池片的转化效率。"帝科的首席执行官史卫利博士如此表示。

太阳能光伏产业链包括多晶硅料、单多晶硅片、电池制造、组件制造、电站等几个主要环节。而使整个光伏产业链具有发电能力的环节是电池制造。导电银浆作为太阳能电池的电极材料，是影响光伏电池的转换效率即发电能力的关键材料。同时，导电银浆技术和从最上游的多晶硅料品质到最下游的电站长期发电能力和可靠性都有关联。此外，导电银浆作为光伏电池非硅成本中最高的一环，对于成本也有较为显著的影响。

可以说，导电银浆是整个光伏产业链当中技术含量最高的产品之一。光伏制造厂商是按照光伏电池的发电量来定价销售，而不是按照光伏电池数量来销售的。而导电银浆对于单片电池的发电量有至关重要的影响，因此甚至可以说导电银浆产品的性能好坏直接影响光伏电池片的利润。

史卫利博士表示："导电银浆是典型的性能驱动的产品，会给客户带来电池片效率的提升，也就意味着只有给他们带来利润的增加，客户才考虑用你的产品。如果产品性能达不到客户要求的话，价格再便宜，再及时的客户响应都是没用的。"

创业之路——历经三年研发蛰伏期

目前帝科已经成为国内太阳能光伏导电银浆领域的领导品牌，也是全球范围内领先的导电银浆供应商之一。但在 2016 年之前全球的太阳能光伏导电银浆市场基本被美国杜邦、德国贺利氏、韩国三星和中国台湾硕禾四大品牌所垄断。

虽然自 2008 年国际金融危机后，中国太阳能光伏制造企业在各地优惠政策扶持下迅速占领了全球 70%—80% 的产能，但存在的一个突出的问题就是业内俗称的"两头在外"——市场在海外、关键设备和材料供应在海外。可以说，当时光伏制造企业对材料和设备供应本土化的需求构成了后来帝科能够崛起的一个原因。

出生于 1978 年的史卫利，在浙江大学化工专业本科毕业之后，前往美国纽约州立大学攻读博士学位，主要从事微纳米材料的开发及其在光电领域的应用方面的研究，毕业之后先后在世界五百强企业及美国高科技创业公司工作。

深受美国创业文化影响的史卫利，在意识到太阳能光伏导电银浆对电池转换效率和发电能力有重大影响且具有很强的技术壁垒，同时国内市场长期被四大品牌所垄断，很想凭借自己在电子材料研发上的背景，结合在世界五百强及创业公司的工作经验来实现导电银浆这一光伏产业核心材料的国产化，以打破进口品牌的垄断。

通过前期的团队搭建和地方创业政策支持，帝科从 2013 年在宜兴经济开发区正式运营，到 2016 年开始引领导电银浆国产化浪潮，其间经历了近 3 年的蛰伏。

"导电银浆作为一种特种电子材料产品，其技术壁垒最关键的是配方设计，而不是制造工艺。配方设计需要做大量的前期实验，通过实验设计（DOE）来找到最佳配比。因此，我们最初的研发周期特别长，基本上两年多接近三年产品才算相对成熟，然后才能做市场推广。这对于我们前期的天使投资人而言，产品的真正推出比预想的要慢得多。有些前期投资者熬不住，因此，在 2015 年就已经有了一轮投资者的替换。"史卫利博士深感创业初期之路的艰辛。

在经历两年半到三年的艰苦研发后，帝科推出的第一款产品已经比较接近主流，并且和四大品牌相比具有一定竞争力。但对于还

三辊机研磨现场图

没有建立品牌影响力的核心材料产品，客户的不信任和不敢使用几乎已经成为一种商业惯例式的壁垒。

从 2015 年下半年开始，帝科的市场策略是先不考虑光伏大厂，而是从一些三线小厂开始。对于光伏行业的一些民营企业，尤其是规模不是特别大的小型企业，只要性价比高，也就是性能好、价格便宜，可以不考虑材料的品牌。在从三线小型客户获得突破后，经过一年的时间，帝科电子材料的客户越来越多，并且口碑开始在产业客户之间传播。在光伏行业有了一定的口碑后，才开始有光伏大厂敢于使用帝科的产品。在抓住一两家一线大厂后，帝科开始获得一定的品牌知名度。在此之后，帝科向二线、一线大厂继续推广，依靠稳定的性能、更高的性价比，不断抢占市场份额。

可以说，从 2016 年起，帝科开始引领导电银浆的国产化浪潮，扮演了行业鲇鱼的角色，到目前为止完全打破了四大品牌的垄断。一方面通过打破垄断格局，加速了太阳能电池效率的提升和技术革新，同时也让四大品牌让利于中国光伏行业；另一方面树立了中国导电银浆良好的品牌形象，为国内导电银浆同行们进行业务开拓扫除了客户的认知障碍和信任障碍，为中国导电银浆产业发展开拓了道路。

到 2018 年，帝科的营业收入已经超过 8 亿元人民币，先后荣获江苏省隐形小巨人企业、无锡市准独角兽培育入库企业、无锡市高成长创新型企业 50 强等荣誉称号。

渐进式创新——与企业发展阶段相匹配

目前，帝科作为中国导电银浆的领导品牌，在高效 P 型单多晶背钝化 PERC 电池、超高效 N 型钝化接触 TOPCon 电池技术等方面都有非常强的竞争力。

能够取得和全球光伏导电银浆四大品牌并列甚至排名靠前进入第一梯队的成绩，一方面得益于帝科对于自身清晰的认识。在早期阶段围绕三线客户进行产品的广泛验证、质量建设和口碑建设，到一定规模并取得一定市场认可度之后再逐步面向中大型客户进行品牌建设，到目前已经可以游刃有余地进行一线客户的开发与合作。可以说从初创到现在，帝科都让自己的市场开发和企业发展相匹配，不过度激进地做和自己发展阶段不匹配的事情。另一方面也得益于帝科的市场策略和产品策略。帝科坚信核心原材料的性价比策略，不盲目低价竞争，通过优异的产品性能和合理的价格策略带给客户良好的性价比。整个营销过程都基于产品性能与质量的呈现而展开，价格策略只是商务推进的辅助手段。在帝科看来，研发技术团队与市场营销团队的密切配合、双轮驱动是市场开发的有效保障，是给客户完整传递公司产品与解决方案价值的关键。对此，帝科称之为"渐进式创新"。

美国杜邦、德国贺利氏、韩国三星和中国台湾硕禾四大品牌之所以能在过去很长时间内保持导电银浆产品的市场垄断地位，主要是微纳米金属粉体技术、玻璃粉体技术、无机材料、高分子有机材料以及工程化等综合性技术使得导电银浆具有很高的技术门槛。这就要求帝科的创始团队具有很强的技术背景和工程应用能力。史卫利博士在研发团队搭建上秉持国际化的思维，倡导整合全球智力资源、实现中国创造，组建了包括多名具有世界五百强企业工作背景的海内外博士组成的核心研发团队。

中国光伏行业能够领跑全球，不仅仅是凭借成本优势，也包括非常快的技术革新升级速度。光伏行业每年都有大量的新技术和新工艺从研发导入量产，对于帝科这样的材料企业提出了更高的挑战，要求研发团队不能闭门造车，而是主动面向市场，主动获取市场最新的需求和动态，主动和客户进行密切的沟通，紧跟客户技术快速变化的步伐，同时实现适当的预跑。

目前，帝科的"渐进式创新"在行业内实现了全面落地，以互联网思维、软件升级的思维去做高技术含量的工业产品开发，以核心技术平台为"中台"支撑，实现导电银浆产品在客户端的高频迭代升级和定制化。这一点直接颠覆了四大品牌长期以来的研发思维和公司管理形态。

在光伏行业，近年来各个制造企业的差异化越来越明显，技术路线也越来越多。由于产品设计和工艺的差异化，光伏制造企业对材料的定制化需求越来越高。而过去四大品牌基本都是每年推出一代产品，希望一款产品覆盖绝大多数客户，这也就意味着某些客户

产品图

必然不能获得最佳的产品性能和使用体验。

　　帝科通过高频迭代的"渐进式创新"，每个季度都能实现产品性能的改善提升，同时通过定制化让每个大中型客户都能有最适合自己工艺条件、能发挥最佳性能的产品。这使得四大品牌从管理和研发体制的角度很难跟得上帝科的步伐，也使得帝科从导电银浆追赶者的角色迈向了引领者的角色。现在在相当多的光伏导电银浆应用领域，帝科已经实现了相对于四大品牌在技术上的领先，同时通过以客户为中心的产业链多维度"协同创新"协助行业领先客户创造了高效太阳能组件功率的世界纪录。

　　不同于研发层面希望汇聚全球智力组建国际化的研发团队，帝科在市场开拓层面更倾向于本土化。因为只有本土化的市场营销团队，才能更深入地理解本土市场与文化，做到更好的服务，促使产品价值更好地传递给客户。同时配合客户群体不断从三线客户往一线客户拓展，帝科及时升级市场营销团队，让市场营销团队的结构和客户结构更具有针对性和匹配性。

目前，帝科和多家全球前十的光伏电池厂和组件厂建立了稳定深入的合作关系，并得到了全球最大的单晶太阳能电池制造商——通威太阳能的年度供应商奖项等认可与荣誉。

"总体来讲，帝科人员相比其他制造业要少一些，所以管理相对容易一些。但我们也在不断学习、不断摸索适合自己的管理体系。因为导电银浆产品的开发和定制化是比较关键的，研发人员比生产人员还要多，所以研发机制的设计相对灵活一些。"史卫利博士如是说。

针对光伏行业，帝科认为运营和执行效率是制胜的关键之一。帝科崇尚扁平化管理，以实现客户需求和反馈第一时间到达核心决策层，大幅提高运营效率，同时可以提升一线人员面向客户的服务满意度和服务效率。

同时，帝科也让企业的运营管理不断和企业的发展阶段相匹配。过去几年，伴随业务的快速成长，帝科基本上每半年到一年都会全面复盘梳理一次公司的管理和运营机制，在变大和高效率之间、规范和高效率之间寻求最优解。

此外，对于科技型初创企业，企业文化和企业气质对于公司发展至关重要，也是公司长期发展的内在推动力，而这和创始人的风格密不可分。结合自身的技术背景和导电银浆产品技术导向的属性，史卫利博士更希望帝科成为技术创新导向型公司，很早就树立了性能至上（When Performance Matters）的品牌与产品理念，也确立了成为世界领先的高性能电子材料供应商的企业愿景和为客户提供最有价值的产品和解决方案的企业使命。

进军半导体封装——挑战更高的电子材料应用门槛

展望未来，帝科希望在业务布局上实现太阳能光伏和 LED 与半导体封装双引擎驱动。

目前，帝科的主营业务是太阳能光伏电池导电银浆，已经成为中国太阳能光伏电池导电银浆的领导品牌和全球范围前五大供应商之一，并致力于持续成长为全球前三的领先企业、全球知名的行业领导品牌。同时，帝科也在积极布局 LED 与半导体芯片封装用导电胶业务，在服务国家半导体战略的同时，希望在半导体领域也能够打破海外品牌的长期垄断，为行业发展贡献力量。

与光伏电池相同，半导体封装也需要使用导电银浆类产品。半导体芯片粘接封装的技术平台，在无机功能层面，如果要实现导电功能，就需要使用银粉，如果要实现非导电功能，需要使用各种其他陶瓷粉，然后也是通过一些有机载体、有机组分相结合。可以说，这个技术平台和光伏导电银浆的技术平台是类似的，但也有不一样的地方：光伏导电银浆是导电的，也有有机载体，丝网印刷完之后是高温烧结，在经过七八百摄氏度烧结之后有机组分完全去除，留下导体电极。但是半导体封装是银浆或者其他非导电材料与有机组分相结合，通过点胶等其他转移方式转移到基底上，之后一般是进行两百摄氏度左右的低温固化处理，处理后有机载体还会保留。最终保留的结构会起到粘接、导电以及散热的作用。但无论是半导体芯片粘接的低温固化导电胶，还是光伏电池金属化的高温烧结导电银浆，都是有机、无机材料体系的配方化，都可以称作浆料、胶或者油墨类产品，负责实现金属化与互联功能。

"半导体封装的市场门槛更高，所以我们的策略是一样的，先从小厂开始做，目前我们已经拿到了两三家小厂的订单。先从小厂开始做，持续验证和改善产品，在得到小厂真正认可后再向大厂推广。"史卫利博士依然秉持着"渐进式创新"的策略。

材料产业瓶颈之问——我们的路途很长

如果说帝科主打的光伏导电银浆产品，虽然进入了全球第一梯队，但因国内也有多家同行供应商，还谈不上"高大上"，那么正在布局中的半导体封装导电胶产品就属于"关键基础材料"了。

2016 年 11 月，国家制造强国建设战略咨询委员会组织编制核心基础零部件（元器件）、关键基础材料、先进基础工艺、产业技术基础的发展目录，汇总成为《"四基"发展目录》。"集成电路封装材料"就位列新一代信息技术领域的关键基础材料目录之中。

在产业界，向来有"一代材料、一代装备、一代产业"之说。关键基础材料就是指先进工业制成品自身及其生产过程中所使用的支撑和关键材料，是先进制造业发展的基础。

在 2015 年国家制造强国战略推出后，工信部等部委在有关文件中坦承："材料先行战略没有得到落实。产业布局乱，低水平重复建设多，低端品种产能过剩，推广应用难等问题没有根本解决，仍然是制约制造强国建设的瓶颈。"

即使没有日本对韩国半导体材料出口管制事件的爆发，帝科对所在电子材料领域的中国短板现象也是深有感触——即使在集成电路封装这一中国已经具有相当竞争优势的领域，材料也基本依赖进口。

因此，我国半导体材料未来的国产化之路还任重道远。我们期待有更多的像帝科一样的企业，在市场竞争中涌现出来，做强我国的半导体材料产业。

蓝 创
Lanchuang

第十九篇

蓝创智能：因"数"而精彩

秦 伟

大数据时代，数据早已渗透到每一个行业和业务职能领域，成为重要的生产因素。人们对于海量数据的挖掘和运用，不仅预示着新一波生产率增长和消费者盈余浪潮的到来，更是催生出一批专业的以"数据集成与服务"为核心的智创型企业。

江苏蓝创智能科技股份有限公司（以下简称"蓝创智能"）正是该领域的领军企业之一，多年来坚持以"云平台＋端＋服务"为技术发展方向的蓝创智能发源于无锡本土，致力于成为以"数据采集"为基点、以"大数据平台"为支撑、以"数据服务"为最终价值的行业大数据集成与服务提供商。

在蓝创智能创办人兼董事长黄红娟女士看来，这个"数"的含义更重要地在于"我们通过信息化技术来实现数据价值，我们让客户通过我们精准的信息化采集、实时的数据分析，为客户做数据的价值体现"。

工业物联网产业的探索者

黄红娟 20 世纪 90 年代毕业于复旦大学，2009 年她告别上海，回到无锡，白手起家，希望开创一方属于自己的天空。"可能我的性格，我的做事方式，比较适合组建一些团队，成为一个团队的领导者，做一些力所能及的事。"黄红娟说道。

选址无锡，并不单纯因为自己是无锡人，在黄红娟看来，"无锡的整体环境有优势"。深深的故乡情结和无锡优良的双创环境，使得黄红娟选择回到无锡，扬帆创业。

"有了创业想法后，要选择一个领域，专注于一个领域，持续做一些服务。"而黄红娟锁定的创业领域就是自己在美国康奈尔大学进修的信息技术管理专业，"无论是工业互联网还是我们所说的工业信息化管理都是刚刚起步。所以我觉得这个机会很多，对创业者来说选择机会非常重要。"

2009 年，黄红娟和两个合伙人一起在无锡滨湖区成立的江苏蓝创智能科技股份有限公司正式开始运营，专业从事数据集成与服务。

与许多初创公司一样，蓝创智能初创期的艰难不言而喻，在 2009 年到 2014 年的 5 年间，黄红娟率领的蓝创智能一直都处于打基础阶段，她也常常为公司的发展夜不能寐，但是，黄红娟和她的团队，始终坚持着。因为她坚信，机会总是属于有准备者，只要认准了新兴的物联网产业方向，并夯实独有的技术实力，希望就在眼前。

"我不能失败，只能成功，只能往前走，只有把自己的后路堵

死才能有动力。"在黄红娟看来，创业就要有破釜沉舟的精神。

"物联网是一个风口，环保也是一个风口，在这个双重风口上，我们还是把之前的技术，在自己的行业领域垂直进行服务应用。我们是知识型创业，而非商务型创业。我们是靠技术去改变，靠技术去营造。"黄红娟的创业理念很明确，"所以我觉得做事情还是做踏实一点，不去考虑人家做多大，我还是考虑自己能有多强。"

黄红娟说："我们通过不断的积累，用我们的发现，用我们的技术积累去解决客户的一些痛点。我认为这一条路，跟我们在学校做老师、做教授其实没有太大区别。"

2015 年，是蓝创智能发展的一个转折，也可以说是一个跨越，"从 2009 年成立到 2015 年正好是 5 年，在五周年之际蓝创智能形成了自主的产品线。形成产品线以后，我们沿着这个产品线形成了延续的用户发展，在 2016 年由点到线到面进行了推广应用。"黄红娟解释说，"所以我们不管从公司经营数据，还是团队规模，还是用户的数量，我们都形成了一个有质有量的发展趋势。"

2015 年 12 月 25 日，蓝创智能成功在新三板上市，3 年后主动退市。针对这一主动退市的决策，黄红娟有自己的想法和规划，"上市为了规范自己，懂得怎么规范自己。通过上市新三板，在这 3 年的时间中，无论是我们的团队还是我本人，对资本市场已经有了一定的认知。换句话说，我当初选择挂牌的目的基本达到。接下来我觉得应该关起门来做好自己。蓝创智能快走了三年，后面要稳走两到三年，会再有一个质的飞跃"。

"现在我对自己公司的定位是：做专、做精，能够真正地为我的客户解决他们的问题。其实也就是把一个领域做透，品牌效应就出来了。我们现在不再是为了存活而做项目了，更偏向专注了。我们或许是一个不起眼的小公司，但我觉得踏踏实实往前走，每个小企业都有它活下来的理由。"在黄红娟看来，"活下来"是创业者的第一选择，"我们的每一项研发，肯定是围绕一个点研发，形成一条线去应用，形成一个片去推广。"

作为中组部"万人计划"人才、科技部"创新创业领军人才"、江苏十大领军人才，黄红娟的头衔很"牛"。今天的蓝创智能同样不简单，拥有多项知识产权，其中发明专利、软件著作权、高新技术产品超过 130 项，被评定为国家高新技术企业、工信部"国家中小企业公共服务示范平台"、国家两化融合管理体系贯标咨询服务机构。

蓝创智能已与中科院微电子研究所、机械科学研究总院、江南大学等建立了大数据、智能制造领域的合作，产学研转化风生水起。

创业是种修行

在蓝创智能创办之初，公司以 IT 咨询业务为主，从企业管理模式设计、业务流程重组、信息化解决方案设计与管理软件系统的实施应用等方面入手，寻找生存与发展的时机。

"我的理念跟其他的技术服务型公司不一样，我做的项目是云平台＋终端＋服务，我认为这个项目会给企业带来帮助，我就坚持做，只要能够解决客户问题、给企业带来帮助，这些项目就是我存在的意义。"黄红娟说。

在积累的过程中，蓝创智能团队挖掘了客户需求，精准确定了市场定位，抓住了行业痛点。

当前，我国制造业发展正处于新旧动能接续转换的关键时期，在物联网新兴战略产业的推动下，传统企业向物联网智能化转型，并逐步升级到智慧化生产。物联网新经济市场的出现，不仅带动了全球经济的增长，还使人类社会迈入"智慧革命"新时代。

"大数据开启了信息化发展的新阶段。蓝创智能将紧跟时代潮流，把握市场先机，充分挖掘大数据价值。"黄红娟表示，"蓝创智能凭借多年的行业经验累积和技术创新应用实践，深耕大数据市场，在环境监测、数字化工厂、大数据分析等领域提供基于云计算的整体解决方案。"

"智慧工厂更是在数字化工厂基础上，集各种新兴技术和智能系统于一体而构建的人性化工厂。"黄红娟进一步解释，智慧工厂需要具备高度的精益化和自动化水平，同时拥有强大和完整的信息系统，连接工厂内外，并灵活调整生产的各个环节。更重要的是需要配备以价值创造为驱动力的敏捷型组织及人才，才能充分发挥智慧工厂硬件及软件的最大效能。智慧工厂提高了生产过程可控性，减少了生产线人工干预，及时准确采集作业数据，因此能增强核心竞争力、提高生产效率及合理编排生产等。

近年来，随着德国政府"工业4.0"战略的提出，在全球范围内引发了新一轮的工业转型竞赛。作为以智能制造为主导的第四次工业革命，"工业4.0"战略通过充分利用信息通信技术和网络空间虚拟系统——信息物理系统相结合的手段，将制造业向智能化转型。

智慧工厂作为"工业4.0"最主要的应用实体，为智能制造起到承接落地作用。

"我认为是一个联动的过程。"黄红娟对于智慧工厂建设有自己的看法和见解，"像蓝创智能这样服务型的公司肯定要有装备制造业很踏实的基础才能更好地实现工业互联网服务。反之，装备制造业要真正地进行转型升级，它需要我们互联网企业服务。二者是相辅相成的。"

"制造业企业的经营者真正地应该跟我们互联网服务的一些企业做深入交流，甚至能够进行一个片状的点对点的交流，也许这样做迸发的关系会更紧密，互相多交流是非常重要的。"黄红娟建议，"现在有些制造业企业还是很传统的想法，他们觉得只要挖两个IT的技术人员，就可以设计出一套自认为可用的软件技术，就满足

了。其实这种想法还需要纠正，专业的事还需要专业的团队做。"

黄红娟说："智慧工厂是必然趋势，但是目前还需要时间。对工业互联网技术服务型企业人员来说是一个不断提升能力的过程；对制造业企业的企业主或者经营者来说是一个不断改变认知的过程。"

"我们所谓的能力不仅仅指产品技术的开发能力，更是对制造业企业需求的认知把握。"黄红娟表示，因此，蓝创智能在"数字化集成与应用"领域，因地制宜，提出了一系列的行业互联网应用技术服务解决方案，更是我国成立较早的专业咨询服务机构之一。

在黄红娟看来，未来的智慧工厂，传感器、机器、工件和IT系统将相互联结起来，超越单个企业扩大到价值链。这些联结系统可以与基于因特网协议的其他系统相互作用，分析数据、进行预测和自动配置来适应变化。"智慧工厂可以实现跨设备的数据收集和分析，更加灵活高效地生产出低价高质的商品。这反过来还将提高生产效率、转变经济发展模式、促进工业增长，最终提升企业和地区的竞争力。"黄红娟说。

黄红娟介绍，蓝创智能助力企业从主要业务流程和组织结构的优化调整、数据开发利用、技术实现等方面着手，从资金投入、人员配置、设备需求、信息资源及信息安全方面进行规划，建设智慧工厂管理系统，分模块进行 ERP、MES、DNC 等系统的实施落地，实现单据电子化、过程可视化、设备智能化的全面提升。

"蓝创 MES 系统是由蓝创智能针对中国制造业管理现状，定制开发的一款生产管理的集成系统。"对于蓝创智能的产品，黄红娟非常有自信，系统集成了诸如智能排产、生产管理、资源调度、质量控制、设备分析、生产报表等管理功能，使用统一的数据库和通过网络联结可以同时为生产部门、质检部门、工艺部门、物流部门等提供车间管理信息服务。

"蓝创 MES 系统通过将生产车间的生产计划和进度安排、追踪、物料流动、质量管理、设备的控制和计算机集成一体，用准确的数据进行及时的指导和处理分析，大幅提高制造效率、改善质量、降低成本和能耗，将传统工业提升到智能工业的新阶段。"黄红娟表示，"通过远程控制系统解决方案，可以实现远程维护设备、设备故障预警、综合性的多功能监控系统、基于大数据分析的行业维护、运营方案、设备具备平滑升级的能力，保证今后系统的扩容。"

蓝创智能基于大数据分析与决策的智能制造新模式的智慧工厂解决方案，污染源在线监测系统及智慧环保解决方案，包括智能网关、水质在线自动监测仪在内的终端硬件等一系列软硬件产品的研发，为创立才短短 8 年的蓝创智能赢得了包括中国电子、华能电缆、海太半导体等大客户们的一致认可。

"10 年的摸爬滚打，'上下求索'是我最喜欢的四个字，对我来说，数据是我的武器，创业是我的修行。"

"公司中绝大部分是'80 后'、'90 后'，甚至'80 后'已经成为公司的中坚力量"，对此黄红娟笑言，"他们都喊我老黄。"虽是玩笑般的外号，"老黄"本人对此倒是不以为意——"我希望我的'老'，不是因为年龄，而是因为能力，因为我能够帮助他们发现问题、解决问题。"

"对我来说，对蓝创智能来说，在今后的团队建设中，对年轻人要给予展现机会，给予犯错空间，给予纠正时间，我更希望公司的管理者更多地扮演像导师的角色，能够用心让更多的年轻人去成就自己，实现自己的人生价值。"

让环保变得更简单

黄红娟根据自己在环保行业奋斗 10 多年的经验提出："智慧环保首先是理念上的转变。当前，环保企业要变被动为主动，从 1.0 末端治理阶段过渡到 2.0 生产绿色化阶段，并努力向 3.0 构建生态文明阶段前进……"

环保产业 3.0 时代的到来，生产的各环节处处体现了环保优先的原则，环保管控也从强调单一治理逐渐转变为系统统筹，环保行业成为最适合推进物联网应用的少数几个行业之一。"一直以来，蓝创智能深度聚焦环保产业发展，在开拓创新、打造专业化的道路上从未停止前进的脚步。"黄红娟说。

基于自主技术，蓝创智能围绕"数据集成与服务"，在环境监测领域建立了较为完整的技术和产品体系，构建了"环保大数据平台＋环境监测硬件终端＋第三方运维服务"的整体业务布局，形成了涵盖设备联网、数据采集、平台支撑、大数据分析、业务处理、第三方运维在内的产品与服务闭环，并在化工、钢铁、纺织印染、表面处理、酿酒、石油等行业形成系列解决方案和典型用户案例。

"我们蓝创智能的 Squirrel 云平台，为工业及环保领域提供了一个数据采集、管理、分析的平台，主要用于各行业各系统的承载与管理。"黄红娟介绍，Squirrel 云平台具有前瞻性、高伸缩性等特点，通过使用 Squirrel，用户可以从起始只有一个应用系统而随着企业的信息化发展逐步添加系统，直至最后充分利用这些数据进行分析、处理以帮助企业生产与管理。

据了解，Squirrel 云平台包括"蓝创智慧环保综合信息管理平台""污染源在线自动监控管理系统""在线仪运行智能化管理系统""餐饮油烟在线自动监控管理系统"等多个应用子系统，以及数据采集智能处理终端、油烟监测传感器等多款智能硬件终端设备。Squirrel 的出现解决了工业及环保行业大数据应用场景的缺少问题，帮助环保及工业领域企事业单位从 IT 时代平滑过渡到 DT时代。

"再比如蓝创智能园区管控治一体化解决方案、钢铁焦化无组织排放管控治一体化解决方案、餐饮油烟在线自动监控管理解决方案、远程智能控制管理解决方案、放射源云智能监控管理解决方案，都展示出蓝创智能在环保科技创新技术研发和需求应对方面的核心竞争力。"黄红娟自豪地说。

10年来，蓝创智能凭借多年的行业经验累积和技术创新应用实践，不断深耕大数据市场，成功开发了具有自主知识产权的环境监测智能硬件终端设备，达到了对国外同类产品的替代水平，建立了以水质、空气质量监测等软硬件系统为主的产品线，并在全国建立了多个环境监测服务网点，形成了覆盖全国的区域服务优势。

蓝创智能智慧环保相关产品与大数据的深度融合，形成了对污染源、环境质量的全天候、全方位、立体化监控体系，实现了环境管理向数字化、网络化、智能化的转型，让绿水青山真正成为中国可持续发展的金山银山。

"推动环境产业开辟新格局，开拓新方向，需要环境产业链各环节企业之间战略协同，充分挖掘并有效整合不同地区的环境资源，增强与行业客户之间的黏性，凝聚起共生的力量。"黄红娟也表示，"蓝创智能作为环保行业领先的整体解决方案提供商也将积极参与到全产业链生态平台的建设中来，充分发挥企业技术优势与行业优势，共同推进环境产业技术革新与进步。未来，蓝创智能也将进一步加快从技术研发到市场化应用的进程，充分发挥企业技术优势与行业优势，以数据挖掘价值，用创新推动升级，为环保行业的发展、生态文明的建设作出持续贡献。"

对话最后，蓝创智能董事长黄红娟寄语这个变革的时代，表示蓝创智能聚焦数据集成与服务，专注帮助企业转型升级，全面提升客户产品核心竞争力与销售力，蓝创智能未来将更加美好！她对陪伴蓝创智能一路走来的支持者表示感谢并表示蓝创智能将"不忘初心，怀揣梦想，走向下一个五年，十年，二十年……"。

XINJE

第二十篇

信捷电气：为工控自动化智能化而奋斗

崔人元

无锡信捷电气股份有限公司（以下简称"信捷电气"），积极响应国家"制造强国建设战略"，适应市场发展需求，扎根于工业自动化智能化控制领域，励精图治，坚持奋斗，成为中国工业控制自动化智能化领域高速发展中的一家领军企业。2016年，信捷电气成功实现主板上市，不但打破了资本市场上多年来已未再有工控自动化智能化领域的企业上市的沉寂，在中国工控领域里也具有里程碑式的意义，标志着又一个本土工控企业赢得了重要的市场地位。

信捷电气以"信以致远，捷行弘毅"为企训，以"自主创新，迅捷务实"为宗旨，专做工控产品的研发、生产和销售，拥有比较完备的智能控制系统核心部件产品线，近年已成为优质的自动化行业综合产品及智能控制系统解决方案供应商，其主要产品类型及特色为：工业智能控制系统中电气控制系统，主要包括PLC（可编程控制器）、人机界面、驱动系统（主要是伺服驱动器和伺服电机）、机器视觉等；电气控制集成应用，为FA（工厂自动化）领域客户提供"整体工控自动化解决方案"。

因为爱好技术而创业

1991 年，李新从江南大学工业电气自动化专业毕业，进入一家中日合资企业工作。但 10 年间，只能做边缘性技术支持的工作，这完全磨灭了李新入职之初的职业憧憬——扎根研发、学习并提升自己的技术水平，成为技术专家。长期有志难伸的郁闷，让李新萌生了自己创业的想法。2000 年，李新和也是技术爱好者的朋友邹骏宇，利用两人仅有的积蓄，成立了一个包括创始人和保洁阿姨在内的 10 人公司——信捷科技电子有限公司（以下简称"信捷公司"）。

"当时创办公司，主要是凭着对工业自动化的浓厚兴趣，也希望有个自由自在的工作环境，挣钱不比原来少就行，真没有想什么长远的目标，壮志雄心更谈不上。"这段话表现出李新一贯的求真务实风格，但也可认为是低调吧。在随后几年里，顺应国情和市场的发展，李新又与人成立了几家公司，从事工业自动化智能化领域产品的研发、生产和销售业务。

初创的信捷公司是自动化行业的新手，技术底子薄，资金也不多，所以选择了对技术和成本要求都比较低，但应用市场较为广阔的 OP 文本显示器作为发家产品。信捷公司的初代文本显示器 OP320，一经推出就较为顺利地获得了市场的认可，达到了预期的收益（略有盈余）。这极大地缓解了公司资金和市场的压力，振奋了创业团队的信心。

随后，信捷公司开始把 PLC（可编程逻辑控制器）的研发提上日程。PLC 是工控系统的 CPU，按控制点位的不同，PLC 可分

为大型、中型和小型产品，其中小型 PLC 市场最为广阔，但 PLC 市场长期被昂贵的德国西门子、日本三菱等进口产品垄断。李新认为，小型 PLC 市场有 90% 以上用于 OEM 市场，下游虽应用在多个行业而且利润较薄，没什么国内企业愿意做，外企也不重视，所以一直缺乏优质供应商，但中国对 PLC 的需求在不断增长。市场摆在眼前，可以先做小型 PLC，积聚实力后再做中型 PLC。

信捷公司上下热血沸腾地奋斗了两年，开发出了初代小型 PLC-FC 系列。可是，这个系列的市场却并未像 OP320 文本显示器那般顺利打开，而是遭受到了 90% 应用商的冰冷拒绝，连推广试用的机会都不给，理由一致：不用国产货，只认外国货。即便国产的价格更低、性能更高，也改变不了他们多年的习惯。信捷 PLC-FC 系列遇到了品牌壁垒。

此时此刻，无论如何都不能往后退却。这个壁垒却让李新更加坚定了决心："PLC 是自动化应用的心脏，必须打破外国垄断，由中国品牌来主导，我们一定要做出自己的品牌。这个过程也许很漫长，但值得坚持。"既然还剩下10%的用户没有拒绝，这就隐含着机会！所有信捷人对此都加倍珍惜，决定采用给这些用户实行免费试用PLC-FC系列的推广方案。但这些用户对工业自动化的了解大多非常浅弱，很多领取PLC-FC产品的客户都直接把它们搁置在了一边，要么放弃了自动化改造，要么也采用外企产品。信捷公司当时也没有配备比较专业的电气、自动化相关的工程师。为了往前再走哪怕半步，信捷公司决定培养自己的行业应用团队，不仅售卖PLC-FC，还免费帮客户做系统方案。

就这样，一家一家地进行配套服务，一点一点地把市场打开，不但让越来越多的客户见识到了信捷PLC-FC系列的优质性能，同时配套的系统方案也较大程度地降低了客户的技术、人工成本，越来越多的企业愿意让信捷公司的产品进入其供应商名录。通过PLC-FC系列的推广经验，信捷公司成功切入了智能控制系统FA领域，而且摸索到了一条适合自己的发展道路。

信捷公司发展到2008年，李新萌生了让公司上市的最初想法，并开始陆续整理之前成立的各公司业务，成立了无锡信捷电气有限公司。2012年，信捷电气完成有关变更，正式更名为无锡信捷电气股份有限公司，此时信捷电气的发展形势引起了外企的"关注"，多家外企找到李新，要求高价收购信捷电气，但都被他拒绝了。"卖给他们，我们可以马上挣一大笔钱，但会失去许多东西。中国工业自动化智能化的核心技术，中国人必须掌握。"2013年，信捷电气收购了李新在德国设立的一家公司90%的股权，开拓海外业务；该公司主要负责信捷电气产品在德国的销售，在德国商务部公布的统计数据中，该公司是在德中资电子企业中第一家盈利的企业。2016

年底，信捷电气在上海证券交易所主板上市。

继做出 PLC-FC 之后，信捷公司开始把高性能 PLC、人机交互界面、伺服驱动系统、机器视觉检测系统等自动化系统核心提上研发和推广日程，做出了一系列功能更为强大的新品，并在市场推广上蚂蚁啃骨头般地稳扎稳打，得到了越来越多客户的认可。如今，信捷电气已经成为中国小型 PLC 市场份额排名第一的内资品牌，也成了唯一与长期垄断市场的外企品牌短兵相接地进行正面竞争的国产品牌。面对竞争态势，李新笑道："现在国内'山寨'猖獗，我们也有好几款产品被仿造了，虽然它们给我们造成了直接经济损失，但也间接为我们作了市场宣传，虽然不能说感谢，但是这好像也说明我们做得还不错吧，同时逼着我们要更加努力地奋斗，一直走在前面。"

不断创新是企业发展的第一要义

信捷电气把不断创新当作企业发展的根本。为加快构筑信捷自动化创新平台，信捷电气始终坚持自主研发，每年技术研发投入占比保持在营业收入的 7% 以上。信捷电气与多所高校建立校企合作关系，资助科研院校团队参与技术攻关，和高校联合编写教材，培养更多优秀的工控人才，建立奖学金激励制度以及与数十所高校共建实习基地，吸引更多的优秀人才投身工控行业。信捷电气先后成立了"无锡信捷电气股份有限公司工业自动化智能控制技术研究院""江苏省（信捷）机器视觉与智能系统工程技术研究中心""江苏省企业技术中心""江苏省工业自动智能控制技术工程中心"等研发机构。

至 2019 年初，信捷电气累计已经申请专利 123 项，获得专利 76 项，其中发明专利 33 项，实用新型 27 项，外观专利 16 项，授权软件著作权 32 项，有效商标 71 项。信捷电气始终保持"投放一代，小批量一代，在研一代"，储备了两代新产品，新一代产品比前一代产品的性能、技术、附加值都呈现更高的研发态势。

一个完整的 FA 系统需要三个层次：感知层负责测量，决策层负责控制，执行层负责行动。有时也将执行层划分为驱动层和执行层，驱动层的工控产品包括变频器、伺服驱动器、步进驱动器等，执行层主要是伺服电机、直驱电机、阀门等。信捷电气的产品现已覆盖了 FA 领域的各个层级，例如，感知层的机器视觉、决策（控制）层的 PLC 和人机界面，执行（驱动）层的伺服系统、变频器、步进驱动器等。信捷电气已成功自主开发多个系列的 PLC、触摸显示器、变频器、全数字步进驱动器、交流伺服驱动器、智能相机、网络通信模块等工控领域通用产品。公司为企业定制的行业解决方案，也已成功应用在纺织行业、打磨行业、数控行业、分切行业、印刷包装行业、线缆行业、非标行业等多个行业，从单一的产品供应商转变成了综合电控解决方案供应商。

依靠强大的、不断前进的技术研发实力，信捷电气的四大业务板块，业绩都非常亮丽——

一、PLC：信捷电气的 PLC 现在是国产名牌，稳定性高，抗干扰能力强，功能模块多，易编程，具有现场总线技术等技术特点和优势，同时产品系列比较齐全，根据市场发展和客户需求，陆续推出了 PLC-XC、PLC-XD（含 XD3、XD5、XDM 运动控制型及 XDC 运动控制总线型）、PLC-XE、PLC-RC、PLC-XL、PLC-XG 等系列的多种产品；在不断拿下小型 PLC 市场的基础上，已逐步转向中型 PLC 等高端领域以及紧密相关的其他工控产品延伸产品线。

二、驱动系统：驱动控制类产品是近几年工控产品中增长速度最快的一类产品，市场随着消费电子产品、工业机器人等的发展而增长。信捷电气紧跟时代发展趋势，优化了驱动硬件，大幅提升处理器数据处理能力，为实现更高、更快的运算处理提供强有力的平台支撑；通过自主研发，强势推出 EtherCAT 总线伺服，配合自主研发的主站 XG2 型 PLC，同时兼容市场上支持标准 EtherCAT 协议的其他品牌主站。主要产品包括 DS（含 DS2、DS3、DS5 高性能型）系列伺服驱动器、MS 系列伺服电机，驱动系统已经在 3C、印刷与包装以及纺织印染等行业得到成功应用。

三、人机界面：信捷电气的人机界面技术已经较为成熟，操作简单，性能稳定，功能多元化，具有多种系列、多种规格的完善产品线，主要包括工业触摸屏、文本显示器等，主营产品包括 TM、TH、TG、TE、MP、CCSG 等系列，其中的 TG 系列触摸屏支持图块编程功能，能够实现客户的现场编程，具有较强竞争优势。

四、智能装置：信捷电气的智能装置的主要核心零部件均具有自主知识产权；机器视觉产品具有较大的技术优势，与自己的高端伺服控制系统结合，形成全面智能化的智能装置体系。智能装置已在纺织、机械、3C 自动化和特殊行业智能装备等领域的设备上，提供电气＋视觉的全套解决方案。

"完备的产品线使得我们的市场竞争力进一步加强。客户使用我们的方案与产品，整套过程都能自行解决。"李新说，"我们将坚定地走'以技术创新确立市场竞争优势，以技术＋行业工艺实现市场行业延伸，以行业延伸进一步带动技术升级'的技术创新与市场销售相互推动的可持续发展路线。"

以深入行业的解决方案赢得更多用户

信捷电气重视维护自己的品牌形象，在下游行业享有较高的品牌知名度与美誉度，得到了客户、同行及相关主管部门的肯定。企业及产品先后获得了江苏省著名商标、江苏省中小企业专精特新产品、江苏省名牌产品资质认定和江苏省科技创业优秀民营企业、江苏省民营科技企业、江苏省中小企业管理创新示范企业、江苏省科技型中小企业、工业强省六大行动重点项目单位、2015 年两化融合转型升级试点企业、2015 年创新型十强企业、江苏省十大杰出科技企业、飞凤奖、江苏省软件产品金慧奖、第十三届中国自动化年度创新产品奖、中国专利优秀奖等多项荣誉。

信捷电气高度重视客户，在与其他利益相关方的关系上也处理

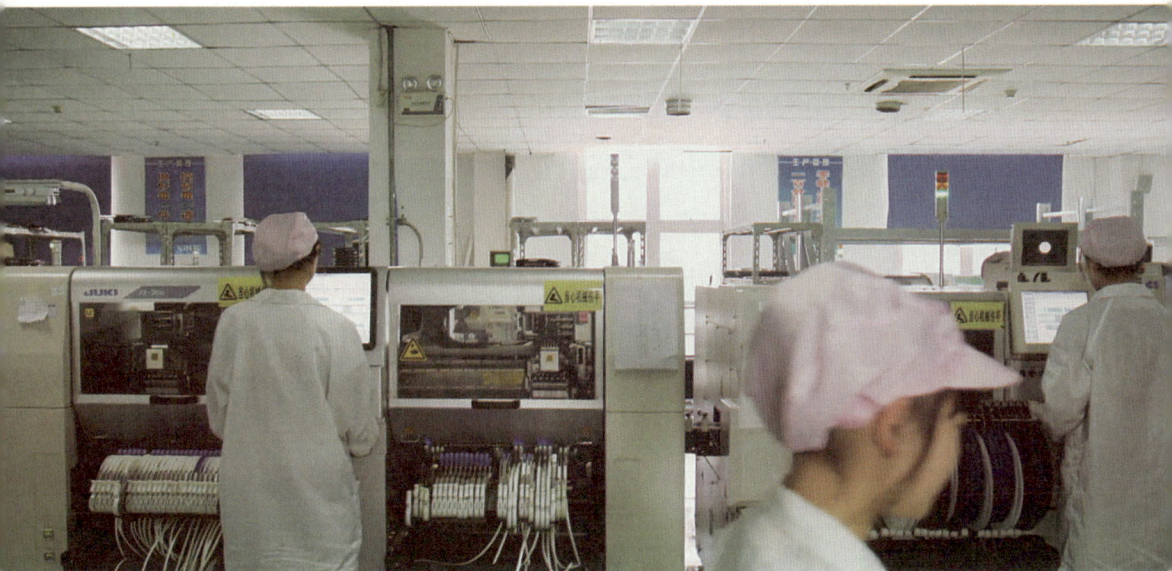

得很好。对内，重视人才，除了管理层持股外，一些重要的技术人员也都获得了股权激励。对外，经过多年精心培育，建立了覆盖中国、欧洲、美洲、东南亚、中东及非洲等地区的 40 个办事处、200 余个代理商的经销商网络。

信捷电气顺应当前工业互联网和智能机器人的发展趋势，采取行业营销和产品营销模式，聚焦细分行业和进口替代，为客户提供高质量、高性能的工控产品和服务，满足客户产业升级和自动化改造的需求。在开拓客户时，当地的经销商、销售人员和信捷电气的解决方案人员共同参与，相互配合，共同开拓客户，深度挖掘和捕捉客户需求，并进行解决方案的定制化。以解决方案的形式卖产品，不但实现了量身定制和增加客户黏性，并对具备类似需求的客户有快速复制的能力，而且相比单品有更高的附加值。

2016 年以来，信捷电气成立细分行业开发部、重点客户服务部，在通用型工控产品的基础上，利用已有的行业解决方案的经验，持续加大投入，开发行业专用控制系统，主攻行业内的龙头企业，打造标杆客户和样板工程，并推广到行业内其他客户。与通用型产品相比，在满足客户的产品易用性、经济性的同时，高附加值的解决方案在细分市场内有更强的竞争力，因为有提供整体解决方案的优势，基于自主产品进行设计，短期难被竞争对手所复制，而且行业专用产品容易做出爆款产品，成为细分市场的隐形冠军。信捷电气已经在包装机械、数控机床、玻璃机械、木工机械、纺织机械等多个行业细分领域推出了行业解决方案，先树典型，再广泛铺开，已经取得了可观的市场份额。

信捷电气具有快捷、专业的服务优势。当初组建的行业应用团队已逐步成为开拓市场的重要力量，后来归属于研发中心的行业项目部。由于拥有专业的技术支持团队和售后服务团队，在部分重点地区建立了成熟的技术团队，实现服务本地化，使客户服务的响应更加快速，能够及时为客户解决问题，节省客户的时间成本，保证客户的正常生产和运营。而产品品质过硬、性能可靠、服务及时到位，又使得客户对信捷电气品牌的忠诚度增高，从而促进企业的市场占有率不断扩大。

信捷电气在"成为一流的工业自动化系统厂商"的愿景指引下，深入研究工控技术，开发出贴近客户需求的工控核心部件（PLC、人机界面、伺服驱动系统等）和智能装置系统，为客户开发出个性化的整体解决方案，形成了良好的可持续的企业发展态势。多年来，信捷电气四大业务板块市场占有率稳步提高，产品的毛利率可观，公司营收和净利润实现了两位数的年均复合增长率，业绩稳健增长，财务指标健康。

为工控自动化智能化而奋斗

"经过多年的发展，我们取得了一些成绩，但还有很多地方要改进、要加强。"对于企业发展的现状和未来，李新有清晰的判断和规划，"理想中，今后五年的发展速度应该超过前五年，而且年均增长率要高于前五年。随着基数的增大，这个任务很艰巨，但如果企业不以这样一个速度增长，那就说明它内部革新速率不够，多方面管控有待加强。无论从工业发展的趋势还是国家政策的引导看，信捷电气都要一门心思在工业自动化智能化上坚持奋斗，要做得更专、做得更精、做得更高、做得更新。"

"最初创业没多少想法，但随着企业的发展和中国工业自动化智能化的发展，我们自身也有了很大的改变，看到了这个进程中的很多艰难，也越来越感到有一种责任和使命。"回首过去，展望未来，李新语气沉重而又坚定地说道，"信捷电气的战略定位是'国际性的工业自动化控制产品与智能控制系统行业的领先企业'。企业要发展成为具有国际竞争力的工控产品供应商，提供高度自动化、智能化的产品及整体工控解决方案。从内心里说，我们首先渴望'中国工业的自动化智能化由中国人自己控制'，首先为中国的工业化、自动化、信息化和智能化这个'新四化'梦想而努力奋斗，要为中国制造业提供更优质的自动化智能化产品和解决方案。我们只要不停地奋斗，这个梦想是一定能够实现的！"

李新的这番话，让我们自然地想起中共十九大报告中的一个充满正能量、出现了 30 次的词语——"奋斗"。响应号召，坚持奋斗，是信捷电气的基本品质和风格，也是信捷电气事业长青的基因和保证。

第二十一篇
科虹标牌：大"品牌"的幕后英雄

黎光寿

在中国以及国外一些国家，有一家公司生产的产品，人们几乎每天都要看到和用到，但很少有人知道这家公司的名字，只知道这家公司产品外边所明示的品牌。

这家公司生产的产品，明明白白地附着在冰箱、空调、洗衣机和汽车内饰里，世界上最主要的冰箱、洗衣机、空调品牌，都会用到这家公司的产品。无论是国内的海尔、海信、美的、长虹、奥克斯，还是国际知名的三星、松下、三菱，只要是冰箱、洗衣机、空调，人们每一天看到的标牌，都是这家公司生产的。

这家公司叫无锡科虹标牌有限公司（以下简称"科虹""科虹标牌"），始建于1983年，重建于1999年，注册资金只有2000万元，2018年营业额也只有4.3亿元，现有三个事业部共800余位员工，是一家非常不知名的公司。不过，这家公司是一家实打实的隐形冠军企业，在全球范围内，至少在冰箱、洗衣机和空调外壳生产上，至今还少有这家公司的对手。

　　科虹标牌究竟是一个什么样的存在？在科虹标牌成功的背后，究竟经历了什么样的故事？2019年6月，记者来到了科虹标牌。

从铜铝标牌开始

　　科虹标牌位于无锡市光电新材料科技园内，一座次新的办公楼，就是科虹标牌总部的办公楼，后边是大片厂房。走进陈列室，墙上挂着各种空调的外壳，美的、三星、长虹、奥克斯、海尔都赫然在列，地面上也有几个圆筒空调的外壳。在工作台上，还有一些洗衣机、电饭煲的面板。

　　"科虹的前身是一家村办企业，主要做铜铝的标牌"，科虹标牌总经理钱小玲介绍，今天科虹的新生是从1999年12月开始的，"当时陈总夫妇带着一个技术工人，成立了一家新公司，名字就叫作科虹，就是一直持续到现在的这个企业。"

陈总就是陈建平，他原来曾经给小天鹅等企业做过面板，科虹成立后，他一方面要负责研发，一方面还要负责生产销售，"他有一辆很老的桑塔纳，每天就开着那辆桑塔纳去小天鹅送货"。

陈建平原来特别乐于助人，有两个受他帮助过的供应商看到他自己创业，各拿出 50 万元出来，原工厂有 28 名工人也响应陈建平，愿意无条件地跟随他一起创业。他们租了一个 1000 平方米的厂房，就从小天鹅的订单开始，撸起袖子加油干。

科虹标牌总经理钱小玲介绍，科虹开到第 5 年的时候，就做到了 6000 万元营业额，到第十年的时候就做到了 1.3 亿元。第一桶金就是海尔的一款具有镜面效果的显示面板，这款面板是电镀的，看起来闪闪发光，"我们就是从闪闪发光的建筑上得到的启发，这也是中国第一家率先把建筑上的元素运用于家电领域"。

这些家电面板看起来十分简单，但当时国内很少有企业能够生产，质量也不稳定，许多家电企业主要靠进口，而科虹给海尔制作的面板，深受海尔的推崇和肯定。陈建平还是每天在他并不宽敞的办公室内专心致志地搞研发，不承想新的生意就找上了门。

上门的企业是三星，今天中国最知名的家电企业之一，希望能将反包边技术运用于面板上，寻访多家企业未果后找上了科虹，一开始三星并不抱多大希望，然而科虹给了他们惊喜，完美地将反包边工艺运用到面板上，大大提升了面板实用性和美观度。自此，科虹也打响了在家电行业内的知名度。

"现在的家电企业，只要是知名的品牌，基本上都是我们的客户。"钱小玲介绍，科虹目前已为海尔集团、松下集团、TCL 集团、LG 集团、新科集团、新飞集团、长虹集团、格力集团、三星集团、小天鹅集团、上海三菱空调、夏普、索尼、东芝等国内外著名家电企业成功配套，产品深受他们的青睐。

数据显示，2018 年科虹标牌的主营业务收入为 4.3 亿元，研发发明专利 38 件、实用新型专利 32 件、外观设计专利 64 件，用于研发方面的资金约为营业额的 3.5%。而科虹也陆续通过 ISO9001：2015 质量管理体系和 ISO14001：2015 环境管理体系认证，并获评为江苏省民营科技企业、无锡市高新技术企业、江苏省高新技术企业等。

家电面板后面的高科技

作为一家做面板和标牌的企业，为何地方政府会给科虹标牌高科技企业的资质认定呢？难道这真有什么高科技不成？正确的答案为"是"。

我们常说"术业有专攻"，对科虹标牌来说，要做好家电面板这门生意，需要不断地更新自己的生产设备，还要研发能应用在新设备上使用的原料和耗材，还要有很好的创意，才能做出让客户满意的产品。

从一开始，陈建平确立的科虹质量方针是"为顾客提供优良的产品和满意的服务，持续满足顾客和法律法规的要求"，以超越客户的期望为目标，全面持续改进，不断提高公司的管理水平，力争在较短的时间内使科虹产品走向世界。其公司网站上还专门有一个声明，公开宣布科虹不使用来自冲突地区的金属及金属制品。

科虹的产品是什么呢？公开资料显示，该公司主要产品为基于各种 PC、PVC、PET、PMMA（亚克力）、IMD（IML）等材料的丝网印刷且带镜面效果的装饰标牌，以及金属工艺品、电子电力元器件、塑料零件、玻璃制品、模具、汽车零部件及配件、家用电器零部件。

这段话比较长，我们分解一下。

从原料角度看，科虹标牌的加工原料有 PMMA、PC 材料等，这些原料主要来自进口，为此科虹的高端组装线及涂料也主要来自国外进口，生产出的产品和材料具有高抗划、耐磨等优良性能，其中 PMMA、PC 表面硬度分别达到 4H、1H 以上。该公司拥有全套先进的自动化生产设备、检测手段和完善的售后服务。

"从印刷设备的角度看，科虹的设备是目前最好的。"钱小玲介绍。在该公司车间里，有来自意大利的全自动滴胶机、我国台湾的注塑机、我国香港的自动丝网机，还有从美国和我国台湾地区引进的电脑激光雕刻机、激光切割机、激光打标机、丝网印刷机、高精度平板喷绘机彩晶玻璃生产流水线、全自动卷材印刷机等。

为什么科虹的高端原材料主要从国外进口呢？钱小玲介绍，这跟客户的要求有很大关系，"我们的客户主要是一些大型的跨国公司，许多客户找过来以后，主要看我们的制造设备和设计能力，然后给我们指定了特定的原材料，生产的过程中他们还要来核查"。

为何有些设备也要进口呢？钱小玲说，在制造设备上，目前大陆产设备与进口设备还存在一定的差距，尽管进口设备价格更贵，但成品率高，使用这些设备可以减少浪费，且部分客户指定用何种设备，在认证的时候已经作出了投入，也只能一直使用。

"科虹有自己的设计研发能力，只要是客户到我们这儿来提出要求，我们就一定能够满足客户的要求，在很短的时间内设计制造出产品"，钱小玲介绍，与同行业企业相比，科虹的每一款产品和服务，都会让客户的成本降低 5% 到 10%。

科虹标牌还有一项业务，也是目前该公司主要推广的新业务，就是汽车车载装饰件，包含车载内饰条、仪表盘装饰件、前左右装饰件、换挡面板、储物盖装饰条、车门装饰条、车辆外饰电镀件、车门保守电镀件、反光镜灯罩电镀件等。

做家电行业的优秀供应商

现在无论是在家电超市里，还是在电商网站上，琳琅满目的家电让人眼花缭乱，在家电外观越来越漂亮的同时，功能也越来越强大，人性化的设计也越来越多。在人们购买这些家电的时候，交口称赞的，往往会是这些家电品牌如何如何，但实际上，家电领域里的一些改变，却是科虹这样的企业努力的结果。

对于科虹来说，为了适应家电的国家标准或行业标准，在外壳制造和印刷的时候，必须要选择好材料，为此，科虹将原先电镀件改为烫金装饰件，杜绝了污染问题。

长虹有一款空调面板是蓝宝石系列，该面板上还有钻石花纹，在研发的时候长虹的技术员要求达到反包边模式，经过科虹技术人员的集体努力，最后出来的产品属于超轻超薄的产品，还可以反包边 270 度，同行看了都比较吃惊。而这项反包边技术后来也应用到了三星洗衣机上，不仅提升了洗衣机的颜值和档次，而且还提升了安全系数。

钱小玲介绍，美的有一款儿童星空调，能扫描到小孩踢被子后体温的变化，并自动加温。为实现这一功能，在空调的面板里安装了红外线传感扫描摄像头。科虹还在洗衣机面板上大胆创新，将线

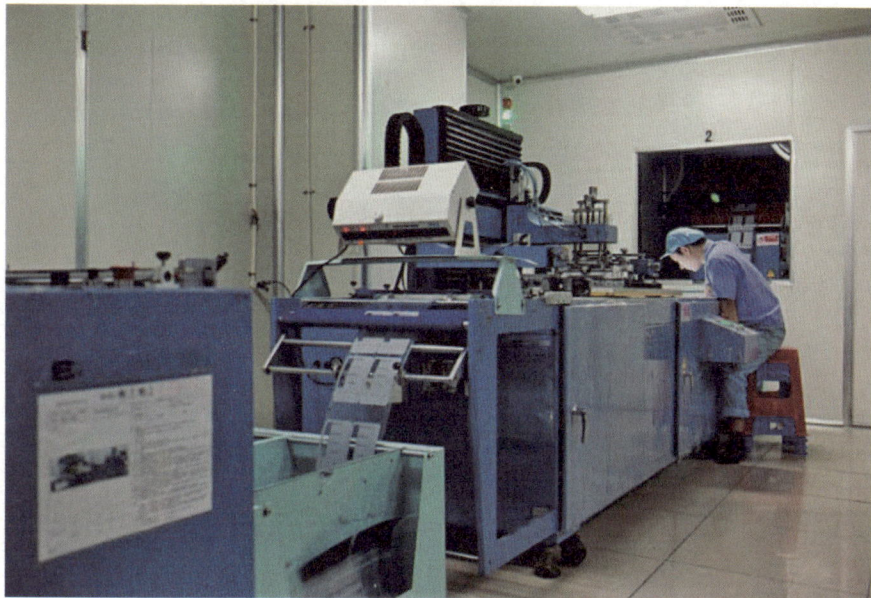

科虹生产车间

路板直接融入面板中，并加入反包边技术，使得洗衣机面板更轻薄、更安全，此项技术在亚洲地区领先。

科虹将技术视为第一生产力，设有江苏省工业设计中心，成立各项目研发小组，团队紧密合作，致力于产品研发。每年科虹用于科研的经费大约1300万元，约占总营业额的3%到4%，其省级企业技术中心和省级工业设计中心共有研究人员近50人，占全体员工总数的1/10。

企业还参与制定了"彩晶玻璃"国家标准和"聚甲基丙烯酸甲酯（PMMA）镜面装饰面板质量要求及检验方法""网版印刷聚氨酯胶刮使用要求及检验方法"2项行业标准。

科虹在面板设计制造过程中，将用于广告的传统技术手段大量应用到面板技术中去，比如逐行扫描技术，就是重要的一项技术。而

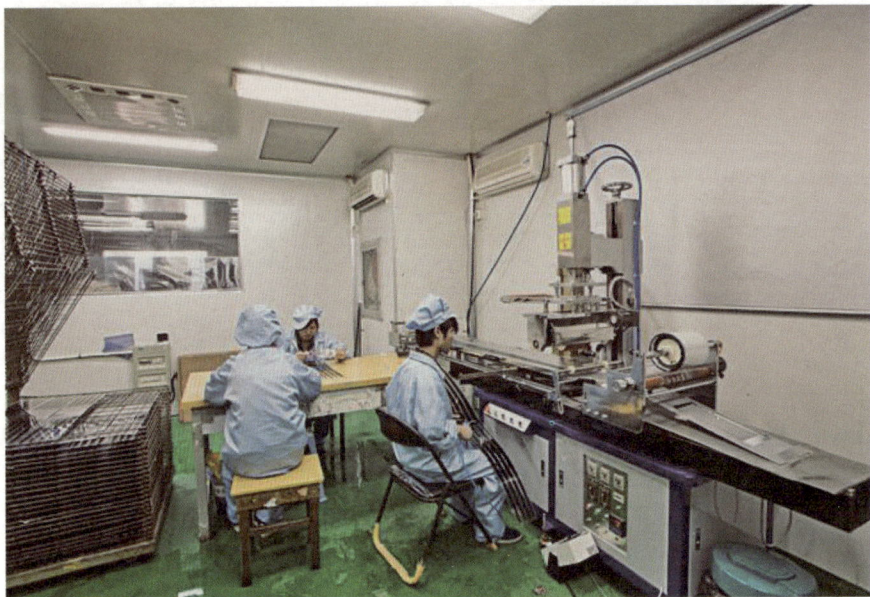

科虹生产车间

在设计面板的过程中，科虹也逐渐开始了自己的电路设计，将电路板也印刷到面板中去，解决了家用电器长期以来未解决的一些问题。

在客户服务上，科虹标牌目前主要采取为客户定制等方法，小批量多批次制作面板也逐渐成为主流。科虹凭借过硬的技术、优质的服务客户覆盖95％的知名家电品牌，先后被上海三菱公司评为优秀配套公司、被宁波奥克斯评为最优合格供应商、被LG集团评为合格绿色供应商、被四川长虹授予免检供应商证书……

为充分发挥党员和技术骨干的模范带头作用，科虹设立党员先锋岗、党员示范岗、党员责任区，并开展"优秀工匠"评比活动，激励员工在竞争中共进步，在比拼中创佳绩。同时也被评为江苏省AAA级信用企业、"守信用、讲信誉、重信义"先进单位等。

目前，科虹除了获得省市级高新企业认定外，还获得了全国网印＋数码创新十强企业、江苏省优秀民营科技企业、江苏省质量诚信五星级企业、江苏省AAA级信用企业、江苏省印刷示范企业、江苏省用户满意服务企业、江苏省双优诚信印刷企业等多项荣誉。

做一家有温暖的企业

作为一家印刷加工生产企业，科虹最大的财富就是熟练的技术工人，因此要保持公司"以质为根"的理念，就必须要"以人为本"，这就决定了科虹的管理必须要留住人，因此要一方面抓研发生产，一方面抓经营管理。"温情科虹"的企业文化在科虹掌门人陈建平和现任总经理钱小玲两代管理者的新老过渡交接中被传承、发扬、打造出来。

科虹一共经历了陈建平和钱小玲两任管理者，作为创业者，陈建平有种百折不挠的精神，而在内部管理上，他一直强调善待员工，因此科虹标牌内部老员工占据了一大比例。但发展也是大势所趋，钱小玲在照顾公司创业元老的同时，也在积极起用新人。科虹在管理中一直探求的一条道就是"温暖"。

在采访过程中，科虹标牌给记者留下印象最深的并不是其科技上的成就，而是这家企业一直在塑造自己，让自己成为一家温暖的企业。"在科虹工作，业绩贡献获得的经济回报只是一方面，更多的是这里有家一样的感觉。"钱小玲介绍。

钱小玲进入科虹十几年了，在被聘为无锡科虹的总经理和担任党支部书记之后，她更是以女性的温婉细腻的管理模式，将拥有800多名员工的企业营造出科虹大家庭的温心、暖心、开心的工作氛围。她说："能提升公司最大发展潜力的生产要素就是员工的凝聚力。"

钱小玲介绍，科虹在管理中坚持倾听"民意"，关注"民生"，营造温情"家文化"，公司设有一个阳光教育基金，每年公司员工考上了大学，公司都会用阳光教育基金的钱来发放奖励。员工子女寒暑假要来公司与父母团聚，公司还提供相应的路费。目前科虹教育基金已经帮助了 600 多人次。

在科虹，有科虹学院，钱小玲向公司申请资金投入，建设公司图书馆、文娱室、播音室，鼓励员工以各种方式参加学习，培养爱好；在科虹，有科虹家园，帮助员工子女入学，让女工续岗不掉队，争做最美半边天；在科虹，还有更重磅的安居乐业的激励机制，为外地进入公司就业的员工提供无息的购房借款等。企业员工强大的凝聚力是对管理者最好的回报，正是温情科虹这种东方智慧管理模式的践行，才能让员工爱厂如家。

科虹还成立帮扶中心，跟踪、帮扶困难职工，给予员工家的温暖；践行"不忘初心，携手并进"的企业愿景。有一名公司员工的妻子因患尿毒症需要进行二次手术，但高额的手术费让这个家庭陷入了困境，当时还在担任副总经理的钱小玲带头捐款 2 万元，员工们纷纷响应，最后共募得资金 10 万余元，帮助其顺利渡过难关。

在科虹管理层的共同努力下，科虹标牌就像一个家庭一样，员工流失率低于周边企业，而新员工的补充一般都由老员工从老家带回来。"我们从来没有打过招聘广告，厂门口也很少贴招聘通知，不少一线操作工，春节前带着招聘简章回老家，开工后就带着亲戚和老乡来应聘。"钱小玲说。

科虹正是以其独特的管理、先进的技术、优质的服务，从 1999 年重建算起，用 20 年时间打造了一个隐形冠军企业。

天江药业
TIAN JIANG

第二十二篇
天江药业：创新变革中药产业

秦 伟

　　从第一家中药饮片改革试点单位到第一家中药配方颗粒试点生产企业，江阴天江药业有限公司（以下简称"天江药业""天江"）的成功就是创业创新的"代言"。"我们一直把科研当作第一要务，一边科研一边销售，成立了包括博士后工作站、院士工作站等科研平台。"天江药业总经理俞敏说，为确保高品质，天江药业创造性推出跨区域全产业链数字化管理模式，打造从源头种植、饮片生产、中药配方颗粒生产到临床调剂，安全有效、全程可追溯的供应全过程。

　　天江药业创建于 1992 年 6 月。20 多年来，天江药业交出了一张可圈可点的"成绩单"：市场空间广阔，年销量以 30% 以上的速度递增。作为中药配方颗粒行业的先驱者和领跑者，天江药业带领着行业从无到有、从小到大、从弱到强发展。从一家普通的药厂，到蜚声海内外的中药企业，天江药业在变革中成长。

　　对此，俞敏认为，面对复杂多变的市场形势，企业只有想方设法开动脑筋去寻找新的蓝海、新的空间，才能实现新的发展。"这种想方设法落脚到企业就是创新。"俞敏如是说。

在传统与现代间找到支点

1993 年，在全国率先研制成功单味中药配方颗粒；

1995 年，"全国率先改革中药饮片"被国务院发展研究中心列为"中华之最"；

1996 年，国家中医药管理局在欧洲的 5 个医疗机构全部使用天江中药，免煎饮片率先走向国际；

2000 年，中药西方颗粒获得"国家级新产品"称号；

2004 年，出版国际第一部单味中药配方颗粒鉴别图谱《中药配方颗粒薄层色谱彩色图集》；

2011 年，中药配方颗粒产业化关键技术研究和应用课题获得行业内第一个国家科技进步奖；

2016 年，中药配方颗粒行业第一个 CNAS 实验室和第一个院士工作站在这里落户；

2017 年，在全国率先建立了共享中药—智能配送中心，创新建立了融中药配方颗粒代配、中药饮片代煎、中药膏方代熬为一体的"中医药＋互联网＋物流网"服务模式……

不断创造这些"第一"的，正是天江药业。

从一家普通的药厂，到蜚声海内外的中药企业，天江药业抓住中医药服务"黄金发展期"，自主创新填补国内空白，围绕全产业链质量管理，制定标准领跑行业。

俞敏介绍说，到目前为止，天江药业已经与全国 25 家省级中

医院以及 1 万多家医疗机构进行了战略合作。作为国家食品药品监督管理总局批准的首批"中药配方颗粒试点生产企业",是国家中医药管理局批准的"中药饮片改革试点单位"、首个通过国家 GMP 认证的中药配方颗粒生产企业、国家级高新技术企业,天江药业在销售层面一直秉承公益的心态、商业的手法,以学术营销为引领,销售模式不断创新。

从一家普通的药厂,到蜚声海内外的中药企业,天江药业有什么样的成功秘诀?"创新是发展的源泉,创新是天江药业成功的关键因素。"俞敏对笔者说。

1992 年,带着复兴传统中药的使命,天江药业的初创团队在国内中药行业掀起了一场变革,他们义无反顾地走上单味配方颗粒的研发之路,希望借助现代科技,将西医定性定量的分析方法与中医基础理论相嫁接,以此解决传统中药煎熬方式中存在的时间、水量、火候、质量无法精准控制的弊病。

1993 年,天江药业被国家中医药管理局指定为全国首家中药饮片改革试点生产企业，天江药业的初创团队开始踏上了艰辛的改革之路。

变革与创新，在这个有着千年传统的行业落地困难重重。饮片改革是走前人没有走过的路，没有现成的经验可循，中药界分析认为中药发展滞后的关键在于观念陈旧，思想保守，把继承当宗旨，将原始当特色，时常在误区中徘徊。从批文立项到发许可证，又会涉及药品安全性、有效性的问题以及政策法规上的盲区，企业在此之中只要稍有不慎，随时都有遭到停业整顿法办的可能。

"将有着千年历史的传统中药汤剂改良成小袋包装的中药配方颗粒，并且真正走向临床，这件事在天江之前，没有人做过，但天江人敢干，并且干成功了！这一变革，离不开'敢为天下先'的江阴精神。"天江药业科研副总经理陈盛君博士说。

生产中药配方颗粒，干燥技术最为关键。在天江药业生产车间内，一个三层楼高的大罐子引人注目，透过罐体上的小窗可以看到，药液从顶部进入罐中，在高温喷雾的作用下，瞬间就变成颗粒落在了底部。天江药业工作人员告诉笔者，用这样的干燥方式，1小时可干燥约300公斤药液，不仅比传统的真空干燥效率高，而且还保留了中药材的色、香、味。天江是国内率先将此技术成功应用于600多种药材的企业，并且每味药材都有了配套的工艺标准。

中药配制，人为干扰也是造成质量不稳定、标准不一致的因素。排除人为因素，让中药抓取也变得更加精准，在天江药业也有生动实践。没有传统中药房的草根树皮，也不见各式称药工具、打包工具、中药蒸煮仪，走进无锡一家医院内由天江打造的智能化中药房，能看到的是一整面插满几百个白色特制药瓶的药柜，还有电脑设备在不停地运作着。药剂师通过电脑确定处方，储药罐就亮起

了灯，取出亮灯的储药罐，倒扣在配药机的出药口，机器就可以自动按照处方的剂量和要求，将中药配方颗粒调配分装在特制药盒里。

"中药饮片要真正获得医药界和患者的认可，关键在于提高产品的质量。"俞敏对于药品这个市场的客户心理把握非常到位，天江药业在产品生产过程中，把质量放到重中之重的地位。

"药材好药才好！"这是中医药界的一个共识。

"做中药配方颗粒，药材是关键。"俞敏表示，"中药制剂质量的稳定，取决于中药材质量的稳定。"

众所周知，中药制剂质量的稳定依赖中药材质量的稳定，为此，天江药业把好原料关，确保药材来源渠道正规、品质正宗，杜绝任何假冒伪劣原料入库房、上流水线，还主动将质量关口前移，提出并实施了"将中药材的生产作为药品生产的第一车间"的理念，实现"从良种到汤头"的全过程质量监管。

同时，天江药业从源头对影响药品的所有元素进行研究，建立药材标准，并在全国建立了 60 多个药材基地，道地药材经过层层检验后才会进入下一个流程。

2018 年 3 月 23 日，天江药业 2018 年度"阅鉴本草"系列品牌活动在浙江杭州拉开帷幕。天江药业副总经理邹增强介绍说，企业每生产一款药剂，都要带着相关人员到田头去查看中药材，识别中药材，这是品质制造的第一步。他说，专注产品品质，从种源到颗粒进行全程质控，保证提供优质产品。本次会议还特邀专家一起来到田间地头，采摘浙贝母与延胡索，与基地人员进行实地探讨，了解其生长及鉴别等常识。

据悉，天江药业将在全国探索数百亩道地药材中药基地，为企业原材料提供了有力保障。其中，天江药业已经打造东阳市下洋村500 余亩延胡索基地和磐安县宅口村 300 余亩浙贝母药材基地，并提供道地药材标准化的种植管理技术，培育出优质大地之雾——延胡索、温肺名药——浙贝母。

目前，天江药业与南京农业大学等科研机构合作，按中药材生产质量管理规范（GAP），在安徽、江苏、山东、浙江、内蒙古等地建立了多个中药种植基地，优选种子、规范化种植。未来，这样的种植基地将达到 40 个，实现常用中药品种全覆盖。在上报工业和信息化部的"桔梗规范化与规模化生产基地建设"项目获批后，天江药业还启动了总投资 6000 万元的内蒙古桔梗种植基地建设。此外，企业在技术部、物料部增加药材种植专业人员，直指源头质量。

而在生产过程中，天江药业引入先进技术、装备，大胆改革传

统工艺，创新中药炮制流程，首创浓缩成粒技术，做到"一剂一方一克不差，一道一环一丝不苟，一颗一粒一样标准"，确保产品合格率 100%、优质率 100%。

俞敏表示："天江药业始终把质量放在首位，率先提出了跨区域全产业链数字化的中药质量管理模式，从'种子种苗、药材基地'的源头到'饮片炮制、中药提取、中药制剂'的生产过程，最终到'智慧药房、临床应用'，实行全过程质量管控。"

重视产学研合作，是天江药业的又一个成功秘诀。天江药业始终把科研作为企业发展的重中之重，建设了南京中医药大学中药配方颗粒产业技术研究院、中国药科大学中药优良品种繁育研究中心、陈可冀院士工作站等多个研究合作平台，积极申报各类科研课题。

"我们提出了全产业链、全员创新的理念。"俞敏介绍，天江系产业园已新增至 10 家，基本构建了从种植基地源头、饮片规范炮制、饮片提取浓缩、颗粒制粒包装，以及共享中药—智能配送中心等全产业链。

2018 年 10 月 26 日，中药配方颗粒行业内首家院士工作站——陈可冀院士工作站正式落户天江药业。这标志着中药配方颗粒行业的先驱者天江药业将携手中国科学院院士，继续领跑中药配方颗粒行业科研和临床应用，共同开启中药配方颗粒转化医学研究新蓝图，推动中医药创新更好地服务健康中国战略。

作为国家卫健委科技创新战略顾问，陈可冀院士高度肯定了天江药业的科研创新工作。他说，天江药业作为中药配方颗粒的先驱者，有着富有创新精神和坚韧毅力的科研团队，在中药创新、中药配方颗粒研发上一直领跑在前，取得了丰硕的成果。自己选择在天江成立院士工作站，也正是看中了天江创新的精神和成绩。

陈可冀院士表示，自古以来，中医药一直走在发展创新的路上，在传承中创新、在创新中发展。天江药业开创的中药配方颗粒正是对中药现代化的积极有益探索。中药配方颗粒也是中药创新应用、服务现代人健康、助推健康中国的必然之选，开展转化医学研究的有力武器。目前，中药配方颗粒研究应用已经有了扎实的基础。下一步，只要通过进一步的研究，必将能在转化医学上发挥更大作用，更好地服务人民群众。

凭借自身产品质量和科技创新能力，天江药业成功摘得"中国驰名商标"，迄今已有 30 多个国家和地区的数十亿人次使用其生产的中药配方颗粒。

"智能数字化"新路径

工欲善其事，必先利其器！俞敏深知，一直以来，中药行业面

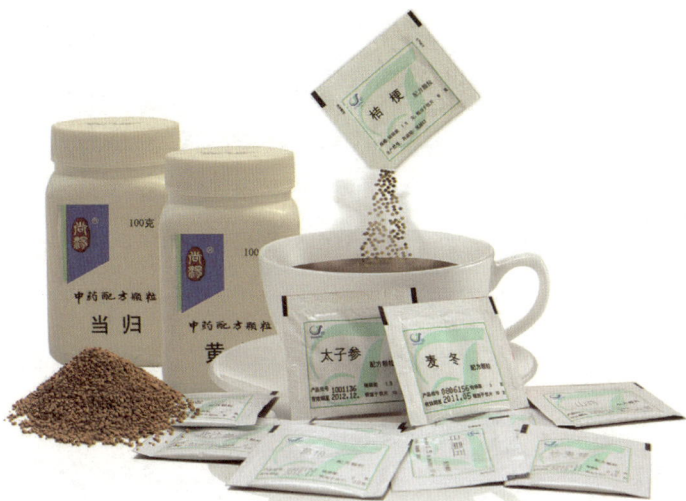

临着生产工艺和装备落后、质量标准和规范体系不够完善、缺乏过程质量控制等问题。

俞敏表示："中药生产过于倚重传统经验，在生产中几乎全靠工人肉眼观察和生产经验、规模小、手工操作调节多、产业自动化发展水平较低，无法实现对中药生产过程的严格控制，不利于稳定药品质量。"

为破解这一难题，天江药业引入先进技术、装备，大胆改革传统工艺。"我们率先在中药配方颗粒试点生产企业中建设了中药配方颗粒智能生产车间，自主研发核心技术。"俞敏颇为自豪地说。

"制药工业跨入大数据世界，依赖经验对制药过程进行操控和管理的传统方式将落伍。"对于行业未来，俞敏的思路非常清晰，"谁拥有药物'智'造的核心技术，便拥有了改变医药产业格局的话语权。"

"我们加快推进中药工业数字化和信息化，迎接和把握国际制造业科技变革大趋势，借助数字化、网络化、智能化制药技术提高药品标准，实施中药工业技术标准国际化战略。"俞敏表示。

天江药业在全国仅有的 6 家中药配方颗粒试点生产企业中率先建设了中药配方颗粒智能生产车间。其核心技术具有先进的设计思想、设计理念、设计原理，其生产工艺、控制技术达到国际先进水平，且完全按照国家最新版 GMP 要求设计、制造，最终顺利通过 GMP 认证。

智能车间负责人龚海燕总监介绍，智能车间实现工艺参数与过程控制的实时检测与监测，减少人为因素干扰，保证产品质量稳定。

走进该车间，车间里几乎看不到操作员工，全部采用计算机控制、网络、数据通信等先进技术，实现了工艺参数与过程控制的实时检测与监测，减少人为因素干扰，确保生产过程可控，保证产品质量稳定均一。其自动化、智能化生产制造处于行业领先水平，也代表了中药智能制造的发展方向。

"智能车间建设是中药生产标准化、信息化实现创新发展的关键。通过现代化设备和技术的导入，中药生产也能实现自动化控制、标准化生产、数字化记录，品质疗效更加有保障。"俞敏表示。

2019 年一开年，天江药业年产 6000 吨中药配方颗粒技改扩能项目即开工，该工程将于今年底建设完成，预计 2020 年下半年投产。"目前天江在建的二期工程，可以在技术上实现对中药的溯源，从智能化、个性化的药品制备到利用互联网配送至用户的临床反馈，从而形成一个闭环。"俞敏告诉笔者，"未来，该车间还将建立支持 100 亿元销售的高架智能仓库，进一步提升公司智造水平。"

近年来，类似这样的智能化技改让天江药业的中药颗粒生产线"活"了起来，为天江药业转型提升打开了广阔空间。

中药颗粒"私人定制"模式，也是天江药业探索的方向之一。"我们研发了物联网的智能药柜、智能配药机，根据医生开的处方，我们可以个性化定制不同药性的中药颗粒，最大程度发挥中药药效。我们企业的智能化制造分为两部分，第一部分将整个制药的工序流程化，将生产任务智能地下发下去；第二部分是做一个类似于厂店协同的功能，我们会将客户需求，通过医院下发到工厂进行个性化的服务，将产品传达到用户的手中。"天江药业信息部部长刘思琪介绍。

早在 2017 年，天江药业开行业先河，建立了共享中药——智能配送中心，通过专线智能系统，医院将患者的电子处方发送至配送中心，由中药技术人员完成接方、审方、调配、煎煮，再由快递配送，为医院患者提供送药上门等贴心、个性化、高效率的全方位服务。

这种融中药配方颗粒代配、中药饮片代煎、中药膏方代熬为一体的"中医药＋互联网＋物流网"服务模式，是"天江人"的又一次创新。这一模式目前已经在医院应用，接下来，天江药业还将提供更优质的服务。

中国药也是世界药

中医药国际化，一直是天江人的梦想。"我们有信心，以标准化、现代化、国际化的中药配方颗粒为载体，在全球范围内推广中医药。"俞敏说，下一步，借助天江标准化、规范化的生产优势，用循证医学提供临床实验数据作支撑，通过内外联动把中药推向世界。

中国工程院院士、药学专家刘昌孝教授曾指出，中药现代化与国际化发展，不仅需要继承和发扬中医药学传统理论，而且需要运用现代科学理论和先进技术。以现代科技为动力，充分利用中医药资源优势、市场优势和人才优势，构筑以企业为主体的国家中药创新体系，实现创新和重大关键技术的产业应用，形成具有市场竞争优势的现代中药产业才是现代中药的发展之路。

世界中医药学会联合会副主席、秘书长，国家中医药管理局原局长李振吉谈起天江药业和中药现代化时说，"中药配方颗粒"引来了中药现代化的一场大革命，"中药配方颗粒"的开发应用，既继承和发扬了中医药理论、保持了中医药特色和优势，又从根本上改变了几千年来中药以根、茎、叶、花、果实等直接入药的习惯，改变了数千年来中药汤剂临用时煎熬的用药方式，将分散的家庭或药房熬药转变为工业化生产，在满足人们对药物的"三小"（用量小、毒性小、副作用小）、"三效"（高效、速效、长效）和"五方便"（携带、储藏、运输、调配、服用）的基本要求方面，也取得了长足的进步，具有巨大的市场竞争力；更为重要的是，天江药业推出的"中药配方颗粒"，启动了中医医疗市场的二次开发：因为"中药配方颗粒"科学、规范、标准、安全、方便、高效、原汁原味、即冲即服，是中药饮片最理想的替代品。此外，它还可以代替中成药，弥补其辩证不足、体大难吞等缺陷，可以配伍名方、经方、验方、医院协定方和中药洗剂，随症加减，随配随用；它还特别适用于中医急诊、夜诊，使中医科、中药科在这两个几近萎缩的特殊科室重焕生机。药食两用的配方颗粒还可广泛地应用于食品、保健品行业……

俞敏则说，中药的现代化是其国际化的先行之道。中药现代化可将我国中医药历史文献资源和中药材资源转变成现实生产力，形成新的经济增长点，从而进行医药产业和产品的结构调整，振兴我国民族医药工业。只有实现中药现代化，建立国际认可的传统药物标准规范体系，创制具有自主知识产权的中药，才能以治疗药物身份进入国际医药市场。

近年来，为响应"一带一路"倡议，打造中药配方颗粒行业的名片，天江药业以国际化战略为目标，海外市场布局不断提速。在香港成功举办天江学术周活动，在美国建立洛杉矶配送中心，并举办了"哈佛天江中医药论坛暨配方颗粒学术研讨会"……

俞敏也表示，天江药业将加快推进中药工业数字化和信息化，迎接和把握国际制造业科技变革大趋势，借助数字化、网络化、智能化制药技术提高药品标准，实施中药工业技术标准国际化战略。

在中医药飞速发展的今天，天江正携手遍布全国的合作伙伴，持续开展各类中医药推广活动，助推中医药发展。天江的产品覆盖全国30多个省、自治区、直辖市，年销售配方颗粒近30亿袋，第一时间将最新、最好的研究成果送到亿万百姓身边，让更多的人用上更加高效、便捷、现代的中药。而在欧洲、美洲、大洋州、非洲、亚洲、南美洲30多个国家和地区，也随处可见"天江身影、中药足迹"。以标准化、现代化、国际化的中药配方颗粒为武器，天江正致力于在全球范围内推广中医药。

天江正积极推进中医药文化的宣传，用共享中药配方中心、用产品学术推广以及服务提升这种创新的现代服务模式来满足海外市场，提升中医药现代化水平和国际竞争力，推动中医药健康产业的升级换代，服务大健康产业，让高品质的中医药造福世界人民。

SunVou

第二十三篇

尚沃医疗电子：十年磨一"神器"

秦　伟

　　"我的目标就是要成为世界第一，在这个细分领域一定要做到世界第一，一定要做到是世界的品牌，我要我的产品销售到世界各个角落。"这是无锡市尚沃医疗电子股份有限公司（以下简称"尚沃"）董事长韩杰的开场白。

　　尚沃的主营业务是呼气分子诊断（气检）传感器医疗电子产品的原创研发、生产与销售。呼气分子诊断是什么？只要对着机器吹口气，不到两分钟就能知道患者的呼吸道有无病变，这是在中国人民解放军总医院看到的神奇一幕。

　　这么神奇？对！——不抽血、不拍片，尚沃的"神器"将呼一口气就能完成的疾病诊断变成现实。

　　该"神器"目前全球仅欧洲一家、美国一家和中国尚沃，三家企业的产品经药监认证许可上市，然而在专利和产品品种性能功能方面，尚沃已经超越欧美两家企业，总结来说，目前尚沃的产品在相同领域已经处在了世界最领先的行列，那么尚沃研发的究竟是何种"神器"？

"从 0 到 1"，结果才能解释成功

让尚沃走上台前，是在 2013 年，在"创业江苏"科技创业大赛上，尚沃的呼气分析仪让担任评委的专家学者、投资人眼前一亮——只要对着一只打印机般大小的白色盒子吹一口气，不到一分钟就能知道自己的呼吸道、肠胃有没有病变。依赖于纳米传感器，以往需要大型精密仪器才能做的医疗检查，变得简单了，随时随地就可以进行。

这和普通打印机差不多大小的仪器叫作一氧化氮分析仪，它能用纳米传感技术来捕捉人们呼气中的一氧化氮。根据含量作出分析，从而检测出人体呼吸道是否有炎症。"原理是当你的细胞或者机体发生异常的时候，会产生一些病变细胞。这些细胞会代谢，坏的细胞会代谢一些平常看不到的气体分子。这些分子如果你能测出来，就知道哪个地方、哪个系统出问题了。"韩杰解释说。

"醉酒驾驶的呼吸检测我们都知道，但你做这个疾病检测，它的技术难度和精度要超过醉酒驾驶呼吸检测的 1 万倍。"韩杰非常自信地说，"打个形象的比喻吧，就是在两个标准游泳池大的水当中，我能找一小根针尖。"

在那届大赛上，尚沃创始人韩杰也让人记忆颇深。他的传奇经历，让媒体一度借用科幻小说《三体》中被三体人盯上的科学家汪淼的形象来做介绍。而汪淼研究的纳米材料就是韩杰的研究内容。

韩杰，美国犹他大学材料科学与工程博士，美国斯坦福大学与北卡罗来纳大学博士后导师，作为中国大陆第一个进入 NASA（美

国国家航空航天局）工作的人，曾任 NASA 纳米技术中心技术主任。韩杰的荣誉和成就都来自科学界。在国内，他最早提出开展超细颗粒与薄膜的研发。韩杰发明了纳米探针、纳米气体传感器、纳米生物学传感器等多项技术，申请专利 13 项，获得技术发明与管理奖 10 余个。尚沃的主要产品也来源于纳米技术。

创办尚沃，韩杰想把自己做了多年的纳米传感器技术应用于医疗行业，意在开启一片蓝海。

尚沃的英文"SUNVOU"源于英语中的"传感器创新"。尚沃也正沿着专注于纳米传感器为核心的医疗健康电子产品的研发和产业化之路前行。

找到方向，但具体做什么，做哪种类型产品，韩杰也颇费心思。"由于空气污染带来各种呼吸系统和心脑血管疾病。"韩杰略带悲伤地说，"我父母都是因为慢性阻塞性肺病去世的，对我触动很大。"这是韩杰选择"气体检测"的第一个原因。

"'气体检测'也称为'呼气感知健康'。简单来说就是闻味看病，

原理是人体的呼出气里面含有很多标志疾病生物状态的分子及其构成的气味，'呼气感知健康'的一个实现方式就是对这些生物标志物来进行一个气体检测。"韩杰为笔者解释，"其实古人很早就开始闻味看病了，您看咱们中国的《黄帝内经》还有《西医之父——希波克拉底》都有这方面的记载。比如说霉臭味是代表肝功能问题，而腐臭味则表示肺功能问题，烂果味则表示糖尿病问题。而这个闻味看病也是属于咱们中医四诊'望闻问切'当中的'闻'。"

据了解，随着科技的发展，从 2005 年开始，欧美就已经开始推广一氧化氮气检了。呼出气一氧化氮（Fractional exhaled nitric oxide, FeNO）由气道细胞产生，其浓度与炎症细胞数目高度相关，作为气道炎症生物标志物。1980 年，两位科学家（Fruchgott 和 Zawadzki）首先提出一氧化氮（nitric oxide，NO）的作用，并发表在《自然》杂志上。从此，揭开了该项研究的序幕。1998 年，诺贝尔医学奖授予了此项研究者，2005 年美国胸科协会与欧洲呼吸学会联合制定了呼出气一氧化氮的检测标准及哮喘诊治指南，奠定了其在呼出气领域中的重要地位。

韩杰总结说，呼气分子诊断无创安全、可靠方便，是古代嗅味看病术的科学延伸，是现代诺贝尔医学奖的成果转换，是先进理想的医疗健康监测手段，也是世界医疗科技与学科发展的前沿。

日常生活中，许多人都被咳嗽困扰着，有的甚至频繁发作、久治难愈。咳嗽是一种很常见的临床表现，很多疾病都会导致咳嗽，其诱因也比较复杂。如果要去一一探究每种咳嗽的原因，我们往往需要通过很多检测手段来明确，比如说肺功能、胸部影像学检查等，然而即便有这些检查，有些患者的咳嗽仍然无法得到确诊。

"一氧化氮气检检测简单方便，结果精确可靠，重复性好，是一种理想的评估气道炎症性疾病的无创检查方法。一氧化氮气检检查只需要患者配合做呼气动作，仅几分钟就可以完成检查。它主要应用于慢性咳嗽的诊治、支气管哮喘的诊断和规范化管理，同时对特异性变态反应、肺炎、支气管炎、慢性阻塞性肺病、支气管扩张、间质性肺疾病的鉴别、诊断和治疗具有指导意义。"韩杰敏锐地看到，"现在人们对健康的需求越来越强烈，而且不仅是要治病，更重要的希望能防病。"这让他坚信呼气检测的市场空间。"有需求就有市场，需求大市场也就大"。这是韩杰选择气体检测的第二个原因。

"气体检测特别是一氧化氮检测难度大，当时并没有完全成型的技术和设备。"难度大，大家都站在同一起跑线，这是韩杰选择气体检测这个方向的第三个原因，"我们团队的成员都是从国外回来的，回到国内如果还想做一个仿制，没出路也没有意义。"

"一些特殊气体能从我们呼出气中跑出来，叫作气体信号分子。还有一种现在很热门的叫法'呼吸代谢组织'。细菌也会代谢也会

喘气，例如我们知道的发酵，沼气、甲烷是细菌产生的。肠道也会喘气，根据产生的气体可以测很多东西。"听韩杰娓娓道来好像很简单，但他心中知道困难重重，"难度在于一是气体到处乱跑，定位难；二是浓度非常低，测定难。"

"因为它在血液里寿命不超过 3 秒，时间太短所有现有仪器都抓不到它。如果在气道里产生，时间会长一点，但浓度非常低。"韩杰解释道，"国际上，呼出一氧化氮的浓度单位为 ppb（parts per billion）。检测血糖，相当于是在 100 个人里面找一个人，要检测一氧化氮，是在 10 亿人里面找一个人。这个难度从增加的人数看，就相当于增加了 100 万倍。"

从 2008 年尚沃成立，2010 年第一个产品成型，2013 年全国创业大赛获得全国初创组第二名。到今天，尚沃的产品已经进入国内 1200 家大型医院，至 2019 年 8 月，尚沃累计申请专利 108 项，已获授权 79 项，其自主创新系列产品已经获得 21 件国家二类医疗器械注册认证。

创业 10 年，细数 10 年时间里尚沃做了哪些事情，韩杰用"0 到 1"来形容。尽管尚沃的主打产品已经占据了医疗检查中同类气检产品市场的绝大部分。但他却把尚沃取得的成绩都归为"1"。"创业 10 年，才走完了产品的培育期进入成长期。

"但回头看看，这个 10 年真是充满曲折，也可以说是惊心动魄"，随着韩杰的回忆，我们也看到了一个创业者的艰辛。

"卖房创业"，这个科学家有点疯狂

"创业远没有想象中那么容易。"回忆创业历程，韩杰有成就感也充满辛酸。

"首先的问题是年龄。"韩杰诙谐地说，"尚沃创立时我已经 50 多岁，廉颇老矣，尚能饭否？"家人的支持，特别是妻子的鼎力支持，让他坚定了创业的信心。

"然后是资金问题。"韩杰苦笑一下，"最近流传的一个'卖房创业'笑话，好像就是在说我。"——当时，韩杰把自己在上海市中心的房子都卖了筹集创业资金，韩杰及其团队的举措看似冒险，却显示出了他们极大的信心与实力。

2008 年 5 月，带着卖房的钱，韩杰来到无锡，无锡市尚沃医疗电子股份有限公司注册成立。问及为何选择无锡，韩杰这样回答："首先就是无锡各级政府和各个对接部门支持力度非常大；其次无锡紧邻上海，人口又不多，是个闹中取静的地方。这样可以安安心心地去做研究。"

2009 年，尚沃在当时的无锡新区租下一处办公室，韩杰带着仅有十几人的小团队，开始潜心研发这样的高科技新产品。这处

"办公＋生产"的场地并不大，讲到为什么选择这处办公地点，韩杰笑言："这里有一个故事。"正是这个故事让他很坚决地选择在这里发展尚沃。

刚创业的韩杰就坐在如今尚沃的办公楼大厅里办公，"那时，'窝'在那里，环境简陋，好多人以为我是保安，走进大厅不是打听路，就是找其他单位。公司刚起步有点难、正郁闷。当时分管科技工作的一位领导主动找上门，提供各种服务，讲解各种政策，心里真的一暖，很感激。"韩杰说，后来有很多次更换办公地点的机会，就是念着当年的那分感情没有走。如今，当年韩杰"蜗居"的办公大厅摇身一变成了尚沃的门面。

尽管困难重重，"当时什么都没想，就是专注与坚持。"创业初期的韩杰心无旁骛，"这两件事讲起来很简单，但是真能做到，你就能成功！"

事实很快证明了这一点。2010 年公司就成功研发出了第一代产品。

"2011 年，我们产品拿到认证了。但碰到了一个巨大问题，稳定性不好。"韩杰回忆，"因为中国地域广阔，而且气候条件多样，无锡和北京不一样，北京又和哈尔滨不一样，气候条件影响检测结果。更为麻烦的是，中国饮食多样，各地口味讲究都不一样，这给检测带来很大困难，特别是部分地区喜欢吃烧烤和腌制食品，检测结果会完全不准确。"如何解决环境和饮食对检测结果的影响，成了韩杰团队面临的最大问题。

"产品没办法用了，我们几个创始人开会，我说你们谈谈你们的看法，其中有人就提出'韩总，咱们就做别的吧'。"检测结果不准确，就等于研发失败，这样的困境是韩杰完全没有预料到的，甚至想放弃了，"我说我考虑清楚了，我觉得很多人都说成功和胜利就在坚持之中，既然方向没错，我们为什么碰到点困难就放弃。再给自己半年时间，如果再不行，就放弃。"

"（回到公司）我们就吃各种各样的食物，几个人轮流吃，把中国食品尽可能地多吃。吃完再去检测，看影响多少。"韩杰笑言，"我和这个办公室的感情就是这样吃出来的！"

"这里有个小故事很好玩。"回忆这段历程，韩杰心里更多的是回味与感悟，"我们经常做试验做到很晚。通宵达旦拉着个灯在做，加上又是在一楼，很多人晚上出来买东西，以为这里是小卖部，到这来买东西，敲门进来才知道是一帮人在做研发。"

韩杰常说一个人创业是孤独，一群人创业是幸福。与其说韩杰是在管理团队，不如说韩杰是在帮助团队共同成长。"一个人坚持，可能是孤独或者顽固。一个团队坚持，可能带来的是快乐和幸福。"在这样的氛围下，尚沃以其特有的方式成长。

最终，经过多次重复试验、反复论证，韩杰和他的团队开发出一种新的技术，可以让系统自动标定，从而解决了困扰整个团队的问题。最终，无论在无锡还是北京，无论上海还是哈尔滨，尚沃的"神器"都能准确检测！"所以我们不能仿制，不能模仿，我们不是要替代进口，我们是在引领产业！"韩杰的话语充满自豪。

在尚沃产品的展示区，可以通过展板知道尚沃在做的"气检气疗"就是呼气分子诊断与吸气分子诊疗创新技术的简称，尚沃在做的就是推动形成新兴气检气疗产业。

以纳库仑呼气分析仪为例，利用这台只有正常台式电话大小的仪器伸出来的"鼻呼头"抵住鼻孔，用嘴唇含住一只半指长的细口哨，深吸一口气然后吹响口哨10—15秒，完成测试。经过70秒的

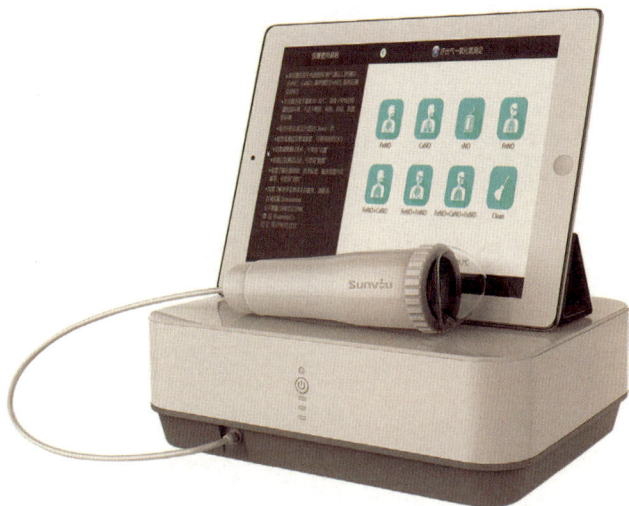

分析，就可以判断是否患有鼻炎、鼻窦炎、喉炎、扁桃体炎等疾病。目前，尚沃已经形成了以纳库仑呼气分析仪为核心产品的气体信号分子呼气测定的专利产品系列。

产品成功了，并不意味着创业成功，那个关于"从 0 到 1"的问题成了尚沃成长的烦恼——"尚沃研发的都是新产品，国内没有，国外也是在研发之中，完全没有功能借鉴和检测标准。"科学家对于市场营销和推广的不擅长在韩杰身上也同样体现了，他说，"2011 年，我带着尚沃的产品到上海、南京一些医院去，'呼一口气就能看那么多病，就能指导用药？'所有人都感觉到不可思议，像天方夜谭，甚至连试都不让试。"

"试"的机会都没有，如何能看到效果？韩杰左思右想，当机立断作出决定，"你带 2 个病人来，一个用过药的，一个没用过药的，一吹就能吹出结果来。"果然，检测结果是最有说服力的。

如何将自己的产品快速进入医疗市场呢？韩杰更是做了一个破釜沉舟的惊人决定，"不要钱。给你用，你觉得没价值，你还给我；

你觉得有价值，留下来，我就跟你签合同。签合同就签耗材使用的合同"。

但韩杰也是有的放矢，他所说的耗材其实就是传感器，也是分析仪的最核心元件。"检测一段时间就要换我的传感器，你只能换我的，你换不了别人的。因为我这个东西现在在国内只有我一家能做，其实在世界上也只有我一家能做。"有"独门绝技"，韩杰才有胆略作出这样的决定。

"我们的生物医学传感器是麻雀虽小，五脏俱全。它涉及材料、化学、生物、物理、机械、电子等等一系列的知识，要把一个生物的信号转变成一个电信号，当中经过非常多且复杂的过程，就像一个化学制造工厂一样。"说起尚沃的"独门绝技"，韩杰是滔滔不绝。

实践出真知，体验过后才知道好与坏，靠着这样的体验营销方法，尚沃的产品逐步打开市场，并占据市场，在后来与国外产品的竞争中，尚沃也是靠着体验营销充分展示公司产品的性能优势，打败了洋产品，牢牢站稳脚跟，产品销量逐年上升，公司团队也随之逐渐扩大。

产品顺利进入各家医院之后，尚沃的规模迅速扩大。目前尚沃的一氧化氮分析仪已经进入全国近 1500 家医院，超过国外产品 10 年销售量的总和。细分市场占有率第一，公司的规模迅速扩大，它也面临着新的挑战。

韩杰说："尚沃从研制产品到制定标准指南，已经拿到了被临床证明优于其他技术的成绩单。最艰难的日子已经过了，下面要做的事情更多。"

"走进现实"，只为一个大梦想

"全球有 3 亿患者 222 亿美元气检容量，中国有 5000 万患者 200 亿元人民币气检容量。"在韩杰心里有一片广阔的市场，接下来要做什么？他的总结非常简单，就是一个大写的字母"N"。

在尚沃的内部刊物上，韩杰写下了未来 10 年要做的三件事：要保持尚沃的持续创新力，让产品更加便捷地服务于医院的常检、基层筛查与家庭自检；要开发更多技术，让"一口气"技术用以检查更多的常见病，还可以筛查更多的癌症与疑难杂症；要让尚沃的产品、技术更加智能，可以随身佩戴并及时监护百姓健康。

在韩杰的思考中，未来的发展精细到每一个产业化项目内容与投入。"不被嘲笑的梦想不是伟大的梦想。"韩杰和他的尚沃就是冲着那个"伟大的梦想"去的。

笔者看到韩杰写下的一段关于梦想的描述："人活着就有梦想。有人说过，梦想是人生的太阳，梦想就是力量！小鸡的梦想不过是一把稻糠。""让诊疗像呼吸一样简单"是尚沃的梦想，更是韩杰的梦想。

梦想靠什么实现，在韩杰的言谈中可以清晰地获得一个信息："核心竞争力"。

"尚沃的产品最大的价值在哪里？"是韩杰反复思考的一个问题，"是别人模仿不来的核心技术，民营企业，最后要靠自己的产品和服务说话。"依靠这样的"核心竞争力"，尚沃产品的好品质就在"圈内"得到了认可。

有这样一组数字，10 年间尚沃共累计申请专利 108 项，其中

40 件为发明专利。共 28 件发明专利、33 件实用新型专利、17 件外观设计专利获得授权，1 件 PCT 专利进入美国并获得授权。此外，尚沃还拥有 56 件商标，7 件软件著作权。

"我们从不和别人拼大，我们拼强。"对于未来的发展，韩杰也非常清醒，"我们的词叫强大，没有叫大强。做强才能走得远，做大容易垮。"

未来，如何将新品快速推向市场？这让韩杰很头疼。"目前我们最大的一个发展瓶颈就是，怎么能够快速地组建一个技术市场支持服务和管理团队？其次要形成一个可复制的，迅速扩大的商业模式。"

"我们拥有绝对核心的技术，别人学不来。"对于尚沃的产品，韩杰非常有信心。

在韩杰关于梦想的描述中，他写道：可以预见，尚沃人的梦想还会像成立之初那样，受到非同行的质疑与同行的挑战。尚沃人也还会像成立之初那样，铭记前人名言：不被嘲笑的梦想不是伟大的梦想，也不值得去实现。

策　　划：杨松岩
责任编辑：徐　源
封面设计：石笑梦

图书在版编目（CIP）数据

寻找中国制造隐形冠军.无锡卷／魏志强，杨晓迎主编.—北京：
　人民出版社，2019.12
　（寻找中国制造隐形冠军丛书）
ISBN 978－7－01－021683－6

I.①寻…　II.①寻…　②魏…　③杨…　III.①工业企业－介绍－无锡
　IV.① F426.4

中国版本图书馆 CIP 数据核字（2019）第 278544 号

寻找中国制造隐形冠军（无锡卷）
XUNZHAO ZHONGGUO ZHIZAO YINXING GUANJUN (WUXIJUAN)

国家制造强国建设战略咨询委员会　指导
寻找中国制造隐形冠军丛书编委会　编
魏志强　杨晓迎　主编

人民出版社 出版发行
（100706　北京市东城区隆福寺街 99 号）

北京盛通印刷股份有限公司印刷　新华书店经销

2019 年 12 月第 1 版　2019 年 12 月北京第 1 次印刷
开本：710 毫米 ×1000 毫米 1/16　印张：19.75
字数：220 千字

ISBN 978－7－01－021683－6　定价：68.00 元

邮购地址 100706　北京市东城区隆福寺街 99 号
人民东方图书销售中心　电话（010）65250042　65289539